教育部人文社会科学重点研究基地项目资助(13JJD190003)
江苏高校哲学社会科学研究重点项目“长三角区域高等教育联动改革与协调发展的目标、思路、主要内容与政策措施研究”阶段性研究成果
苏州大学“211工程”建设经费资助出版

苏 南 学 校 与 区 域 发 展 研 究 丛 书

苏南高等教育与地区经济互动关系研究

崔玉平 张杨 夏焰 著

苏州大学出版社
SOOCHOW UNIVERSITY PRESS

图书在版编目(CIP)数据

苏南高等教育与地区经济互动关系研究/崔玉平,张杨,夏焰著. —苏州:苏州大学出版社,2013.12
ISBN 978-7-5672-0735-6

Ⅰ.①苏… Ⅱ.①崔… ②张… ③夏… Ⅲ.①高等教育-关系-区域经济发展-研究-苏南地区 Ⅳ.①G64 ②F127.53

中国版本图书馆 CIP 数据核字(2013)第 315340 号

苏南高等教育与地区经济互动关系研究
崔玉平 张 杨 夏 焰 著
责任编辑 巫 洁

苏州大学出版社出版发行
(地址:苏州市十梓街 1 号 邮编:215006)
扬中市印刷有限公司印装
(地址:江苏省扬中市科技园区东进大道 6 号 邮编:212212)

开本 700 mm×1 000 mm 1/16 印张 16.25 字数 301 千
2013 年 12 月第 1 版 2013 年 12 月第 1 次印刷
ISBN 978-7-5672-0735-6 定价:40.00 元

苏州大学版图书若有印装错误,本社负责调换
苏州大学出版社营销部 电话:0512-65225020
苏州大学出版社网址 http://www.sudapress.com

总序

“苏南”主要是指苏州、无锡、常州所在区域，这里地处长江以南、太湖之滨，面积将近 1 8000 平方公里，常住人口约 2 000 余万。

当下的苏南，正处在一个天翻地覆的巨变时期。苏南曾经被称为上海的“后花园”，高官巨贾从名利场上撤下来，多隐居于此，置屋筑园“退思”静养。而如今，苏南早已从“后花园”一跃而成改革开放的前沿阵地，成为投资开发的热土，成为城市化、工业化的样板，各级政府、各行各业争先恐后地宣示着“全面实现小康”、“基本实现现代化”的宏伟目标，各路英豪也纷至沓来在这里大显身手。苏南久经吴文化的浸染，吴人注重耕读传家、诗礼传家，性情温良恭俭让，生活上小富即安，平和安详。而如今，苏南人正以敢为天下先的气魄，以只争朝夕的紧迫感，不断地创造出“苏南模式”、“新苏南模式”、“张家港精神”、“昆山之路”、“华西奇迹”，创造出 GDP 的新高。苏南也是得天独厚的鱼米之乡、宜居之地，这里曾被描绘成良田万顷绿野遍地，小桥流水曲径通幽。如今经过三十多年的跨越式发展，苏南早已旧貌换新颜：连片式“开发区”势如燎原，各类“城市综合体”拔地而起，“东方曼哈顿”、“欧洲城”之类争奇斗艳。苏南正处于深刻的社会转型、文化嬗变、环境日新的历史巨变过程之中。

在这样一个历史转折的过程中，苏南的教育同样也发生着深刻的变化。

吴地具有崇尚人文、尊师重教的优良传统，苏南教育有着悠久而辉煌的过去。苏南古代堪称“状元之乡”，现当代又堪称“院士之乡”。苏南历史上曾出现过诸多名校，官学如苏州府学、太仓州学、武进县学，书院如紫阳书院、东林书院、南菁书院，私学如盛泽镇学、钱氏家塾、无锡国专。苏南也曾是教育家辈出的地方，古代如言偃、范仲淹、顾宪成、顾炎武，近现代如唐文治、顾颉刚、钱基博、叶圣陶，都是名垂青史的大教育家。更重要的是，苏南人懂教育，善教育。范仲淹认为，所谓教育，就是“敦之以诗书礼乐，辨之以文行忠信”；顾炎武将教育归结为“博学于文，行己有耻”，主张“成德达材，明先王之道，通当世之务”；叶圣陶说：“教，是为了不教”；连吴江退思园的楹联，也似乎在昭示着教育的真义：“种树者必培其根，种德者必养其心。”

经过近三十多年的发展，苏南教育同样今非昔比。苏南已经高水平地普及了九年义务教育，有的地方甚至已经普及了高中教育，高等教育早已超越了马丁·特罗所定义的“大众化高等教育阶段”而开始迈入“普及化高等教育阶段”；苏南的学校，有着精美的建筑、先进的设施，有的堪称豪华；苏南的学校，有着大批优质的师资，他们学历高、知识新、见识广，此外，众多学校还能凭借其地域优势吸引各地的良师来任教；苏南的学校，有着一代更比一代强的生源，他们在入学前大都受到良好的家庭教育和早期教育，入学后还有各种形式的社会教育作补充。苏南教育与苏南社会一样，近几十年来发展迅速，变化巨大，成绩骄人。人们有理由认定，苏南教育在国内已处于“率先”的位置，也有理由要求苏南教育向着更高的“教育现代化”目标挺进。

然而，苏南教育毕竟是中国教育整体的一部分，它既有中国教育共同的优点，具有自身的种种独特优势，但是它在许多方面，却也同样摆脱不了当下中国教育特有的内在缺陷，也同样面临着一系列深层次的挑战。我们如何才能摆正“目的”和“手段”的位置，使得我们的教育不再是以升学率而是以学生个体全面而自由的发展作为一切工作的出发点和归宿，以“人的现代化”作为最终的鹄的？我们如何才能在德育和智育之间取得平衡，真正地教人向善，教人求真，教人诚信，教人过平实而幸福的生活？我们如何才能实现教育的公平和正义，保持教育起码的尊严，使一切权力和金钱在我们面前无路可通？我们如何才能利用好资源优势，多“雪中送炭”少“锦上添花”，切实解决好“办学校”与“办教育”的关系，使教育回归其本真和朴素？我们如何才能营造出适宜新一代教育家辈出的土壤和机制，让教育家的成长成为一个自然的发展过程，而不是随心所欲地为他们贴上种种时髦标签进行包装？诸如此类深层次的矛盾，当然不是一地的问题，甚至也不单纯是教育的问题，而是一个全局性的、社会性的问题。但是，对于多方面“率先”的苏南教育而言，如果我们真诚地想“办教育”，真诚地要实现“教育现代化”，那么，我们就必须“率先”直面这些深层次的问题，并且一如既往地以敢为天下先的精神，勇于改革，有所突破。这才是“教育现代化”的要旨所在，也是苏南“人民满意的教育”的本义所在。

本丛书是苏州大学“211 工程”三期项目“生态型区域(苏南)经济与社会治理研究”第三方向之子项目“苏南学校与区域发展研究”的成果。各书著者从不同的角度对苏南教育的发展道路及其相关理论进行研究，既总结经验，又探讨问题，自成体系，各有特色。笔者作为子课题主持人，对各位著者的辛勤工作及其学术贡献表示诚挚的谢意，同时也恳请业内外各位读者批评指正！

周　川

前言

在知识经济时代和建设创新型国家的形势与背景下，高等教育与经济社会的联系比以往任何时候都更加密切，高等教育对地方经济社会的贡献日益彰显，也日益受到推崇。江苏省最具活力的区域——苏南地区的高等教育与区域经济社会的互动关系值得管理者、实践者去关注、探索。苏南地区是全国高等学校最为集中的区域之一，高等教育系统所输送的人才资源、所生产的科研成果、所提供的科教服务为苏南地区经济发展和社会进步提供了强劲动力；高等教育的产业属性与经济功能，也为苏南地区城市化发展和文化产业发展做出了贡献。同时，作为全国经济发展水平最高的地区之一，苏南地区的经济发展也为本地高等教育发展提供了充足的物力、财力、智力和人才承载力等方面的保障。

近年来，随着高校办学规模日益扩大，教育事业早已与国民经济的许多行业有机结合起来，已经成为推动区域经济创新型发展、产业转型升级的原动力，教育与区域经济的关系达到有史以来最为密切的程度。经济发达国家的地区高等教育与地方经济发展的实践证明：高等教育与地区经济协调互动是高等教育与地区经济社会共同发展的必由之路；只有通过高等教育与地区经济社会协调对接和互动发展，才能从根本上解决高等教育发展与地区经济脱节的问题，才能充分发挥高等教育对地方绿色经济增长的促进作用，才能同时促使经济社会为高等教育发展保驾护航。

2012年5月，欧洲研究型大学联盟(League of European Research Universities)在西班牙巴塞罗那大学举办十周年纪念大会。英国剑桥大学副校长莱谢克·博里塞维奇爵士(Sir Leszek Borysiewicz)在会上作了题为“经济发展将来自研究型大学”的主题报告。他指出，欧盟应当意识到正是高校为欧洲的发展创造着机遇。大学或许曾经是脱离现实社会的“象牙塔”，如今这一时代早已结束。[1] 教育和经济社会的关系直观反映到了高校与所在地区的共同

〔1〕 张哲. 新世纪的“市镇—学人”：高校为城市发展创造机遇[N]. 中国社会科学报，2012—5—21.

发展上。例如,英国剑桥地区有着"剑桥现象",美国硅谷地区以附近具有雄厚科研力量的斯坦福大学、伯克利大学和加州理工大学等世界知名大学为依托,马萨诸塞州波士顿128号公路区以马萨诸塞理工学院(MIT)和哈佛大学为依托,早在18世纪初期就"驻扎"于此的耶鲁大学,使美国康涅狄格州纽黑文市(New Haven)发展成为闻名遐迩的高等教育中心区,等等,这些实例无不印证着地区与高校间的关系:高校是所在地区经济发展的主要原动力之一。

也许带动地方经济发展最初只是高等教育的"副产品",单纯为了创造经济价值而开办高校,或许不会为地方经济社会带来如此大的推动力。在推动地区社会经济发展的进程中,高校对地方经济社会的影响主要表现在四个方面:一是提供高度专业化的知识和持续的创新成果,为地方产业可持续发展或转型升级提供支撑和动力;二是聚集大量毕业生和高端人才,为地方经济社会发展提供高素质人力资源和智力资本;三是高校及其师生员工的货币支出,通过凯恩斯乘数效应,增加有效需求,带动相关产业发展;四是传承与引领地域文化,为地方文化遗产的保护和地方文化产业的壮大做出贡献。要充分发挥上述四方面的经济效应,必须着力发展地区高等教育,同时又要力争实现高等教育区域一体化。所谓地区高等教育就是某一特定高等教育功能区域内部的社会高等教育活动和各种高教生产要素相互关系的总和。它是地域性总和高教体系,具有地域性、地方公益性、同质性、非均衡性、生产性与消费性。高等教育区域一体化是在区域高等教育发展过程中,为了形成区域高等教育发展的良好格局,通过突破区域之间阻碍高等教育资源优化配置的体制性障碍,推动高等教育资源及其效益跨时空、跨区域流动,建立区域优质资源共享、联动发展、功能互补和正向效应溢出的机制与学术生态区,是提升各区域高等教育整体竞争力的过程。

区域高等教育的发展模式早期是以地方政府为主导的单极地方推动或拉动模式以及以地方政校企三方力推模式为主,但是随着城市群和城市圈的快速发展,未来区域高教空间结构必将发生质的变化,前期以地方力量为主导和以城市为地区高教增长极的发展模式,将逐步由高等教育功能区或城市圈为主导(即高教区域一体化模式)所取代。人们有理由期望苏南地区高等教育将形成由苏南五市城市群高校联盟所主导的一体化发展模式,在这一模式形成的过程中,区域高教改革试验区与试点校的先行先试将发挥积极的引领作用。

在高等教育发展的过程中,要使高校真正发挥规模经济效益和社会效益,就应该使高校具有合理的服务半径和服务区域。而合理的服务半径和服务区域又要求高等教育地域化发展必须有一定的层次和范围,即要服务于一定层次和规模的区域经济。就苏南地区当前高教发展水平而言，主要是服务于以中心城市、城市群为核心的处于率先发展、创新型发展进程中的区域现代产业经济。

江苏是一个经济发达、人文底蕴深厚的省域。而作为江苏经济发展的先锋，苏南地区以前所未有、连续跳跃的速度，取得了举世瞩目的成绩。例如，2009年县域经济基本竞争力评价结果显示，全国经济百强县中，排名前四位的江阴、昆山、张家港、常熟，排名第六的吴江，排名第九的宜兴，等等，均坐落于苏南地区。在高等教育发展方面，自20世纪90年代中期开始，江苏省就率先通过扩招来解决社会经济发展对人才需求增加的问题。从江苏省的高校统计信息可以看出，江苏省域部属院校90%集中在苏南地区，“985”高校和“211工程”重点建设高校均集中于苏南。[1] 苏南区域发达的经济基础极大地促进了该区域高等教育的发展，同时，高等教育也为苏南地区经济发展提供了人力资本保障、智力支撑和消费拉动作用。在区域经济一体化和区域高等教育一体化协调发展、联动改革的背景下，实现高等教育与区域经济互动发展已成为人们的共识。区域间最激烈的竞争是人才资源的争夺，肩负着知识创新和高级专业人才培养重任的高等教育在区域经济发展中扮演着越来越重要的角色。因此，高等教育与区域经济有效互动，能加大高等教育的社会需求。在高等教育与区域经济良性互动的苏南地区，高等教育能与当地产业很好地融合，高等教育为区域经济提供符合需要的人才和智力支持，促进产业升级。在企业遇到科技难题时，能从高校得到及时、有效的技术支持，企业主动与高校进行科研合作，获得科技服务和技术培训方面的支持，在不断的合作共赢中，形成长期稳定的互利互惠关系。高等教育与区域经济的充分融合，使高等教育对区域经济的促进作用得以外显，同时又促进了高校相关学科专业的发展，从而改善结构性失业与选择性失业现状，突破就业困境，为苏南区域发展提供所需要的人力资源，带动了整个地区全面发展。因此，研究高等教育与区域经济社会的互动与协同发展关系，为实现我国区域经济与高等教育的可持续、协调、协同发展，提供实证依据、决策信息与政策建议，将具有十分重要的现实意义。

本书各章内容简介如下：第一章结合世界高等教育现代化历程和模式，探讨了高等教育区域化与现代化的内涵以及对区域经济社会发展的重要意义；第二章结合我国省域经济水平（2010年）实证研究结果，分析我国区域经济社会现代化进程的特征及发展趋势；第三章从经济学、协同论和空间组织理论等角度来分析高等教育与区域经济的关系，并阐明高等教育与区域经济社会互

[1] 张建初.江苏省高等教育区域布局现状分析[J].教育评论，2008(6)：95—98.

动的机理；第四章定量分析了江苏省区域高等教育发展水平差异和苏南五市高等教育发展状况，并对江苏省区域高等教育发展水平进行了差异分析；第五章定量分析了江苏省及苏南地区经济社会发展状况及水平差异，并对苏南五市经济社会发展的强势地位做了实证；第六章理论分析了高等教育与区域经济的互动关系，并采用协整分析和格兰杰因果检验对苏南地区高等教育与区域经济的互动关系进行了实证检验，进而提出了推进教育和经济良性互动发展的对策；第七章构建指标体系，运用因子分析法对苏南区域高等教育水平与城市化发展水平分别进行评价，并基于发展指数时序变量，对两者之间的关系进行协整分析和格兰杰因果关系检验，从而提出了促进苏南区域高等教育和城市化进程互动发展的对策；第八章从发展的水平和结构两方面探讨了苏南地区高等教育与社会经济发展对接与契合的现状、问题及对策；第九章总结了苏南高职教育的现状、特点，在借鉴国际职教发展经验的基础上，探索适应区域经济社会发展需求的苏南高职教育发展新路径；第十章分析了苏南地区文化产业发展现状及苏南文化产业目前存在的问题，探讨了基于文化发展需求的苏南地区高等教育发展路径。

目录

第一章　高等教育的区域化与现代化

高等教育区域化和现代化是国际高等教育发展的趋势之一，是我国实现高等教育强国的必然途径，亦是我国高等教育内涵式发展战略的内在要求。教育区域化是基于特定区域经济社会发展要求的教育功能转化与再定位，是为了促进高等教育与区域经济社会系统之间良性互动和协调发展而构建出来的范畴。教育现代化则是伴随着现代经济发展和产业智能化水平不断提升，教育系统服从并适应现代经济发展需要而不断进化和自组织的过程。因此，区域经济发展进程及其现代化水平决定了教育发展的任务和推进步骤，反过来，高等教育区域现代化在促进区域经济发展和社会进步中同样发挥了极其重要的作用，它以促进区域经济持续、协调和绿色发展为其最高目标之一，也是高等教育与区域经济良性互动、相互促进的必然要求。

第一节　高等教育区域化与现代化的内涵

一、高等教育区域化概述

（一）“区域”概念的界定

区域是一个地理空间概念，是以空间连续性和地理特征来诠释的地域构成形式。根据研究目的的不同，学者们对“区域”概念给予了多种含义和多种不同类型的定义。1922 年，苏联的全俄经济区划委员会从经济学角度对区域概念进行界定：“区域是国家的一个特殊的经济上尽可能完整的地区。这种地区由于自然特点、以往的文化积累和居民及其生产活动能力的结合而成为国民经济总链条的一个环节。”[1]

克里斯泰勒（Christaller，1933）和廖什（Losch，1954）建构的中心地理论，从空间结构的角度划分区域，把区域定义为中心地或城市的层级系统，每个区域有少量高等级的城市和大量低等级的城市，城市的等级由其所提供产品的

〔1〕 克尔日查诺夫斯基. 苏联经济区划问题论文集[C]. 北京：商务印书馆，1961：82.

多样化决定。

弗克斯和库玛(Fox & Kumar,1965)提出了"功能经济区"概念。这一方法为经济区域的界定提供了一个概念基础,其意义在于:第一,由于劳动力是衡量单位,它清楚地反映了区域分析与社会福利分析之间的关系,如果单纯根据地理特征来定义区域,就不能反映人口区位对特定区域内人口变化的影响;第二,它明确地把经济单位的空间与空间一体化植入了区域概念中;第三,为基于劳动力市场功能一体化的区域界定提供了经济理论基础;第四,将大型劳动力市场看做大型消费市场,把劳动力作为研究对象,有利于揭示区域中企业与劳动力之间的相互依赖性特征。[1]

胡佛和贾拉泰尼(Hoover & Giarratani,1985)认为,不同区域定义的共同点在于都认为区域是能够被整体考察和处理的具备实体特征的地理空间。对于出于描述、分析、管理、规划或制定公共政策的目的来说,与外部空间相比,区域被认为是一个内部空间具有更多交互依赖、更多相似性的统一体。存在两种类型的区域,即均质区域和功能区域(a homogeneous regions and functional regions),前者根据内部均质性或属性相似性来划界,后者以空间范围内经济社会功能整合与交互依赖程度作为划分区域的标准。存在一种特殊类型的功能区,即结节区或枢纽功能区(the nodal regions)。结节区有两个特点:第一,它们在内部是功能一体化的,劳动、资本或商品流动在区域内比在另一个区域更为普遍;第二,在区域内,经济活动朝向一个单点或节点,节点的等级高于围绕它的外围地区。[2]

国内很多学者根据地域理论化研究的需要对区域进行了定义。程必定(1989)认为,区域是人的经济活动所造就的、具有特定的地域构成要素的不可无限分割的经济社会综合体。[3] 这个定义反映了区域具有四个基本特征:人为性,即它离不开人的经济活动;空间性,即它不是无限可分的,必须有一定的空间范围;动态性,即它是不以人的意志为转移而逐步形成的,不是固定不变的;开放性,即它不是封闭的,其地域界限模糊。经济区域由经济中心、经济腹地和经济网络三大要素构成,作为一个面,区域在数量与质量上是不可能均质的。

---

〔1〕 Karl A. Fox, T. K. Kumar. The Functional Economic Area: Delineation and Implications for Economic Analysis and Policy[J]. Papers of the Regional Science: Journal of the Regional Science Association, 1965, 15(1): 57-85.

〔2〕 Edgar M, Hoover, Frank Giarratani. An Introduction to Regional Economics[EB/OL]. http://www.rri.wvu.edu/WebBook/Giarratani/chapternine.htm#9.1, 1999.

〔3〕 程必定. 区域和区域经济学的研究对象. 安徽财贸学院学报[J]. 1989(3):2.

陈栋生(1993)认为,区域"既是一个实体单位,又是一个抽象的、观念上的空间概念,往往没有严格的范围和边界以及确切的方位"[1]。他认为区域具备空间性,是一个主权国家疆域的组成部分,在全国专业化分工中分担一部分职能,且是经济结构较为完整的社会经济综合体。

陈秀山(2003)认为,区域是指"一个国民经济中的一个地区,它同另外的地区之间不存在边界和相应的经济上的壁垒"[2]。区域是一个变化的概念,其内涵和外延应根据研究的具体情况来确定。

安虎森(2004)认为,传统意义上的区域概念强调的是一种空间,而新兴古典经济学的区域概念强调的是一种经济组织。他偏向于后者,把区域空间看成是一种经济组织,"它是市场选择的结果,而不是人为划分或安排的结果,它所反映的不只是某一生产要素或某一产业产出量的大小,它还反映了网络组织和网络的放大效应"[3]。

综上所述,在经济学视野中,区域界定或划分的空间方法认为,区域具有如下基本特征:

第一,区域具有空间动态性,尽管界定的标准不同,但区域首先确定于一定的地理空间,有特定的界限,一般认为是国家范围内的一个空间部分,这一空间界限可以缓慢地变化;

第二,区域具有对外辐射性,每个区域由中心和外围构成,一个区域由中心向外围延续地展开,通过经济网络相联结,外围处于从属的、依附的地位;

第三,区域间存在差异性,区域内具有经济活动的内聚性和同质性,而在区域间则构成差异性,与区域间相比,区域内的同质性与依赖性程度总是更高;

第四,区域范畴存在相对性,区域的大小依研究的目的而定,当然这种划分不是任意的,要考虑到自然特点、文化积累、区内居民及其生产技术、经济发展等特点。

从空间意义上看,可把区域定义为在一定地理空间范围内具有同质性或内聚性,通过网络联结的具有主体功能的空间有机体。

(二) 高等教育区域化的内涵

高等教育区域化离不开区域经济的背景,区域经济是一种用于描述经济发展的综合性地理概念。它反映了区域性资源开发和利用的现状及其问题,

---

〔1〕 陈栋生.区域经济学[M].郑州:河南人民出版社,1993:5-6.

〔2〕 陈秀山,张可云.区域经济理论[M].北京:商务印书馆,2003:1.

〔3〕 安虎森.区域经济学通论[M].北京:经济科学出版社,2004:1-6.

尤其是指生态资源、土地资源、人力资源、资本资源和文化资源的合理利用程度，主要表现在地区生产力布局的地区性、科学性、经济效益和生态效益上。随着社会经济的快速发展，作为生产力中的活要素——人力资源，日渐成为区域经济发展的核心因素。区域经济转型升级常常是从调整人力资源结构开始的，如果没有高素质的专业化人力资源和优化的人力资源配置结构，区域经济的发展必将受到限制。

高等教育发展的早期，由于社会生产力水平低下，经济和科技不发达，高校与地方经济的关系处于相互封闭、各自独立的状态之中。随着生产力水平的不断提高，科学技术水平的不断进步，高等教育逐渐由社会边缘走向中心，区域化的高等教育在促进区域经济发展和社会进步的过程中发挥了积极作用。从美国颁布赠地法案创建起一大批赠地学院到英国伦敦大学的创立，标志着新大学运动的开始。20 世纪，美国社区学院得到发展，原联邦德国采取由地方承担高等教育发展的主要职责的措施，西方发达国家高等教育发展的历程可以证明一点：高等教育区域化成为世界范围内高等教育发展的必然趋势。

目前，国内关于高等教育区域化内涵的代表性观点主要有以下几种。

邬大光、潘懋元在《我国发展地区性高等教育的理论探讨》中提出，高等教育区域化是指高等学校面向地方办学，高教行政管理体制从中央一级集权领导与统筹管理，向中央与省级政府两级管理、以省级管理为主的体制转变。陈旭远、曲铁华认为，它是指高等教育社会化，强调高等教育为社会经济服务的功能，通过教学科研与生产一体化机制发挥作用，为经济社会的发展提供技术服务和智力支持。〔1〕吴绍芬、董泽芳在《"高等教育区域化"概念辨析》中提出，高等教育区域化就是在以"省"为教育区域的前提下，由过去的中央一级办学变成中央、省两级办学，其根本目的在于促进高等教育与区域内部系统的良性运行和协调发展。

综合以上观点，可以认为当前我国高等教育区域化，主要是指以省域为教育主体功能区，在省域空间范围内，在高等教育行政管理层面和高校内部办学与经营层面上，以地方社会经济发展的需要为导向，实现功能与职能的转变，更加重视地方政府的教育统筹权和管理权，更加突出强调高校与地方经济社会发展的对接与互动，以便促进高等教育与区域内部各实体协调发展。

一般说来，高等教育区域化发展的行动取向来自三个方面。一是高等教育发展立足于自身所在的空间区域，面向区域经济社会发展的需要来办学，在必要的时候，需要适度超前发展，以便发挥引领和驱动区域经济社会发展的功

〔1〕 陈旭远，曲铁华. 21 世纪中国高等教育的发展趋势[J]. 东北师大学报(哲社版)，1999(4)：78.

能。二是区域内各个子系统为高等教育子系统的发展提供条件与保障,同时必然提出要求,以此促进高等教育主动与区域经济社会联动发展。由于历史、地理、社会等诸因素影响,我国不同区域之间经济发展很不平衡,形成了我国以区域经济非均衡发展为主要特征的空间经济格局。近年来开始逐步转向区域经济均衡发展,但这一转变过程还需要经历较长时期。在这种背景下,各省域为了发展本区域经济,必然会对本区域高等教育资源的空间组织、人才培养规格、专业设置和科研贡献等提出要求,特别是随着市场经济发展和创新驱动型绿色经济的提出,人们对高等教育更是寄予了厚望,期待高等教育区域化发展能够为本地区社会经济转型升级与创新驱动型发展做出更大贡献。三是伴随着我国政治体制改革进程,地方政府的高等教育决策和统筹权、财权和事权逐步加大,地方政府和地域内高校可以根据地方实际,因地制宜,灵活有效地促进当地高等教育快速发展,这为高等教育区域化发展提供了体制与政策环境。

总之,高等教育区域化是相对于以前高等教育系统独立于地方社会和经济发展而言的,是一种宏观的、立体的具有实践意义的高等教育发展观。高等教育区域化既是高等教育发展的动态演化过程,又是高等教育发展到一定阶段的必然取向。高等教育区域化发展,是高等教育自身发展的需要,更是社会发展到一定阶段对其提出的必然要求。高等教育只有立足区域、与区域经济社会发展形成互动,才能获得不竭的发展动力。

二、高等教育现代化概述

(一)现代化的含义

现代化起源于大工业运动,主要指大工业革命后传统农业社会转向现代工业社会的历史进程,即一种促使社会制度、社会文化以及经济体系从古代转向现代的全面社会变革的历史进程。这种进程不仅表现为传统体制的变更,也同样引发人们心理态度、社会价值观念以及生活方式的转变。从本质上讲,工业化是现代化的根本动力,工业化水平制约着现代化进程。所有国家都毫不例外地把工业化作为现代化初期的最重要目标,作为实现现代化的关键途径。

现代化推进现代经济持续高速增长,不仅在社会体制、经济体制以及人文氛围方面发生相应转变,更主要的是推进日益发展的科技和高品质人才的创新。早在20世纪60年代,美国经济学家舒尔茨、丹尼森和贝克尔在探寻国民经济增长的动力源,研究导致美国20世纪前叶经济增长的因素时,就发现了生产者自身的知识、技能以及由此提升的劳动生产率是导致现代经济增长的最重要因子,从而建立起以教育与培训为人力资本投资主要途径的人力资本理论。而后基于新经济增长理论的大量实证研究结果表明,现代经济增长是以现代教育与科技为基础的,工业化水平越高,对人才的依赖性就越大,人力资本需求就越强,知识溢出效应对经济发展的作用也日益突显。因此,从本质上看,现代经济就是知识经济,是由教育生产的人才和知识来支撑的,教育水平对科技创新和经济发展起了关键性作用。

(二) 高等教育现代化的内涵

教育现代化是整个社会现代化的重要组成部分之一,能够促进现代经济的持续和谐发展和工业化水平的不断提高,使教育发展适应并促进现代经济社会的发展。世界教育现代化经历了三大发展阶段,即19世纪初的蒸汽机时代的教育现代化改革高潮,19世纪中叶至20世纪“二战”前的电动机时代的教育现代化改革高潮和“二战”后第三次科学革命引发的信息工业化时代的教育现代化改革高潮。这三次教育现代化运动犹如三大发展浪潮,有力地促进了世界教育向前发展。

教育现代化体现了教育事业自身的发展与进步,成为一个内部结构完善、系统运转自如、可持续发展的系统。[1] 高等教育现代化是整个现代化的重要组成部分,也是高等教育发展的必然要求。高等教育现代化是教育思想和教育过程的现代化过程,包括高等教育思想观念现代化、教育制度现代化、教育管理和教学队伍现代化、教学内容现代化、教育物质条件和技术手段现代化等。[2] 从外部视角看,高等教育现代化包括高等教育发展的国策化,高等教育的法制化,高等教育的民主化,高等教育的大众化,高等教育的终身化,高等教育的创新化,高等教育与科技、经济发展一体化,高等教育的国际化,高等教育的民族化,高等教育的信息化,高等教育的“科学—人文”化,高等教育科学理论体系的完整健全化。[3]

三、我国高等教育区域现代化发展的进程与特征

顾明远教授认为,教育现代化是一个历史发展的过程,它是社会现代化的一个组成部分[4],是与现代社会发展相适应,全面培养人的心智、创新精神和实践能力的过程,是教育适应以新技术革命为中心的现代化社会经济发展趋势,发挥为现代化社会服务功能的过程。教育现代化具有能动的指向性,是对

---

〔1〕《上海高等教育现代化指标研究》课题组,朱益明. 上海高等教育现代化框架及其指标的展望[J]. 教育发展研究,2007(4):16-23.

〔2〕 林军,徐小军. 21世纪高等教育现代化内涵初探[J]. 南京理工大学学报(社会科学版),2001(6):69-72.

〔3〕 顾冠华. 中国高等教育现代化的目标分析[J]. 辽宁高等教育研究,1999(5):52-57.

〔4〕 顾明远. 关于教育现代化的几个问题[J]. 中国教育学刊,1997(3):10-15.

传统教育瓦解、扬弃、进行创造性转化的过程，是使教育适应整个社会现代化的历史进程而面向未来整合、重建传统教育的过程。基于此，教育现代化的进程可以概括为，是一个国家教育适应现代社会发展要求所达到的一种新的教育形态，是传统教育向现代教育的现实转化，包括教育思想、教育制度、教育内容、教育方法在内的教育整体转换和全面进步的过程。

20世纪90年代以来，全球科学技术日新月异，知识经济的巨大冲击、高新科技发展对人才的需求、国际人才的竞争以及经济全球化等因素给中国教育现代化赋予了新的内容和要求。基于区域发展实际，深入贯彻落实国家教育改革和发展规划及相关政策，构建以人的现代化为核心，与区域经济社会发展紧密互进的区域教育现代化体系和推进模式，是我国教育发展改革的重要内容。高等教育区域现代化正是在这样的背景下，将区域内高等教育的改革和发展，围绕我国教育现代化总体目标进行整合和整体推进，实现教育与区域经济社会的协调发展。

（一）我国教育现代化的历史进程

教育现代化是一个目标，同时也是一个漫长的历史进程。我国教育现代化经历了对传统教育的超越阶段（萌芽阶段）、新中国成立前30年教育现代化多元探索阶段和新中国成立后半个多世纪以来的社会主义教育现代化探索阶段。

1. 我国教育现代化的萌芽阶段：教育西化（1840年—1919年）

中国的教育现代化意识萌芽于第一次鸦片战争，鸦片战争时期，西方列强凭借“坚船利炮”打开了中国闭关自守的大门。“师夷长技以制夷”和“不拘一格降人才”的教育改革主张，打破了“独尊儒学”的传统教育局面，开启了中国学习西方先进文化的先声，第一次在传统文化教育中渗入了异质文化教育的内容。洋务派提出“中学为体，西学为用”的洋务教育方针，“中体西用”的确透着学习物质技术等新事物的教育新气象，使传统教育在真正意义上向现代化教育迈出了可贵的第一步。它已成为中国人对教育现代化的一种自觉欲求。维新派把向西方学习的领域拓展到了“政治教育”，矛头直指封建专制制度。但是，传统的科举制度没有被真正废除，教育改革所培养的人才，其目标依然是取士为官，传统的旧思想依然严重阻碍着教育现代化的进程。直到“五四”新文化运动，以陈独秀、李大钊等为代表的先进知识分子认识到单靠传统教育中精神教育与道德行为规训远不能使国家富强，先进的科学技术教育是国家发展的必由之路。但是，新文化运动在教育现代化进程中助长了民族历史虚无主义的情绪，致使它对传统教育的超越几乎走向了极端，使教育的西化达到了顶峰。

无论是洋务教育、维新教育还是新文化教育，都是以西方资本主义社会的文化教育模式为参照的。传统与现代化之间的排斥经过长期的历史积淀流传下来，传统教育对教育现代化具有借鉴意义，而中国教育现代化正是一个根植于传统教育的现代性的不断增长、光大的历史过程。

2. 我国教育现代化的多元探索阶段(1919 年—1949 年)

第一次世界大战，我国提出“新教育中国化”。1932 年，陈序经提出“全部的中国文化是要彻底的现代化的，而尤其是全部的教育，是要现代化，而且要彻底的现代化”的主张。并首次正式使用了“中国教育现代化”的概念，基本取代了“教育西化”的概念。

新中国成立之前的 30 年教育现代化的艰难探索，是在“三民主义”和“新民主主义”思想的指导下进行的。在孙中山先生“扶助农工”的政策导向下，精英教育藩篱被打破，转向工农教育，产生了乡村教育、贫民教育、职业教育和生产教育等更为广泛的教育领域。新民主主义将教育作为民族的、大众的教育，这在中国教育现代化进程中具有极大的进步意义。这 30 年是中国教育现代化历史进程中承上启下、多元化探索的关键时期。这一时期空前的思想解放和文化开放，特别是马克思主义在中国的广泛传播，促使人们开始运用马克思主义理论来分析和着手改革教育，进而引发了对于中国教育将“仍旧模仿欧美日的模式，还是用社会主义”的深刻思考与探讨。也正因为人们对此问题有着深入思考，中国教育现代化进程全新的历史时期才真正到来。

3. 社会主义教育现代化的探索阶段(20 世纪后半叶至今)

新中国成立后，我国开始了社会主义性质的教育现代化的积极探索，标志着我国教育现代化的历史进程进入了一个新的历史时期。新中国在集中资源组织实施大规模教育现代化建设上取得了一系列重大成就，为全面推进教育现代化事业奠定了物质基础。1957 年中苏关系恶化至“文化大革命”结束，我国教育现代化发展步伐停滞甚至后退。1979 年，国家在全面恢复教育秩序之后，开始了新的开放式社会主义教育现代化探索。“中国真正意义上的教育现代化是从这时开始的。”[1]在稳定的政治经济环境下，教育开始按照自身的发展规律与内在逻辑迈向现代化，走进“科教兴国”的新时代。多年来教育制度的变革与创新，为广大教育工作者从事教育现代化事业提供了一个自主发展的空间，极大地释放和调动了教育工作者从事教育现代化建设的积极性和创造性，为教育现代化事业的发展提供了前所未有的强大动力，为当代中国教育

〔1〕 田正平，李江源. 教育制度变迁与中国教育现代化进程[J]. 华东师范大学学报(教育科学版)，2002(1)：47.

现代化进程开辟了多元化路径。

（二）我国高等教育区域现代化发展

区域教育现代化是世界教育现代化进程中的一种特定方式。考察一国或特定区域教育现代化问题，特别是注重于对某一落后区域教育追赶路径的研究，可以发现区域教育现代化发展的一般特征。高等教育作为整个教育事业的重要组成部分，同时也是整个经济社会现代化的重要推动力量。区域教育现代化一般是指在国家教育发展总目标的指导下，结合本区域经济社会发展的特点、人口结构、教育基础、人文传统、文化产业特征等，围绕现代化建设目标，将区域内各级各类教育进行整合和整体推进，以利于在区域范围内经济社会与教育的协调发展。[1] 我国高等教育现代化的发展，不仅需要从历史发展的角度研究教育现代化进程，而且需要从区域发展的角度研究教育现代化的空间组织格局，揭示不同区域教育现代化水平以及区际联动协调发展的条件。

由于历史、经济、环境等方面的原因，我国区域之间高等教育发展不平衡，同一地区高等学校之间也存在不小差距，而且这种不平衡和差距短期内还将存在。我国高等教育区域发展不平衡主要表现在两个方面：一是东部、西部地区高等教育发展不平衡；二是区域内高等教育发展不平衡。现有的高等学校主要集中在经济比较发达的中心城市，经济发展相对落后的地区高等学校数量很少、质量相对较低。我国高等教育区域发展的不平衡性与区域社会经济发展的不平衡性之间存在互为因果的关系，这是我国高等教育区域现代化发展的现实背景。

借鉴国外教育现代化区域发展经验，我国高等教育区域现代化研究始于20世纪80年代之后，最早由顾明远教授率先提出并主持了“文化传统与教育现代化”重大课题研究，引发中国教育界对这一问题的关注，使中国教育界积极探讨中国教育现代化理论和实践问题。例如，出版了珠江三角洲教育现代化研究丛书，上海市教科院开展“建设上海一流教育发展战略”项目研究，江苏省也实施了苏南教育现代化工程，这些研究和项目集中反映出地方政府推进教育现代化的目标和行动路线。

以长三角区域为例，长三角在我国区域经济发展道路中一直占据非常重要的战略地位，其中，就经济实力、交通条件、产业规模、城市间的关联程度以及整体发展态势而言，长三角都市圈无疑是经济地理意义上一体化发展最快、整合配套最为完善的区域，也是国内最具活力的经济圈和世界第六大都市圈。近年来，长三角都市圈的区域战略规划已率先上升至国家发展战略的高度，更

---

〔1〕 叶平，王蕊．中国教育现代化区域聚类与特征分析[J]．教育研究，2003(7)：47—57．

加具备整合发展优势。2007 年 12 月 1 日,“长江三角洲地区发展国际研讨会”在上海召开,大会以“提升长三角地区整体国际竞争力”为主题,长三角两省一市已就下一步区域协调联动发展的新目标达成共识,共同提出在国内率先建成创新型示范区,加快一体化进程,全面提升区域国际竞争力。2008 年 8 月 6 日,时任国务院总理温家宝主持召开了国务院常务会议,审议并通过了《关于进一步推进长江三角洲地区改革开放和经济社会发展的指导意见》,这是国务院第一次明确提出“一体化发展”“加快推进区域一体化进程”,这也意味着在学术界和地方层面讨论了十多年的“长三角一体化”正式上升到国家层面。《指导意见》第八条明确提出“推进教育、卫生、文化、体育等社会事业发展,加快完善就业和社会保障体系,促进经济社会协调发展”。2008 年 12 月 7 日至 16 日,“携手应对挑战长三角地区领导座谈会”在宁波举行。会上交流了三省一市应对当前经济形势的政策措施,提出联手应对国际金融危机的挑战,进一步增强区域发展的抗风险能力、可持续发展能力和国际竞争力,确保经济平稳较快发展。会议最后讨论通过了《长三角地区贯彻国务院〈指导意见〉共同推进若干重要事项的意见》,商议了区域合作机制框架和新一轮重点合作专题,提出加快推进长三角地区一体化发展,努力保持长三角地区经济平稳较快发展。

我国的现代化建设已进入了新的阶段,为了加快现代化建设的步伐,我国提出了“科教兴国”“可持续发展”和“人才强国”三大战略。从上述长三角地区的发展案例中可以看出,要更好更快地推动区域经济社会的持续平稳发展,落实三大战略,必须要更加依托高等教育区域现代化的发展。高等教育区域现代化发展在推动区域现代化发展进程中的作用和地位更加凸显。加强高等教育区域现代化发展能够促使高等教育更加积极主动地去适应和满足地方经济社会发展需求,通过调整资源配置和改革教育体制,形成结构布局合理、办学特色鲜明、适应性强的区域高等教育体系,为区域现代化发展提供更多的人力资源、智力支持和多样化服务。区域高等教育通过调整办学定位,改革人才培养模式,创新校企合作形式,使得高等教育的教学、科研和社会服务与区域整体发展紧密结合,形成高等教育与区域现代化互动发展的良性关系。同时,区域高等学校发展激活了区域高等教育市场,为区域内高等教育大众化和经济社会现代化提供了氛围和保障,能够有效促进区域的可持续发展,这无疑将会加强区域高等教育与地方经济和社会现代化发展的密切联系,提升高等教育在推动区域经济社会现代化发展方面的能力和效益。

(三) 我国高等教育区域现代化发展的特征

我国经济社会发展和教育改革发展在大区域之间很不平衡,至今仍有较大差距，这也导致了不同区域往往处在教育发展的不同阶段。基本实现教育现代化，必须立足国情，既要坚持统筹兼顾，加大国家对欠发达地区教育发展的支持力度，加强区域之间教育发展的对口支援、互助协作，又要实行分类指导，鼓励发达地区因地制宜、抓住机遇，率先基本实现以至实现教育现代化，充分发挥其对欠发达地区乃至全国基本实现教育现代化的先行探索、典型示范、带动辐射作用，从而促进教育协调发展，加快提高教育现代化水平。因此，我国的高等教育现代化目标的实现与有效推进，需要我们从区域发展来研究教育现代化区域格局，揭示不同区域高等教育现代化发展的水平与实现条件，进而探索出具有代表性的区域高等教育现代化的实现途径与模式等。例如，依据不平衡发展理论，可以按各种不同的发展态势划分不同的发展区域，实行高等教育区域治理，这样能更好地依据区域的特点，采取更加有效的方式；或者在特定的政治区域内，依据其区域的发展，发挥出全国高等教育资源的互动互补优势，进而逐步实现区域高等教育的协调、均衡发展，促进教育现代化适度超前发展战略目标的实现。我国教育现代化区域发展的基本特征有以下几点。

1. 从单一区域到联动发展

20 世纪 60 年代，美国经济学家舒尔茨提出人力资本理论，并从投资教育对国民收入增长的贡献为 33%这一数据，得出人力开发的教育投资比物资投资更重要的结论。高校在知识、学科、人才、信息等方面所具有的无可替代的优势，使其与政府、区域的关系越来越密切，高校的功能也从单一的知识传承向知识生产、科学研究、社会服务等综合功能转化，对所在区域的经济和社会发展的影响力也在不断提升，而高校也因此由原来的单一区域发展逐步变为联动发展，在高等教育现代化区域联动发展中发挥主体作用。例如，长三角区域发展中，2010 年 8 月，上海市市委、政府在“科教兴市”重要战略的指导下，提出“建设以复旦大学为核心的杨浦知识创新区，实现校区、园区和社区的三区融合，联动发展”的战略要求，“三区融合、联动发展”逐渐成为联系公共社区、大学校区和科技园区协调发展的核心理念，对高校和区域经济的发展产生了重大的影响。通过提高意识，相互扶持，良性互动，高校更好地发挥了科技、知识和人才的“溢出效应”，以促进科技成果转化和区域产业发展，同时也为学校的自身发展注入新的动力，进一步发挥高等教育在科技成果产业化和服务社会中的重要作用。

2. 从区域规模发展到区域最优发展

20 世纪 60 年代人力资本理论掀起的现代化运动，证明教育带来的人力资本积累是经济增长最重要的要素之一，教育及其产生的人力资本积累是国家的主要财富和经济增长的重要因素。重视教育增长可以带来经济的对应增长，因此特别强调区域教育的规模发展，重视教育的数量关系。新增长理论也认为，在经济增长达到一定阶段后，必须从传统要素积累拉动转向知识积累和技术进步拉动，而技术进步和知识积累事实上有赖于教育进步和教育竞争力的提高。随着社会的不断进步，我国的高等教育已不仅仅是高校的自身发展，而是以高校为主，呈现更多样、更多元的态势，充分整合区域高等教育资源，发扬优势，争取教育的最优化发展，促进区域的发展。例如，2011 年，浙江大学、浙江工业大学、浙江理工大学、南京大学、东南大学、复旦大学、上海交通大学、同济大学等 8 所高校组成了长三角高校合作联盟(简称“E8”)，彼此间进行了广泛的学科建设合作，学校相互推荐或委托教育评估和学科专家，交叉开展教学评估、重点学科和学位点评审、教学名师评选、精品课程评选等高等教育教学管理和建设工作。[1] 高校之间还定期开展专业领域教师教学研究活动，共同开展专业建设、课程建设，互派教师担任访问学者，互派管理人员到对方院校挂职，共同提高教学管理水平。

3. 从区域教育增长到区域教育综合发展

库姆斯在《世界教育危机——80 年代的观点》中倡导宏观教育战略发展观，重视用教育发展的观点来考察教育，实现从增长向发展的转变。强调“发展”的观点，转变了以往一味追求增长而忽视有增长无发展的问题。对教育“发展”的重视和强调，使教育现代化的研究获得了更深刻的内涵。一是转变单纯用数量来衡量教育现代化水平的方式，重视教育的发展；二是强调在宏观角度上把握教育发展，走出习惯用维持性的思维来规划教育的思路，开始把区域教育放在世界教育发展的框架下，放在遵循现代教育发展规律下来推进。我国高等教育迅速发展，1999 年扩招以来，我国接受高等教育人口数量迅速增长，2004 年进入教育大众化阶段。然而关于教育质量的质疑和就业问题的反思也随之而来，人们在思考中逐步开始重视教育整体发展，强化区域与教育发展的内在联系；重视教育服务社会、服务生产发展，强化教育在遵循现代发展规律下为地方发展服务。例如，广东作为中国改革开放先行实验区，政策上享受先走一步的优势，解放思想，更新观念，敢想敢做。从 20 世纪 80 年代开始，广东就先于内地推行改革开放，推行市场经济，使区域经济发展迅速，也使教育的区域特征得以突显，并成为一个有重大决策意义的因素。南山作为深圳特区的窗口，把教育置于深圳、广东、中国乃至世界教育发展的框架之下。南

[1] 崔玉平，夏焰. 区域高等教育联动改革与协调发展的经济意义——基于长三角地区的分析[J]. 清华大学教育研究，2012(1)：45—50.

山教育非常重视战略性规划，重视区域教育发展的独特性。南山既受到作为后发展型区域教育现代化内在特性的影响，又受到本区域政治经济的制约，因此构成多重复杂的发展征象，形成有影响力的“南山模式”。

《国家中长期教育改革和发展规划纲要(2010—2020年)》以科学发展观为指导，提出了我国未来10年教育改革发展的战略目标，“到2020年，基本实现教育现代化，基本形成学习型社会，进入人力资源强国行列”。教育现代化作为一种推进教育从旧模式向新模式演变的历史进程，是现代教育改革进程，是以指向未来为特定目标来改进教育实践的有意识的行为。它包含了人类教育思想和教育行为的一切方面，赋予教育新的职能和作用机制，不仅与社会的方方面面相互作用，而且教育自身的各种因素也相互交织，从而构成了一个复杂的系统演化进程。教育现代化在本质上表现为对社会发展的顺应的长期发展演化过程，因此，必须在推行教育现代化中重视制订长期发展规划，通过不同阶段来实现，根据相应阶段制定具体的发展策略是推行教育现代化中的一项重要的举措。因此，区域高等教育现代化必须依据我国国情，推进高等教育的模式转型，建立多元化、多样化、多层次、多规格的区域高等教育现代化体系，以适应多样化的经济和人才发展需要，使高等教育发展与社会更适切、更均衡、更协调，以便适应日新月异的社会发展。

第二节　国际高等教育区域现代化发展

大工业革命给人类社会带来全球现代化发展，教育的现代化成为社会现代化中必不可少的一部分。教育区域现代化进程中，高等教育由被动适应转为主动服务区域经济现代化发展，其服务的内涵、方式也日趋多元，例如，现代化人才培养、现代科技咨询与服务、科学创新园区等形式，极大地促进了世界区域经济发展。发达国家的高等教育区域化历程在促进区域经济发展和社会进步中起了相当积极的作用，从世界范围来讲，高等教育与区域互动是国际教育发展的一种趋势，尤其是西方发达国家高等教育的历程更能证明这一点。

教育现代化是一个世界性的现代教育运动进程。国外教育区域现代化进程可以追溯到19世纪末20世纪初，英美等西方发达国家和战后新兴国家在重视教育发展的同时，基于各国区域背景，实现高等教育与社会的现代化发展，继而发挥高等教育对当地区域经济建设的巨大促进作用。

冯增俊教授把世界教育现代化的进程划分为三个阶段[1]，他认为世界教

〔1〕 冯增俊. 试论我国教育现代化的基本任务主要特征[J]. 中国教育学刊，1995(4)：5—8.

育现代化随工业化的兴起而出现，并经历了三大历史性发展阶段。

第一阶段是17—18世纪的教育现代化运动，这个时期以欧洲为代表。经过这个阶段的运动，“要不要教育现代化”这一问题得到解决，从而奠定了现代教育发展的前提。这一阶段教育上取得了很大的成就，主要表现在自然科学知识进入课堂，动摇了神学的地位，英国、法国等国家都建立了专科学校，培养专业技术人员，班级授课制得到推广，使更多的人得到受教育的机会，等等。

第二阶段是19—20世纪30年代的教育现代化运动。这一时期集中解决了“如何推进教育现代化”的问题，教育现代化彻底冲破了旧教育的防线，世界各国的教育都得到了很大发展，德国和美国就是在这一阶段的教育现代化运动中，借助教育的强大推动作用，迅速崛起成为世界强国。

第三阶段是第二次世界大战之后的教育现代化运动。这一时期，新的科技革命提出了一种全新的教育要求，即人人都必须重新学会生存，才能适应高科技时代的社会发展，现代教育改革成为这一时期的重要旋律之一，从而掀起从阶段教育到终身教育，从学校教育到社会化教育，从精英教育到全民教育等的改革浪潮。教育现代化在全世界广泛推行，尤其是大多数新独立的后发展型国家，积极学习仿效发达国家办教兴邦，推进国家现代化，赶超发达的早发生型国家。这一阶段集中解决了应当推行什么样的教育现代化，即“实现什么标准的教育现代化”这一问题。

经过以上三个阶段的发展，教育现代化运动被推广到几乎世界上所有的国家。历史是不断发展的，世界也在不断变化，教育作为社会、国家和民族发展的先行者，必须不断地调整更新，从而更好地适应世界的变化和发展。而事实也证明如此，像美国是世界教育强国，但从它建国至今，一直都在不断地调整、改革，如：19世纪后半叶，美国资产阶级在取得南北战争胜利后，颁布赠地学院法，首创工农学院和研究生院制，大办高等科技教育；20世纪的进步教育运动、国防教育推进、社区学院设立，直接促进了地方工农业的发展，从以麻省理工学院为中心的马萨诸塞州生物科技园的兴起到以斯坦福大学为中心的硅谷的诞生，美国逐步建立了与区域经济良性互动的高等教育体系。这一体系为美国经济跃居世界首位做出了巨大贡献。从1929年—1969年这40年间，美国高等教育经费投入增长了40倍，国民经济生产总值增长了10倍；1906年—1952年期间，美国通过人力资本获得的利润增长了17.5倍。〔1〕

19世纪上半叶，英国创立了城市大学，密切了大学与地方工业、科技发展

〔1〕 佚名. 国外高等教育大发展的基本类型[EB/OL]. http://www.ccf.edu.cn/guanlizhichuang/show.php?Itemid=560.

的关系，加速了高等教育现代化的进程。20 世纪 60 年代，原联邦德国推行高等教育地方分权管理，高校不规定统一的专业与课程设置等改革措施，对区域经济的振兴起到了巨大的推动作用。另外，日本经济的快速发展也印证了日本的短期大学在推动高等教育与区域经济现代化发展中起到了积极的作用。第二次世界大战后的日本，百废待兴，其经济发展水平与新中国刚成立时的经济发展水平相差无几，在短短的几十年里日本成为世界第二大经济强国的根本原因也是高度重视教育发展，创造了世界经济史上的神话。韩国、新加坡和我国的香港、台湾经济腾飞的关键也在教育，其中高等教育所发挥的人才培养和技术创新作用最为重要。

一、高等教育区域现代化发展的基础：大学自治

从中世纪起，大学自治逐渐成为英、美、德等国家法律制度性保障的核心领域之一，它是指大学本身可具备法人资格，允许教授治校、学生自治、课程自主，允许大学自行决定发展方向。大学在招生、教学、管理和财务等方面可以自行其是，国家不予干涉。英美大学区域化发展的历史充分体现了大学的自治性，这样的传统为高等教育的现代化发展提供了有力的基础。英美大学自治主要体现在以下方面。

（一）城市学院的兴办

城市学院起源于 19 世纪 20 年代的英国伦敦大学。到 1851 年，伦敦大学的附属学院遍及英格兰，共有 29 个普通学院和将近 60 个医学院。这些学院均由民间富商或公众捐办。它们都坐落在人口稠密的工业城市，从一开始就跟地方工业有着千丝万缕的联系，而且大多成了所在城市的工业研究中心。为了满足地方工业发展的需要和吸引工业界的支持，几乎所有的城市学院都明确表示要为发展当地工业服务。这些学院培养的人才是企业经理、设计师、工业技术人员及推销员。城市学院的兴起，改变了英国的高等教育结构，既满足了新兴的中产阶级对高等教育的需求，又推进了英国高等教育区域化发展。

（二）社区学院的发展

社区学院的发展起源于 19 世纪末的美国初级学院运动，迄今已有百年历史。社区学院的主要功能包括学历教育、转学教育、职业技术教育、成人教育、继续教育和面向社区的文化功能教育等。社区学院有如下特点：社区学院中大多数是地方政府的公办学校，社区学院的经费大部分来自联邦政府和州政府；实行两年制的准学士学历教育，两年制学分修满后，授予准学士证书，并可以不用考试而进入四年制大学学习；社区学院提供职业教育；社区学院实行就近入学原则，没有寄宿制学生；社区学院不仅位于某一社区内，而且是所在社区的重要组成部分，是所在社区的文化教育中心；社区学院实行开放式入学，

年满18岁的公民都可以入学，不需要考试。社区学院的创建和发展，使美国的高等教育发生了深刻的变化，它完善了美国高等教育的层次结构，实践着教育民主的思想，推动了美国高等教育区域化、现代化发展的进程。

（三）大学推广运动

大学推广运动始于19世纪70年代的英国，是传统大学为应对社会改革的压力而开展的、面向社会大众的高等教育区域化过程。牛津大学和剑桥大学的传统继续保留，同时又使老大学面向社会大众办学。1873年，剑桥大学开始在列斯特、诺丁汉两城市及德贝郡开设课程。1876年，伦敦大学成立了大学教学推广学会；1878年，剑桥大学成立了地方讲座委员会（Local Lectures Committee），牛津大学也成立了类似的机构。1891年—1892年，牛津大学、剑桥大学和伦敦大学开设了457门大学推广课程。

英国大学推广运动的兴起与发展对英国社会的经济、文化、科技、教育等都产生了深刻的影响，使政府强化了教育对本国经济发展具有不可替代的作用这一意识，促使大学职能发生转变，加速了英国高等教育民主化的进程。早在16世纪，英国的格雷沙姆学院就已开设物理、航海、地理等与实际需要相关的课程，并“以提高咨询和举办讲座的形式直接服务于社会，开高等学校社会服务之先河”；大学推广运动以独特、便利的方式满足了中下层人民对高等教育的渴求，成为“高等学校利用其知识服务于社会或向社会传播知识的一种重要形式”，也促使人们重新定位大学的职能。[1]

（四）独立大学运动

20世纪初，随着人口的增加和中等教育的扩展，中等教育的发展急需一个扩大的高教系统，而且工商业的迅速发展需要大量的技术人才和管理人才，英国高等教育迎来了扩张性发展，而传统的牛津大学、剑桥大学改革迟缓，不能适应形势发展的需要。一些源于城市学院的大学相继诞生，并因其特有的红砖建筑而被称为“红砖大学”。“红砖大学”继承了城市学院为地方经济发展服务的特点，以现代技术和工业为重点开设相关课程，使职业教育成为大学教学活动的中心。一些大学与工业界联合建立了就业指导机构。由于培养的学生专业对口，符合工业界的需求，大学办学得到了工商界的欢迎。独立大学运动的兴起从整体上改变了英国高等教育的结构，转变了高等教育的职能，促进了牛津大学、剑桥大学等旧大学的改革，并在世界范围内产生了广泛影响。

---

〔1〕 朱国仁.从“象牙塔”到社会“服务站”——高等学校社会服务职能演变的历史考察[J].清华大学教育研究，1999(1)：32—38.

二、高等教育区域现代化发展的推进力:国家法律和政策推动

(一) 美国相关法案和赠地学院运动

1862 年,美国政府颁布《莫雷尔法案》。《莫雷尔法案》规定,联邦政府向各州提供联邦土地,在每个州至少资助一所从事农业和工艺教育的学院。到 1890 年,这类学院的总数达 69 所,为美国工农业生产培养了大批实用技术人才。在众多的赠地学院中,康奈尔大学实施的"康奈尔计划"和威斯康星大学提出的"威斯康星观念"对美国高等教育区域化发展产生了深刻的影响。"康奈尔计划"的内容包括:以职业教育与培训作为课程设置的基础,全面开设实用性的课程;开设通用课程,提供无职业倾向的普通教育;大学校门向社会打开,新生招收无性别和种族限制;等等。"威斯康星计划"的主要内容包括:大学需参与州的各项事务,并向全州公民及其子女提供各类学习的机会,通过富有成效的教学及培训活动为州服务;大学必须与州政府密切合作,建立起良好的合作伙伴关系;倡导学术自由和学习自由;等等。

20 世纪 90 年代,美国国会通过了《科学和高级技术法》,授权美国科学基金会开展"高级技术教育"计划(Advanced Technological Education Program, ATE)。该计划于 1998 年资助建立了 11 个中心,这些中心都以两年制学院校园为基地。这些中心包括小企业发展中心、高技术中心、小企业策划中心等。小企业发展中心提供各种技术和生产工艺及管理方面的服务;高技术中心帮助中小企业掌握新的生产工艺和技术,在社区学院演示工厂化的设备和新工艺,再将其推广到企业中去;小企业策划中心的主要任务是为新企业提供财务、税收、营销等方面的咨询服务。一些社区学院还参与了地方经济发展规划的咨询、评审、决策等工作。

(二) 德国相关法案和政府推动

德国早在 1948 年就明确了"双元制"职业教育培训体系的法律地位,使"双元制"职业教育在战后的快速发展有了制度保障。德国于 1969 年颁布《职业教育法》,它包括职前和职后培训(继续培训和转业培训);规定了培训企业和受培训者的关系及双方的权利和义务、培训机构与人员的资格、实施培训的监督和考试、职业教育的组织管理和职业教育的研究等。《职业教育法》对德国的职业教育起了极大的推动和促进作用,之后该国又相继出台了与《职业教育法》相配套的法律法规,诸如《企业基本法》《职业教育促进法》《手工业条例》《青年劳动保护法》《培训员资格条例》《实训教师资格条例》等。目前,德国实施高等职业教育的学校包括作为高等职业教育主体的高等专科学校,作为中等双元制职业教育延伸的职业学院,具有成人教育性质的高等职业培训学校,等等。

面对社会政治经济发展的需求，为促进职业教育的发展，德国政府给予了大量的经费资助。在德国高等职业教育系统中，政府起统筹协调、制定规则、明确任务、配置资源、监督管理等核心作用；行业协会作为企业的代表，制定职业标准、选拔职业指导教师、开展职业鉴定等；工会则作为职工利益的代表维护学员的权益等；而职业学校与企业则根据政府和行业协会的要求分别承担文化基础、专业理论和实践环节的教学。

三、高等教育区域现代化发展的重要途径：产学研合作

产学研合作是指企业、科研院所和高等学校之间的合作，通常指以企业为技术需求方，与以科研院所或高等学校为技术供给方之间的合作，其实质是促进技术创新所需各种生产要素的有效组合。随着高校功能从培育人才、科学研究到服务社会的延伸，高等教育、科技、经济一体化的趋势越来越强。尤其是在知识经济社会中，大学将被推向社会发展的中心，成为社会经济发展的重要动力。以信息技术为标志的第三次科技革命对产学研合作起到了推动作用，其中，斯坦福大学对师生创业和建立学术界与产业界合作的积极支持，创造了“硅谷”的经济奇迹，使产学研合作在高新技术飞速发展的当今世界，成为推动经济和整个社会发展的一种最强劲的动力。

产学研合作的宗旨是运用市场机制，推进企业与高校、科研院所在风险共担、互利互惠、优势互补、共同发展的机制下开展合作创新，促进科技与经济的结合，提高企业的科技创新能力和学研机构的研究开发能力及成果转化能力。〔1〕

产学研合作组织真正出现是在 1903 年，以美国的 Land-Grand College 创办的工程实验站为标志。〔2〕 20 世纪 50 年代斯坦福大学工业园创立并成功创造“硅谷”的经济奇迹，世界各国大学工业园蓬勃发展，高新技术区在经济中起带头作用，这些都表明产学研合作已经成为知识转换成经济最有效的途径，是经济发展的必然要求。〔3〕 20 世纪 80 年代后，Rath et al.（1988），Sumney（1989）等学者通过对产学研合作中动力机制的研究，认为产学研合作是影响国家竞争力的主要因素之一。关于产学研合作模式的研究，吉布斯（Gibbons，1994）提出现代知识的生产应由多类主体推动，以网络化的形式为主，需打破原有基础和应用研究的界限，其最大特点在于大学和企业间边界的消失。曼

〔1〕 李廉水.深化产学研联合的障碍分析[J].中国科技论坛，1995(4)：22—25.

〔2〕 S. L. Yong, Technology Transfer and the Research University: A Research for the Boundaries of University-Industry Collaboration [J]. Research Policy, 1996, 25(6)：843—863.

〔3〕 刘海林.产学研合作博弈分析[D].武汉理工大学，2006.

斯菲尔德(Mansfield,1996)通过研究发现大学技术商品具有非公共性,靠近大学的企业较容易发生合作并获得技术。〔1〕 自从美国硅谷繁荣和中国亚运村崛起以来,较多的学者对产学研合作模式进行了深入探讨,其中最具有代表性的观点就是根据三方合作的契约关系,将产学研合作分为技术转让、合作开发(包括委托开发)和共建实体三类。〔2〕 发达国家常见的产学研合作模式主要有以下几种。

(一) 教学公司模式

为了重点加强高等教育与产业界的联系,增强高等院校面向生产实际开展科学研究和教学的积极性,并促进产业界的技术创新和管理水平的提高,自1975年起,由英国政府的科学和工程委员会(SERC)、贸易和工业局、经济和社会研究委员会以及北爱尔兰经济发展局联合资助研究基金会组建了全国性的教学公司。每个教学公司项目(TCS)通常由三方组成,即高校、企业和项目经理。教学公司项目的立项必须由高校和企业一起申请才能有效,同时规定这些项目必须来源于生产实际中确实需要解决的问题。申请一旦批准就可以得到教学公司基金的资助,资助额度一般为项目所需经费的50%~70%。

(二)"三明治"工读交替制人才培养模式

1903年,英国桑德兰技术学院(Sunderland Technical College) 在工程和船舶及建筑系中实施"三明治"教育模式(sandwich program),即"实践一学习一再实践"工读交替的人才培养模式。该模式从教、学、做三位一体的培养目标出发,注重培养学生的实际工作技能和实际动手能力,提高其适应社会的能力。在"三明治"课程的自身模式上,又出现了主要应用于多科性技术学院的"厚三明治"模式和应用于高等工艺学院的"薄三明治"模式。"厚三明治"模式的主要做法是:学生入学后,先到工厂、企业接受一年的工业训练,然后回校学习两至三年的书本知识,最后一年再去工厂、企业实习,即"1+2+1"或"1+3+1"的循环教育方式。"薄三明治"模式一般是在大学的头三年规定每一个学年为两个学期,学生一个学期在学校学习,一个学期在工厂接受训练。第四年则为三个学期,学生都在学校里学习获得科学学士学位。然后还可以选择以工厂为基础的第五年学习,完成后可以取得工程硕士学位。

(三) 科技工业园区模式

20世纪70年代,在英国剑桥大学的周围逐渐形成了以高科技公司为主的

---

〔1〕 Mansfield E, Jeong-Yeon L. The Modern University: Contributor to Industrial Innovation and Recipient of Industrial R&D Support [J]. Research Policy,1996,25(7):1047—1058.

〔2〕 周涛.产学研结合模式研究[D].哈尔滨工程大学,2002.

科技工业园区，即剑桥大学工业园区。英国科技工业园区除了具有科技工业园的一般特点以外，还具有规范、高效的风险运作模式。以牛津科技园为例，其虽不直接参与投资，但参与新技术筛选和项目库的管理。在园区周围形成了完整的投资体系，包括小型的种子基金、中型的风险投资和大型的投资银行。牛津科技园与这些投资机构联手成立"科技园投资俱乐部"，定期举行俱乐部形式的聚会，寻求投资机会，帮助入园企业成长，给会员投资人优先投资牛津大学专利技术的权利，成为了投资运作的重要桥梁和信息港。

（四）沃里克模式

沃里克模式是以沃里克大学命名的一种产学研结合模式。该模式是以"创业型大学"为中心，创办一系列的相关产业，依靠创办产业的利润解决人才培养的经费，发展大学综合实力的一种产学研结合模式。沃里克模式鼓励创业型大学与校外的企业和组织合作，从事科学研究、技术转让、技术开发、继续教育、资金筹措等。同时，以跨学科研究项目为重点，走出校门兴办研究中心，解决经济和社会发展中的重大实际问题。通过合作，积极争取地方政府、企业、慈善基金会的投资与资助，以获得技术转让费、技术服务费、企业培训费等，使学校财政收入多元化。

（五）工业—大学联合研究中心

1862年，美国国会颁布《莫雷尔法案》，首次有组织地把基础研究、应用研究和应用技术研究有机地结合在一起，可以认为是美国产学研结合的标志性开端。1971年，国家科学基金会(NSF)陆续制订了7个促进产学研合作的计划，即"大学工业合作研究计划""小企业等价研究计划""大学工业在材料研究方面的合作计划""工业与大学在生物技术和高级计算机研究方面的合作计划""工程研究中心计划"等，使得政府将促进基础研究与应用研究和国家工业未来的发展紧密联系起来。到1997年，工业—大学联合研究中心有55个，涉及80多所大学、700家企业。美国有大量新办的、增长快的企业是在大学诞生的。1995年，仅20所著名大学就创办了102家企业。美国高校产学研合作教育模式有以下几种。

1. 辛辛那提模式

1906年，美国辛辛那提大学(Cincinnati University)赫曼·施纳德教授首次提出了一项新的教育计划，创造了产学研合作教育的经典模式：工学交替模式。实施的办法是：大学生自入学起学习半年后，便将企业的实际训练和大学的教学以2个月左右为期限交替进行，到毕业前半年，集中于大学授课，最后完成毕业计划。这一模式的主要特点为：一是主张合作教育主要应当在工程、建筑、设计等应用学科中开展，因为合作教育特别有利于学生掌握实际技能；

二是主张学生稳定于一个相关的公司进行社会实践，这样做有利于学生未来的就业和专业方向的确定。辛辛那提模式是以人才培养为主的产学研合作模式，向企业提供的服务形式主要为输送符合企业要求的人才。

2. “斯坦福—硅谷”模式

1951年，美国斯坦福大学前副校长特尔曼教授创建了斯坦福研究园（Stanford Research Park），硅谷则以斯坦福研究园为依托而发展起来。这一模式的特点是：以著名的研究型大学为依托，利用大学的科研与人才优势创建高科技园区，发挥高新技术的辐射作用。研究园的重要功能在于，作为大学高新技术成果的“孵化”基地，积极扶持大学创办各种高技术开发公司，加快大学高技术成果向产品转化的过程。研究园是大学科研人员和学生的重要实践基地，学生直接参与生产实践，有利于培养出更加适应企业需要的合格人才。

3. 波士顿128号公路高技术园区模式

128号公路距波士顿市区约16千米，呈半圆形环绕波士顿。从20世纪50年代开始到70年代初，沿公路两侧新建了上千家研发机构，这就是著名的波士顿128号公路科学工业园区。波士顿128号公路高技术园区的发展有以下特点。

(1) 当地大学如哈佛大学、MIT、波士顿大学、波士顿学院、东北大学、麻省大学等广泛参与园区的创新研究，不断推出专利成果，大力支持企业发展。各大学均设有工业联络办公室或技术许可办公室、企业发展中心等机构，协调各系与企业的联系。

(2) 园区内工业基础雄厚、设施齐全，能够承担创新企业高科技产品的生产任务。

(3) 当地政府对园区内企业提供科研资助或风险基金，提供各种无偿信息服务，扶持中小科技企业发展。

4. 社区学院模式

美国各类高等职业技术教育学院和社区学院积极参与了产学研合作，成为产学研合作中的一支重要力量。20世纪后叶，美国社区学院在产学研合作方面又有了新的发展。

(1) 与企业广泛开展合作教育。合作教育的最大特点是由社区学院与企业共同设计培养方案并监督方案的实施，学生一方面在学校学习相关课程，另一方面在企业学习实用技能和具体操作，并把所学的知识运用于实际工作中，并可获得工资报酬。

(2) 与外部机构展开合同培训。合同培训是近年来社区学院重点发展的一种职业培训方式，与传统的职业培训有诸多不同，其主要特点是：合同培训不仅涉及学生与学院双方，还涉及外部机构如企业和政府机构等，是由外部机构和学院双方通过签订合同的形式来举办的一种职业培训。

国际高等教育区域现代化发展充分体现了高等教育与区域经济社会发展之间越来越强烈的互动作用、依存关系。高等教育处于研究、教育、创新的交叉点，是区域经济社会发展的强大动力，高等教育从仅仅适应经济社会发展转变到全面发挥适应、促进、指导社会发展的作用，给我国高等教育区域现代化发展的探索提供了示范和借鉴。

第三节　高等教育区域现代化的社会意义

依托高等教育促进区域经济现代化发展已成为目前经济社会发展的新模式，也是地方政府的一种政策选择。与此同时，高等教育服务地方区域发展，与地方区域积极互动，已经成为当今世界高等教育发展的新趋势。高等教育与区域协调发展有助于高等教育与地方经济发展紧密结合，实现良性互动，形成高等教育发展的地方特色，建构并突显区域经济社会现代化发展优势。因此，通过走高等教育区域现代化之路，可以从根本上解决高等教育发展模式单一、缺乏弹性与特色，以及与地区经济严重脱节的弊端，发挥高等教育对区域建设的巨大促进作用。

(一) 高等教育区域现代化为区域经济发展提供高素质应用型人才

高素质人力资源对于区域经济可持续发展具有重要意义，能够提高劳动者的科学文化素质，进而促进经济增长。教育是任何一个社会发展不可或缺的条件。高等教育对于提高劳动者的科学文化素质，以有效地利用有限的资源，并实现用丰富的劳动力资源对稀缺的自然和社会资源的替换，有着极为重要的作用。高等教育的区域化和现代化发展，为我国区域经济和社会全面发展提供了重要的人才支撑和智力保障，在为区域经济社会发展服务方面，进行了不懈的努力和探索，着力培养适应区域经济社会发展的应用型人才。

高等教育着力探索为区域社会直接服务、与企业共同实现现代化技术创新、培养优秀人才的新途径，不仅为企业提供了直接的智力和人力服务，也为区域行业技术开发以及自身教育和科研发展奠定了良好基础。高等教育内容与教育方式更为适应区域社会的发展。例如，美国从 20 世纪 70 年代开始，政府鼓励大学向职业化方向发展，开展专业工人的继续培训与教育。随后开展了专业、工业、商务更新项目，向有需求的知识工人提供服务课程和部分时间的研究生课程，这些课程带有职业的属性，而且美国大学几乎都发展成为终身教育机构。加拿大大学远距离教育成为大学的一种非常重要的教育手段。同时，培训与教育的明显区别正在日益消失，继续专业教育和终身学习正成为时尚，新知识工人的学习正在学术化，并具有合格的质量。

为主动适应社会需要，我国的高等教育改革在人才培养结构和培养模式方面不断进行调整。例如，有的高校调整了研究生培养目标和培养方向，强调为行业培养“重基础、重专业、重实践”的工程类硕士生；有的高校在完成基本教学任务和科研任务外，利用委托培养、定向培养等方式为企业培养高级技术人员；有的高校建立了面向行业的工程研究中心，集教学、科研和生产于一体，主旨是密切高校与企业的联系、推广高新技术、加速实现产业化进程；有些博士后流动站单位与企业联合招收和培养博士后，有针对性地培养和造就适应国民经济发展需要的高层次科技和管理人才；有些高校科技人员从现实需要出发，深入工厂、车间解决生产问题。

（二）高等教育的服务功能成为区域经济社会发展的动力源泉

发展区域高等教育，兴办科技产业，极大地带动了区域经济的整体化和综合化发展。高校利用自身学科布局的综合优势和科学研究能力，积极参与地区经济发展规划、行业科技发展规划，为地方政府提供咨询服务。近年来，许多高校主动融入西部大开发、东北老工业基地振兴、中部崛起和东部率先发展等区域发展战略，积极通过调研、考察、举办论坛等多种方式建言献策，既提高了参与人员的理论水平和实践能力，又协助地方解决了许多实际问题，有力地促进了地方经济社会的发展。20 世纪 90 年代，美国高等教育界发起了“以地方为中心”为主要指导思想的“相互作用大学运动”，使学校与它所在社区的企业界、公众及政界领导建立一种积极的、双向作用的伙伴关系，为实现社区经济繁荣和社会公正而努力。

在以知识产业为主导产业的知识经济时代，高等教育的课题研究已经打破学科界限、跨越高校，联合社会上不同类型的知识生产机构，充分利用现代技术，尤其是信息技术，逐渐形成基于区域产业行业发展的知识生产模式。高等教育的研究单位是与其他企业、高校等合作的研究项目组，学校课程实施的重点集中于提高解决问题的技能、提高人际交往能力，使学生学会学习，实现了从以学科为中心向以问题为中心的学习方法的转变。高等教育人才培养工作开始以合作研究的形式在各种不同的小组中进行，培训的重点更多倾向于解决问题的能力和创新能力的提高，而不再局限于单调的学科专业知识的传授。高等教育人才培养模式更为注重创业精神和创新能力的培养。

（三）高等教育区域现代化加快了科学技术转化为生产力的步伐

高等教育通过实行区域化的产学研合作办学模式，兴办科技产业，建立了集开发研究、成果转化和规模生产为一体的科技产业基地。这不仅为学生提供了实训基地，更重要的是可使高科技成果向地方转移，寻求高科技产业与区域经济共同发展。高等教育在区域化发展和形成特色的同时，形成了与区域经济发展相适应的教育模式。

高等教育通过科技园、产业园等形式发展科学技术，产学研结合，提高科技成果转化率，使高校成果在区域内进行辐射，使新的产业结构比重不断上升。高等教育以高素质的人力资源进一步促进以知识创新为基础的区域新兴产业的发展，新旧产业的内部结构也不断得到优化。20 世纪 80 年代末以来，我国大学科技园快速发展，成为国家创新体系的组成部分和国家高新区的重要人力资源基础。目前，国家大学科技园达到 86 家。2010 年底，国家大学科技园现有可自主支配面积 814.5 万平方米，入驻在孵企业 6617 家，累计毕业企业 4364 家。2010 年，累计转化科技成果 4606 项，在孵企业申请专利 5603 项，其中发明专利 2333 项。[1] 大学科技园为高校科技成果转化提供了重要的平台和技术转移的渠道，成为大学研究成果转化链的重要一环，在区域经济发展中发挥了不可或缺的重要作用。大学科技园还以依托高校为主体，通过开设创业培训教育、组织创新创业大赛、搭建创业服务平台、设立创业种子基金等方式，培养大学生创新创业的兴趣、意识和技能，积极为区域经济社会发展培养高素质人才。

（四）高等教育区域现代化促进了区域文化建设和社区发展

发展区域经济所必备的人文道德环境规范经济秩序。重树信用之风，不仅要靠法制建设，而且也有赖于全社会的倡导、教育和监督，以培育健康的市场经济软环境。高等教育引导人们形成科学的生活观、世界观和人生观，促进制度创新和高尚的社会风尚的形成。通过区域高等教育现代化发展促进区域文化建设，还可使大多数人形成共同的政治意识，从而扩大社会的政治基础，提高人们的政治觉悟，保持稳定的社会政治秩序，从而保证经济社会的健康平稳有序发展，促进社会和谐稳定。

同时高等教育的区域现代化还可以服务社区，更好地促进社区发展。社区服务学习兴起于 20 世纪 70 年代，目前在美国颇为盛行，社区服务学习被定义为通过让学生参与将人与社区要求融合在一起的活动而进行的一种经验学习，以提高学生的学习与发展能力为目的。这种学习方式的特点就是将社区服务引入课程。在社区服务项目中，高等教育教学与科研已经开始融合，课程发展也被引入了社区服务之中。通过社区学院的系统化学习，学生可以掌握更为复杂的问题解决技能，从而促进社区的良性发展。

---

〔1〕 资料来源于《国家大学科技园“十二五”发展规划纲要》（国科发高〔2011〕362 号）。

可以说，我国高等教育在服务区域经济社会发展方面，发挥了不可替代的作用，但高等教育区域现代化发展还不能完全适应经济社会发展的需要，发展还不够科学。例如，应用型人才、高素质人才和拔尖创新人才的培养能力比较薄弱；科技成果转化和服务经济社会的效能不高；一些学校办学定位不够明确，办学类型趋同，影响了学生创业和就业；行业企业参与高等教育改革发展的动力不足；等等。如何更好地促进区域经济社会发展，是我国高等教育科学发展需要解决的重大课题。

第二章　我国区域经济现代化发展

世界经济全球化和区域一体化的加快发展，以及科技在经济领域中的广泛应用，对世界经济总体格局、国际贸易秩序及区域间的相互关系产生了深刻影响，单一地区正在失去以往作为独立经济实体的功能。区域经济主体打破各个区域独立发展的思维方式，迎战全方位竞争成为我国经济发展的主要方式。

作为发展中国家，我国经济实力及综合国力水平在近几十年的时间里都得到了长足的发展，经济实力不断攀升，经济增长速度持续加快，各个经济领域也取得了很好的发展。我国的国情与所处的时代背景，决定了中国的综合经济发展还需承受诸多的考验，在探索的过程中求发展。世界上发达国家的现代化都是以区域现代化发展为特征的。我国的经济区域化特征越来越凸显，区域经济的现代化发展也便成为战略性目标。

第一节　我国经济发展水平的省域分析

一、研究背景

近年来，我国各省的经济持续稳定增长，相应的经济结构升级正在加速演变，各地区人民的生活水平也在不断提高。但受地理位置、发展环境等因素的影响，各省的经济发展水平和经济结构差异显著，各省人民的生活水平也显著不同。为了进一步发现社会生产中出现的问题以及影响总体发展水平的因素，为各个地区实现均衡发展提供理论依据，本文选取能反映区域发展水平的相关指标进行分析，并试图提供有针对性的、科学的评价依据，也为各省的经济发展结构转变提供政策建议。

二、指标选取

栗海燕、杜跃平等对我国各省区的城市化水平和经济发展水平的数量指标进行了对比分析，分析表明我国的人口城市化水平与各省的经济发展水平的变化趋势具有很大的一致性，且存在着显著的地区差异。[1] 因此，各个省区城市化发展必须因地制宜，根据各省区的不同情况制定相应的对策。边会娟详细分析了中国各省经济增长差异的演变，分别对各省从 1978 年到 2006 年的人均 GDP、城镇居民人均可支配收入以及农民人均年纯收入等指标的发展差异进行了详细的考察。结果发现，从总体上，其绝对差异指标中的标准差在不断扩大；而相对差异指标变异系数，尽管有所波动，但呈现出逐年缩小的发展态势。[2] 当前研究只是局限性地研究了各省生活水平的影响因素是什么，而没有运用计量的方法对这些影响因素进行深入的对比、分析与研究，缺少精确的计量验证。本章以中国 31 个省、自治区和直辖市为单位(不包括香港、澳门和台湾)，借助 SPSS 统计工具，采用对应分析方法对各省、自治区、直辖市 2010 年度的经济发展水平进行分析，明确经济发展水平的影响因素之间的相互关系。

本章选取了最能反映经济情况的 11 项指标，包括 GDP、总人口、人均 GDP、"三产"、财政收入、固定资产投资、居民消费支出、居民消费水平、城镇单位就业人员平均工资。根据《中国统计年鉴 2011》中 2010 年全国 31 个地区的原始数据，使用统计分析软件 SPSS 进行分析。各省域评价指标及其数据见表 2-1：

[1] 栗海燕，杜跃平，王会叶. 中国城市化发展水平的省区差异研究[J]. 内蒙古农业大学学报(社会科学版)，2008(1)：81—83.

[2] 边会娟. 中国各省经济增长的收敛性分析[D]. 暨南大学，2009.

表 2-1　我国大陆各省域经济发展指标及数据

地　区	GDP	总人口	人均 GDP	第一产业	第二产业	第三产业	财政收入	固定资产投资	居民消费支出	居民消费水平	城镇单位就业人员平均工资
北　京	14113.58	1961	71964	124.36	3388.38	10600.84	2353.93	5403	4648.2	25015	65158
天　津	9224.46	1294	71296.18	145.58	4840.23	4238.65	1068.81	6278.1	2247.5	17784	51489
河　北	20394.26	7185	28382.84	2562.81	10707.68	7123.77	1331.85	15083.4	5731.4	8057	31451
山　西	9200.86	3571	25763.98	554.48	5234	3412.38	969.67	6063.2	2855.2	8159	33057
内蒙古	11672	2471	47242.97	1095.28	6367.69	4209.02	1069.98	8926.5	2710.6	11080	35211
辽　宁	18457.27	4375	42191.59	1631.08	9976.82	6849.37	2004.84	16043	5622.1	12934	34437
吉　林	8667.58	2746	31561.74	1050.15	4506.31	3111.12	602.41	7870.4	2510.6	9141	29003
黑龙江	10368.6	3831	27063.42	1302.9	5204.11	3861.59	755.58	6812.6	3409.6	8906	27735
上　海	17165.98	2302	74572.61	114.15	7218.32	9833.51	2873.58	5108.9	7281.9	32271	66115
江　苏	41425.48	7866	52664.04	2540.1	21753.93	17131.45	4079.86	23184.3	10942.8	14035	39772
浙　江	27722.31	5443	50934.94	1360.56	14297.93	12063.82	2608.47	12376	9701.8	18097	40640
安　徽	12359.33	5950	20771.63	1729.02	6436.62	4193.68	1149.4	11542.9	4873.4	8237	33341
福　建	14737.12	3689	39944.26	1363.67	7522.83	5850.62	1151.49	8199.1	4710.8	12871	32340
江　西	9451.26	4457	21206.63	1206.98	5122.88	3121.4	778.09	8772.3	3545.5	7972	28363
山　东	39169.92	9579	40890.13	3588.28	21238.49	14343.14	2749.38	23280.5	11059	11611	33321
河　南	23092.36	9402	24560.18	3258.09	13226.38	6607.89	1381.32	16585.9	7402.6	7837	29819

续表

地区	GDP	总人口	人均GDP	第一产业	第二产业	第三产业	财政收入	固定资产投资	居民消费支出	居民消费水平	城镇单位就业人员平均工资
湖北	15967.61	5724	27897	2147	7767.24	6053.37	1011.23	10262.7	5136.8	8977	31811
湖南	16037.96	6568	24416.95	2325.5	7343.19	6369.27	1081.69	9663.6	5788.9	8922	29670
广东	46013.06	10430	44114.74	2286.98	23014.53	20711.55	4517.04	15623.7	16722.3	17218	40432
广西	9569.85	4603	20792	1675.06	4511.68	3383.11	771.99	7057.6	3657.1	7732	30673
海南	2064.5	867	23807.83	539.83	571	953.67	270.99	1317	654.3	7553	30775
重庆	7925.58	2885	27475.3	685.38	4359.12	2881.08	952.07	6688.9	2792.3	9723	34727
四川	17185.48	8042	21370.14	2482.89	8672.18	6030.41	1561.67	13116.7	6638.5	8182	32567
贵州	4602.16	3475	13244.97	625.03	1800.06	2177.07	533.73	3104.9	2137.4	5879	30433
云南	7224.18	4597	15716.36	1108.38	3223.49	2892.31	871.19	5528.7	3082.1	6724	29195
西藏	507.46	300	16903.13	68.72	163.92	274.82	36.65	462.7	133.2	4513	49898
陕西	10123.48	3733	27120.79	988.45	5446.1	3688.93	958.21	7963.7	3105.8	8273	33384
甘肃	4120.75	2558	16112.25	599.28	1984.97	1536.5	353.58	3158.3	1567.7	6035	29096
青海	1350.43	563	24000.3	134.92	744.63	470.88	110.22	1016.9	405.1	7234	36121
宁夏	1689.65	630	26814.1	159.29	827.91	702.45	153.55	1444.2	565.7	8992	37166
新疆	5437.47	2181	24927.28	1078.63	2592.15	1766.69	500.58	3423.2	1578.9	7276	32003

三、研究方法

本章采取社会经济统计软件 SPSS 11.0 中的主成分分析法(Principle Component Analysis)分析 31 个省级城市区域经济发展水平。主成分分析的主要原理是利用降维的思想,通过研究指标体系的内在结构关系,把多指标转化成少数几个相互独立而且包含原有指标大部分信息(80%～85%以上)的综合指标。其优点是它确定的权数是基于数据分析而得到的指标之间的内在结构关系,它不受主观因素的影响,而得到的综合指标(主成分)之间彼此独立,减少信息的交叉,使得分析评价结果具有客观性和可确定性。

四、计算过程

(一)指标标准化

评价指标是由多个指标构成的,为了避免量纲和数量级的影响,必须对数据进行标准化处理,即将它们都转化成无量纲数据。采用标准差标准化方法进行标准化处理,公式为:$Y_i=\frac{X_i-\overline{X}}{S}$。

式中,$\overline{X}=\frac{1}{n}\sum_{i=1}^{n}X_i$,$S=\sqrt{\frac{1}{n}\sum_{i=1}^{n}(X_i-\overline{X})^2}$。

Y_i 为指标标准化值,X_i 为指标初始值,$\overline{X}$ 为指标初始平均值,S 为指标初始标准差值,n 为样本数。

标准化后的数据见表 2-2:

表 2-2 我国大陆各省域经济发展水平评价指标及数据(标准化)

地区	ZGDP	Z人均GDP	Z总人口	Z第一产业	Z第二产业	Z第三产业	Z财政收入	Z固定资产投资	Z居民消费支出	Z居民消费水平	Z城镇单位就业人员平均工资
北京	0	2.33	−0.85	−1.23	−0.61	1	0.96	−0.57	0.01	2.4	3.01
天津	−0.43	2.29	−1.09	−1.21	−0.37	−0.3	−0.22	−0.42	−0.65	1.17	1.59
河北	0.55	−0.28	1.04	1.3	0.6	0.29	0.02	1.07	0.3	−0.48	−0.48
山西	−0.43	−0.44	−0.26	−0.78	−0.31	−0.47	−0.31	−0.45	−0.48	−0.46	−0.32
内蒙古	−0.21	0.85	−0.66	−0.22	−0.12	−0.3	−0.22	0.03	−0.52	0.03	−0.09
辽宁	0.38	0.55	0.03	0.34	0.48	0.24	0.64	1.23	0.27	0.35	−0.17
吉林	−0.48	−0.09	−0.56	−0.27	−0.43	−0.53	−0.65	−0.15	−0.58	−0.29	−0.74
黑龙江	−0.33	−0.36	−0.17	0	−0.31	−0.37	−0.51	−0.33	−0.33	−0.33	−0.87
上海	0.27	2.48	−0.72	−1.24	0.02	0.85	1.43	−0.61	0.73	3.63	3.11
江苏	2.4	1.17	1.29	1.28	2.42	2.33	2.54	2.43	1.73	0.54	0.38
浙江	1.19	1.07	0.41	0.06	1.19	1.3	1.19	0.61	1.39	1.22	0.47
安徽	−0.15	−0.74	0.6	0.44	−0.11	−0.31	−0.15	0.47	0.07	−0.45	−0.29
福建	0.06	0.41	−0.22	0.06	0.07	0.03	−0.15	−0.09	0.02	0.34	−0.39
江西	−0.41	−0.71	0.06	−0.1	−0.33	−0.52	−0.49	0	−0.29	−0.49	−0.8
山东	2.2	0.47	1.91	2.37	2.34	1.77	1.32	2.45	1.76	0.12	−0.29
河南	0.79	−0.51	1.85	2.03	1.01	0.19	0.07	1.32	0.76	−0.52	−0.65

续表

地区	ZGDP	Z人均GDP	Z总人口	Z第一产业	Z第二产业	Z第三产业	Z财政收入	Z固定资产投资	Z居民消费支出	Z居民消费水平	Z城镇单位就业人员平均工资
湖北	0.16	−0.31	0.52	0.87	0.11	0.07	−0.27	0.25	0.14	−0.32	−0.44
湖南	0.17	−0.52	0.82	1.06	0.04	0.14	−0.21	0.15	0.32	−0.33	−0.67
广东	2.8	0.66	2.22	1.02	2.63	3.06	2.94	1.16	3.32	1.08	0.45
广西	−0.4	−0.74	0.11	0.38	−0.43	−0.47	−0.49	−0.29	−0.26	−0.53	−0.56
海南	−1.06	−0.56	−1.24	−0.8	−1.08	−0.97	−0.95	−1.25	−1.09	−0.56	−0.55
重庆	−0.54	−0.34	−0.51	−0.65	−0.45	−0.57	−0.33	−0.35	−0.5	−0.2	−0.14
四川	0.27	−0.7	1.35	1.22	0.26	0.07	0.23	0.74	0.55	−0.46	−0.37
贵州	−0.83	−1.19	−0.3	−0.71	−0.88	−0.72	−0.71	−0.95	−0.68	−0.85	−0.59
云南	−0.6	−1.04	0.11	−0.21	−0.64	−0.57	−0.4	−0.54	−0.42	−0.7	−0.72
西藏	−1.19	−0.97	−1.45	−1.29	−1.15	−1.11	−1.17	−1.4	−1.23	−1.08	1.43
陕西	−0.35	−0.36	−0.21	−0.33	−0.27	−0.41	−0.32	−0.13	−0.41	−0.44	−0.28
甘肃	−0.88	−1.02	−0.63	−0.74	−0.85	−0.85	−0.88	−0.94	−0.84	−0.82	−0.73
青海	−1.12	−0.54	−1.35	−1.22	−1.05	−1.07	−1.1	−1.31	−1.15	−0.62	0
宁夏	−1.09	−0.38	−1.33	−1.19	−1.04	−1.02	−1.06	−1.23	−1.11	−0.32	0.11
新疆	−0.76	−0.49	−0.77	−0.24	−0.75	−0.8	−0.74	−0.9	−0.83	−0.61	−0.42

（二）主成分分析

采用系统软件 SPSS 11.0 提供的因素分析方法，得到了相关系数矩阵、方差贡献分析表（见表 2-3）以及方差极大正交旋转后的因子载荷矩阵（见表 2-4）。

表 2-3　方差贡献分析

成分	初始特征值			提取载荷的平方和		
	合计	方差贡献率（%）	累积方差贡献率（%）	合计	方差贡献率（%）	累积方差贡献率（%）
1	7.183	65.300	65.300	7.183	65.300	65.300
2	3.082	28.017	93.317	3.082	28.017	93.317
3	0.293	2.661	95.977			
4	0.192	1.745	97.722			
5	0.137	1.242	98.963			
6	0.051	0.465	99.429			
7	0.026	0.237	99.665			
8	0.024	0.217	99.882			
9	0.008	0.075	99.957			
10	0.005	0.043	100.000			
11	.000	.000	100.000			

注：提取方法为主成分分析。

表 2-4　因子载荷矩阵

	成分	
	1	2
GDP	0.954	0.277
总人口	0.949	−0.191
人均 GDP	0.184	0.926
第一产业	0.887	−0.351
第二产业	0.966	0.185
第三产业	0.852	0.486
财政收入	0.797	0.564
固定资产投资	0.944	0
居民消费支出	0.927	0.302
居民消费水平	0.169	0.951
城镇单位就业人员平均工资	−0.147	0.927

提取方法：主成分。
旋转法：具有 Kaiser 标准化的正交旋转法。
a. 旋转在 3 次迭代后收敛。

从表 2-3 可以看到，每个公因子的方差（即特征值）的大小表示对应公因子能够描述原有变量信息的多少，按照累积贡献率达到 80％的原则，前 2 个特征值大于 1 的公因子，其累积贡献率已达到 93％，因此，只需提取前 2 个公因子已能解释绝大部分变量的变异信息。表 2-4 是运用主成分提取技术得到的两个公共因子载荷矩阵，表中每一个载荷量表示公因子与对应变量的相关关系。从表 2-4 中我们可以看出，第一公因子与 GDP、总人口、第一产业、第二产业、第三产业、财政收入、固定资产投资和居民消费支出等变量的相关性较强。

第二公因子与人均 GDP、第三产业、财政收入、居民消费水平等变量的相关性较强。利用下面的公式可计算出主成分表达式 $U_{ij}=C_{ij}/\mathrm{SQR}(\lambda_j)$，其中，$C_{ij}$ 是变量 X_i 在公因子 j 上的载荷量，λ_j 是公因子 j 所对应的特征值，SQR 表示求平方根。假设有 n 个变量，保留 m 个公因子或主成分，则某地区在第 j 主成分上的得分计算公式为：

$$P_j = \sum_{i=1}^{n} U_{ij} X_i \quad (i = 1,2,\cdots,n, j = 1,2,\cdots,m)$$

根据该公式可计算出 31 个省级城市区域经济发展水平的主成分得分（见表 2-5）。这里 $X_i(i=1,2,\cdots,11)$ 分别代表 GDP、总人口、人均 GDP、第一产业、第二产业、第三产业、财政收入、固定资产投资、居民消费支出、居民消费水平和城镇单位就业人员平均工资 11 个变量的标准化值（本计算用原始值），用 P_1 和 P_2 分别表示第一主成分和第二主成分的得分，则根据得分系数和原始变量的观测值可以计算出各个地区的得分，总得分由各个主成分得分的加权平均值求出，即总得分 $P=\frac{7.183}{7.183+3.082}\times P_1+\frac{3.082}{7.183+3.082}\times P_2$。

表 2-5　我国大陆各省域经济发展主成分得分及综合得分

地　区	P_1	P_2	P（总分）	排名
广　东	134635.53	126576.98	132216	1
江　苏	126345.29	126019.83	126247.6	2
山　东	121386.02	103346.18	115969.7	3
浙　江	86121.024	121120.5	96629.39	4
上　海	57332.781	175242.12	92734.3	5
北　京	46916.968	162830.85	81719.36	6
河　南	77329.784	69968.037	75119.47	7
辽　宁	65520.817	95000.454	74371.89	8
河　北	67535.33	74402.16	69597.05	9

续表

地　区	P_1	P_2	P(总分)	排名
天　津	35860.997	137157.09	66274.49	10
四　川	60052.431	67533.077	62298.45	11
福　建	48817.418	88413.965	60706.03	12
湖　北	52459.67	72935.258	58607.33	13
湖　南	53106.344	67782.987	57512.91	14
内蒙古	41369.792	93947.153	57155.81	15
安　徽	45405.027	65004.135	51289.53	16
陕　西	35122.206	69951.477	45579.47	17
黑龙江	35602.082	65219.042	44494.38	18
吉　林	32136.134	69756.466	43431.4	19
江　西	35192.451	58828.642	42289.06	20
山　西	31025.206	67968.273	42117.12	21
重　庆	28827.403	71871.371	41751.08	22
广　西	33515.278	60242.888	41540.07	23
云　南	26322.364	52169.892	34082.92	24
新　疆	18429.377	62477.172	31654.44	25
贵　州	16130.794	48796.506	25938.46	26
宁　夏	6749.5739	68877.891	25403.2	27
甘　肃	14540.422	49860.663	25145.1	28
海　南	7834.3796	58893.692	23164.61	29
青　海	4814.5694	63358.324	22391.95	30
西　藏	−1650.219	66483.494	18806.49	31

五、结论分析

（一）各省市经济水平两极分化，东西部差距明显

全国31个省市形成很明显的分类，广东、江苏、山东、浙江和上海等地区的经济发展水平要明显高于新疆、甘肃、海南、西藏、宁夏和青海等地。各省市之间差距较大：排名前10位的省市基本上位于东部沿海地区，排名后10位的省市基本上位于西部地区。这说明所处地理位置对各省市的发达水平影响很大。这其中虽然有人口数量差距的原因，但起主要作用的仍是发展政策的偏移。改革开放以来，我国重点发展东部地区，而对西部省市的经济支持则相对较少，使得东部地区经济迅速发展，东西部间的经济差距也越来越大。尽管政府已经注重对西部加大投资力度，但政策实施时间较短，西部经济仍处于较落

后的水平，需要更大的政策支持。

（二）沿海地区经济相对发达，内陆地区经济相对落后

结果显示，中国沿海地区经济远比内陆地区发达。广东、江苏、山东、浙江、上海等沿海省市在经济上占据了非常大的优势，这些省市是我国实施出口导向型战略的最大受益者，由此可见进出口贸易对我国经济发展的重要作用。基于各省市这些指标的原始数据及经过整理而来的数据分析得知，得分高的省市城市化水平与工业化水平都较高，大都得益于人均GDP较高，第二、第三产业发展较快，教育投入力度较大及贸易较发达等因素。得分较少的省市主要是由于第二、第三产业不够发达，这些省市第二、第三产业不够发达的原因又主要是全社会固定资产投资不足，特别是在一些农业大省，对农村固定资产投资、教育投资等的投资力度尤为不足。

（三）中部地区发展速度加快，没有形成特色和比较优势

我国中部地区发展速度加快，中部地区包括山西、安徽、河南、湖北、湖南、江西六省。所谓的中部崛起，主要是就这六个省而言的。相对于东部地区的改革开放和西部地区的西部大开发，中部地区的中部崛起的提出就显得比较晚。中部地区的发展，有利于缩小我国的地区性差异，也有利于进一步带动西部地区的发展，更有利于东部发达地区的成功转型。同时，我们也发现，中部地区的发展主要来自于国家政策的倾斜，没有形成自己的特色和优势，需要中部各省改变各自博弈的局面，携手共同发展，发挥各省区优势，实现中部崛起。

六、政策建议

基于以上分析，建议在我国经济发展中加强政策引导，注重发挥各省的突出优势，发展有特色的省市经济。由于我国的经济发展轨迹与世界其他国家有明显不同，所以在经济建设上要充分考虑到我国的特殊国情。改革开放初期有偏移的政策造成我国目前东西部经济水平差距过大，经济模式也有很大的不同。因此，在以后的发展道路上，各省市应充分考虑到自身经济发展的状态，因地制宜，发展有特色的经济，真正使自身获益。

具体来讲，北京、天津、上海等东部发达城市，要在经济发展领先的情况下，及时转变经济发展模式，由粗放型向集约型、循环型转变，由外源型经济向内源型经济转变，由偏重国际贸易向开发国内需求转变，由偏重经济高速增长向促进经济社会全面协调可持续发展转变，促进经济更好更快更全面地发展。

西部经济落后的地区，要采取增长极发展理论的方法，集中力量发展比较有优势的项目，以此带动经济发展，由点向线进而向面发展；利用特殊的地理优势，大力发展清洁能源产业，如风能、太阳能和地热能等，充分发挥其低碳、绿色环保和高附加值产业的优势；正确处理东部和中西部的关系，努力实现地

区经济协调发展，同时加快基础设施建设，为西部发展打好基础；建立和完善市场体制，培育特色产业增长点，使西部地区投资环境初步改善，经济运行步入良性循环。

对于中部地区，国家要继续加大政策的支持，使中部地区成为推动中国经济发展的主要地区之一，重点发展电子信息、生物、新能源及节能环保、新材料、先进制造和高技术服务六大产业，力争建成我国自主创新能力最强、环境最优、在国内外具有重要影响力的综合性高新技术产业基地群。坚持自主创新和引进吸收、市场主导和政府引导、重点突破和整体推进、高新技术产业化和传统产业高新化相结合的四项原则，以延伸产业链、壮大产业群为主线，将电子信息、生物、新能源及节能环保、新材料、先进制造和高技术服务等领域作为主攻方向。

第二节　我国区域经济社会现代化的特征及发展趋势

现代化是18世纪工业革命以来人类文明的一种深刻变化，是现代文明的形成、发展、转型和国际互动的复合过程。它以工业化为推动力，使传统农业社会向现代工业社会转变，工业主义渗透到世界经济、政治、文化、思想等各个领域，产生相应的深刻变化。现代化使相对落后的国家采取高效率的方法，通过有计划的经济技术改造和学习世界先进技术与理念，带动广泛的社会改革，迅速赶上先进工业国，适应现代世界环境的发展。

一、我国区域经济现代化进程

我国的现代化历程始于洋务运动，大规模引进西方先进的科学技术，兴办近代化军事工业和民用企业，从单纯的设想转变为实践，是我国早期现代化发展的重大进步，带动了整个现代化运动的开展。1964年，周总理在人大会议上提出了建设现代化社会主义强国的目标。1979年，邓小平同志提出“三步走”的战略部署，提出要在21世纪中叶使中国达到中等发达国家的水平，基本实现现代化；1987年提前3年实现GDP比1980年翻一番的第一步战略目标，1995年实现再翻一番的第二步战略目标，提前5年进入实现第三步战略目标的新的发展阶段。2000年，在中共十五届五中全会上，中共中央总书记江泽民在“中共中央关于制定国民经济和社会发展第十个五年计划的建议”的讲话中谈到“十五”期间中国经济和社会发展问题时宣布：“中国已胜利实现了现代化建设的第一步、第二步战略目标。从现在起，要开始实施第三步战略部署。”这就意味着从新世纪开始，中国进入了全面建设小康社会并加快推进现代化的新的发展阶段。

2003年，我国提出振兴东北老工业基地战略，后又提出中部崛起战略，这些虽然取得了一定成效，但区域总体差距依然较大，2005年我国人均GDP最高的省区是最低的省区的13倍。地区之间的经济发展缺乏应有的联系与互动是造成这一现象的主要原因之一。为了改变这一状况，2006年出台的国家"十一五"规划明确提出我国的区域现代化发展战略开始由非均衡增长转向互动合作和协调发展，而横跨东、中、西三大区域的长江经济带则成为我国大区域经济协调发展的战略关注点。这是继沿海经济开发战略后所做出的又一重大战略决策，其众多的东西南北河流和交通干道，可以使东西南北经济形成一体，长江经济带是我国促进地区经济协调发展的重要纽带。[1] 随着市场经济的发展和日益成熟，长三角地区也正在实现区域产业现代化在更大范围、更高层次上的整合和扩散，以上海为中心、以现有的城市为基础，在渐进式的发展中逐步扩大其对周边地区的辐射和带动作用。

到2008年，我国在经济发展、社会结构转型和社会发展方面的进程，在实现第一次现代化方面往前推进了五分之二的进程，进入工业化的中后期，在发展总体上完成了第一次现代化的68.5%，进入第一次现代化进程的后期阶段。[2] 我国经济高速增长，综合国力由弱到强，经济总量迅速扩大，居世界位次稳步提升；人均国内生产总值成倍增加；经济结构持续优化，产业结构不断升级，国有经济战略性调整取得重大进展，基本实现了由单一的公有制经济向多种所有制经济共同发展的转变；国家财政实力不断增强，人民生活水平大幅提高，实现了从温饱不足到总体小康的历史性跨越。

2009年以后，为更好地应对全球金融危机，同时也抓住经济结构调整带来的新一轮发展机遇，国家出台了大量的区域现代化发展规划和产业振兴规划，其中上升到国家层面的区域规划数量超过前四年的总和，速度前所未有。这些区域经济规划的范围涉及东部、中部、西部和东北部四大经济区域。同时，国家在继续推动东部沿海地区产业转型、迎接新一轮经济增长的同时，也更加重视中西部地区和东北地区的发展。与之相呼应的是，实施西部大开发以来，西部地区经济增长的速度已连续8年超过10%。2011年西部地区生产总值同比增长13.7%，增速连续5年高于东部地区。中国区域现代化布局的成效逐渐显现。人才、物资、资金、技术、资本、信息等不同生产要素的跨区域流动更加便利和频繁，不同地区的资源优势在市场中获得了更为有效的价值认定，

〔1〕 沈玉芳. 长江战略与大区域统筹发展[J]. 长三角，2006(1)：20－23.

〔2〕 资料来源为何传启、中国现代化战略研究课题组编《中国现代化报告》2005卷、2008卷，北京大学出版社2005年、2008年版。

各地区原有的资源优势定位、经济结构调整、产业转移和区域合作将更趋活跃。

“十二五”是中国区域经济结构更加合理、产业布局更为完善的五年，更加强调均衡、可持续和科学发展，继续推进区域现代化发展。我国将着力实施区域发展总体战略和主体功能区战略，着力培育新的区域经济增长极，着力扶持老少边穷地区加快发展，着力促进经济布局、人口分布和资源环境相协调，努力构筑区域经济优势互补、主体功能定位清晰、国土空间高效利用、人与自然和谐相处的区域发展格局。

未来五年，国家将大力促进东部、中部、西部、东北部四大经济板块均实现经济较快增长，坚持把实施西部大开发战略放在区域发展总体战略的优势位置，给予特殊政策支持；全面振兴东北地区等老工业基地，支持东北地区传统优势产业改造升级；大力促进中部地区崛起，研究制定符合中部地区特点的新的政策措施；积极支持东部地区率先发展，在更高层次参与国际竞争与合作。

二、我国区域经济现代化特征

毫不夸张地说，我国区域现代化在很大程度上是靠区域经济非均衡增长推动的。“十一五”以来，我国逐步落实区域发展总体战略，颁布实施全国主体功能区规划，制定西部大开发新十年指导意见和一系列区域发展规划，区域经济出现跨越式发展。中西部和东北地区发展加快，经济和投资增速等主要指标超过全国平均水平；东部地区经济结构不断优化，自主创新和竞争力逐步提高；地区间基本公共服务差距趋于缩小，各具特色的区域发展特征形成。目前，我国正在逐步调整区域发展战略，推动区域经济由非均衡增长向协调发展转变，并培植更多的区域和增长极，成为我国经济发展的接续力量。我国区域经济社会现代化特征主要体现在以下方面。

（一）区域经济高速增长，经济总量规模迅速扩大，发展差距逐渐缩小

当区域经济跨过工业化的起点，呈现出较强的增长势头，就标志着区域现代化发展已由待开发阶段进入成长阶段。在这一阶段，区域经济高速增长，经济总量规模迅速扩大；产业结构急剧变动，第二产业开始占主导地位：商品经济逐步发育，市场规模不断扩大，区域专业化分工迅速发展，优势产业开始形成或正在形成中；人口和产业活动迅速向一些城市地区集中，形成启动区域经济发展的增长极。并且，伴随着区域经济总量的增长和结构性变化，区域社会文化观念也相应地发生较大转变。2008 年以来，我国持续了 30 多年的东高西低增长格局开始出现变化，中部、西部和东北地区的经济增速全面超越东部地区，进入 2010 年，这种态势更为明显，中西部、东北地区与东部地区经济总量的差距也呈现缩小的趋势。以人均 GDP 来衡量，近年来我国区域差异也逐步

缩小(见表 2-6)。

表 2-6 我国各区域 GDP 增速比较(%)

时间	地区合计	东部	中部	西部	东北	长三角	京津冀
2007	14.24	14.2	14.18	14.49	14.13	14.38	13.1
2008	11.77	11.13	12.17	12.51	13.38	11.03	10.98
2009	11.62	10.78	11.72	13.62	12.6	10.42	11.37
2010	13.1	12.4	13.8	14.1	13.6	11.8	12.7

根据国家统计局数据整理

(二) 产业结构调整趋于优化,第二产业为主导产业,第三产业蓬勃发展

在区域现代化进程中,我国的产业结构经历了比较大的变化。从长期的变动趋势来看,三次产业之间的比例关系有了明显的改善,产业结构正向合理化方向变化。第一产业增长相对缓慢,第二产业增长快速,第三产业突破以商贸、餐饮为主的单一发展格局,加速了金融、保险、研发、咨询等行业的发展。而且,第三产业所占比重的增长速度高于第二产业的增长速度。总体上看来,我国产业结构在保持"二、三、一"型基础上不断优化。

(三) 东部领跑、西部开发、北部振兴、中部崛起,形成区域发展新格局

在国家和市场双重力量的牵动下,我国的区域经济经历了四次大的调整和布局,地区自主的有竞争力的区域经济基本形成:第一次调整 20 世纪 80 年代初,以创办经济特区为标志,珠江三角洲以及广东、福建等地区成为全国率先对外开放和进行市场化改革的地区;第二次调整是 20 世纪 90 年代初,以浦东开发开放为标志,上海及长江三角洲地区快速崛起,成为中国区域经济最具活力和潜力的地区之一;第三次调整是 20 世纪 90 年代末,以西部大开发为标志,开始实施沿海帮助内地加快发展;第四次调整是 21 世纪初,以振兴东北等老工业基地为标志,我国产业升级和经济持续快速增长将有新的接续力量。

经过上述四次大的区域布局,我国区域经济发展的新格局是:东部 10 省市包括北京、天津、河北、上海、江苏、浙江、福建、山东、广东和海南,继续领跑,有条件的要在全面建设小康社会的基础上,率先基本实现现代化;西部 12 省市包括重庆、四川、贵州、云南、西藏、陕西、甘肃、宁夏、青海、新疆、内蒙古和广西,要发展提速,争取十年内取得突破性进展;东北 3 省市包括辽宁、吉林、黑龙江,要加快改革攻坚和经济振兴,为国家产业升级和经济持续增长提供支撑;中部 6 省市包括山西、安徽、江西、河南、湖北和湖南,要善于东靠西联,尽快走出经济凹地,力争早日实现中部崛起。

（四）区域专业化分工迅速发展，区域间产业转移速度加快

当前，我国区域现代化发展中的产业分工进入深度调整期，区域专业化分工迅速发展，优势产业开始形成或正在形成中，人口和产业活动迅速向一些城市地区集中，启动了区域经济发展的增长极。东部沿海地区产业向中西部地区转移的步伐加快，中部地区区位优势明显、资源禀赋好、环境承载力较强、要素成本低、市场潜力大，具有承接产业转移得天独厚的优势。《国务院关于中西部地区承接产业转移的指导意见》从全局和战略的高度推动中西部地区抢抓产业转移机遇，中部各省围绕皖江城市带、武汉城市圈、中原城市群、长株潭城市群、环鄱阳湖城市群等城市群建设，进一步改善发展基础。这使得中部各省承接产业转移既有了宏伟的蓝图，又有了坚实的载体。中部成为投资热点地区。2010 年 9 月 6 日，国家正式印发了《国务院关于中西部地区承接产业转移的指导意见》，在财税、金融、投资、土地等六个方面给予中西部地区承接产业转移支持，力促我国中西部地区成为产业转移的首选地。

（五）城市群在区域协调发展中的地位进一步突出

随着城市户籍和社会保障等制度的逐步完善，新增城市人口主要向能够提供更多就业机会和生存空间的城市群集聚。世界城市化都以主要城市群为支点，通过核心城市群的引领与示范，形成整个城市群共同发展的局面，城市群在区域现代化发展中处于核心地位（见图 2-1）。目前我国新城市带主要有长江流域城市带、京广沿线城市带、东南沿海城市带、陇海亚欧干线城市带、京津唐城市带、大沈吉哈东北城市带、绵德渝蓉城市带。国家发改委下发的《关于促进中部地区城市群发展的指导意见》和《〈促进中部地区崛起规划〉实施意见》，进一步明确了中部地区崛起的发展蓝图，并提出了加速一体化建设的概念，其着眼点在于落实六大城市群发展，有效推动了城市群的发展。

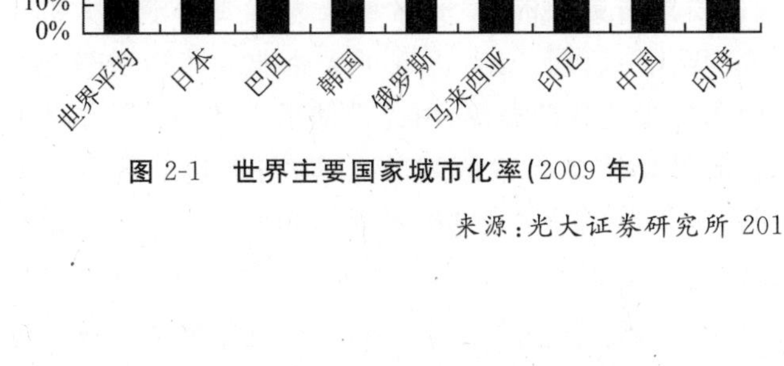

图 2-1　世界主要国家城市化率（2009 年）

来源：光大证券研究所 2011.02.21

（六）区域文化现代化融合发展

文化作为社会发展的动力，对于社会进程具有极大的作用，对文明社会发展具有决定性意义。社会的不断进步客观上要求文化和经济不断融合，文化的生产、消费、传播、创新是经济社会运行和发展的支撑。文化对经济社会发展起导向、凝聚和鼓舞作用，同时也为科技和经济的发展提供智力支持和精神动力，而文化产业的发展更是成为推动社会发展的直接动力。工业革命以来，大国兴衰成败的历史告诉我们：能够迅速复兴和崛起的国家，都是在文化上具有鲜明民族个性的。

能否获得政治中所谓的大国身份以及大国地位存续时间的长短在很大程度上取决于该国所拥有的文化国力的先进性的高低和对外辐射能力的大小。现代化进程中，以文化形态为核心的“软实力”竞争成为国际较量的重要因素。在全面推进的现代化建设中，文化的现代化势必是一个不可忽视的内容。在一定程度经济发展的基础上，文化转型是社会转型的先导。在区域现代化发展过程中，社会主义核心价值和传统文化精华的融入使区域的发展充分体现了社会主义本质的意识形态，构成了具有中国特色的文化现代化发展。

三、我国区域经济现代化发展的新趋势

（一）区域发展由单兵突进、各自为战，向区域间融合互动和一体化发展

20世纪90年代的渐进式改革中，各省市随着自主权的扩大，注重追逐地方利益和领导政绩，加上自身经济基础薄弱，发展空间大，企业以及劳动力、资本、技术等生产要素流动性弱，开展区域合作与交流的动因和实力不强，基本上是以地方为单位，埋头于自身发展。这一时期，各地区的发展主要是以行政区划为界，单兵突进，各自为战，创造出许多区域发展模式，如温州模式、苏南模式、珠江三角洲模式等。

在单兵突进式的区域发展中，浙江率先进行市场取向的改革，充分发挥市场主体的积极性和创造性，经济增长速度一直位居全国前列。21世纪初，浙江GDP总量和人均GDP水平都翻了三番多，经济社会发生了深刻的变化，实现了农业省份向工业大省的跨越、资源小省向经济大省的跨越、温饱生活向小康生活的跨越。与此同时，上海、北京、天津、广东、江苏、山东等一些沿海省市也快速成长，成为全国经济的大市大省。

企业长大了要开拓更大的市场，区域长大了要寻求更大的发展空间。大致从20世纪90年代中后期开始，出现了大企业大集团纷纷把总部或研发中心、销售中心向大城市迁移的高潮，由此带动了人才、技术、资本等要素的跨区域流动，区域发展开始突破行政区划的束缚，与周边地区的交流合作逐渐增强。如北京加强与天津的合作，建设大北京；珠三角加强与香港和澳门的合

作，建设大珠三角；长江三角15市以及沪苏浙三省市紧密合作，向着区域融合和一体化发展；等等。

早在2001年5月，由沪苏浙三省市主要领导发起，建立沪苏浙三省市经济发展座谈会机制，共同推进长江三角洲地区的一体化发展。2003年，在全国"两会"上，推进长江三角洲地区一体化成为重要议题，许多人大代表、政协委员呼吁长江三角洲地区要淡化"楚河汉界"，打破行政分割和地方保护主义，推进一体化发展，促使区域合作不断增强。

综上所述，实现区域间的融合互动、合作共赢和一体化发展，是区域经济发展的必然选择。

（二）区域间基于功能区的差异化分类管理发展

功能区总体上可以划分为两个体系，即主体功能区体系和特殊功能区体系。主体功能区进一步细分为优化开发区、重点开发区、限制开发区、禁止开发区等。特殊功能区进一步细分为多种类型，包括生态保护区、蓄滞洪区、粮食主产区、能源区、污染防治区、基础设施共建区、旅游休闲区等。"十一五"规划纲要提出了推进形成"主体功能区"的要求，将国土空间划分为优化开发、重点开发、限制开发和禁止开发四类主体功能区。区域资源环境承载能力、现有开发密度和发展潜力不同，主体功能定位也应有所差异。优化开发区域要着力提高产业的技术水平，化解资源环境瓶颈制约，提升参与全球竞争的层次；重点开发区域要充实基础设施，吸纳资金、技术、产业和人口集聚，加快工业化和城市化步伐，提升区域辐射功能；限制开发区域要实行保护优先、适度开发的方针，加强生态环境整治，适度发展特色经济，引导超载人口有序向外转移；禁止开发区域要依据法律法规和相关规划规定实行强制性保护，严禁不符合功能定位的开发建设活动。

（三）城市化与工业化互动，城市群对区域发展的带动作用日趋加大

通常，世界上有竞争力的经济区或经济带都是与大城市或城市群紧密联系在一起的。从我国城市化发展趋势看，东部沿海地区，在城市与周边乡村之间、城市与城市之间，出现了多种形式的经济联系，由多个大城市相互连接构成的城市群或城市连绵带正在形成。如以上海为核心的长江三角洲城市群，以香港、广州为核心的珠江三角洲城市群，以北京、天津为核心的环渤海城市群，等等。这三大城市群将成为中国经济最具活力和发展潜力的地区，成为人才、技术、资本、信息等生产要素最集聚的地区，成为外商投资和抢占市场的首选地区，其发展走势将对全国经济乃至亚太经济产生影响。

以上海为核心的长江三角洲地区，随着区域内南京、杭州、苏州、宁波等中心城市经济实力不断增强，城市空间不断扩展，以及城市由小到大、由少到多、

由分散孤立到形成网络，正成为中国城市群发展的领头羊。目前，整个长江三角洲15个地级以上城市，都已达到中等城市规模，城市化水平达47.4%，高出全国近10个百分点，以上海为核心的长江三角洲城市群已具雏形。根据城市群的人口规模、人口密度以及发展潜力来考量，长江三角洲地区有望发展成为继美国波士华、美加五大湖沿岸、日本东海岸、英国伦敦一曼彻斯特，以及以法国巴黎为核心的大都市群之后的世界第六大城市群，将对区域经济发展产生深远的影响。

（四）外来资本对区域发展整合与提升的作用越来越大

一个地区的工业化、国际化进程，离不开外来资本的作用，而且随着发展阶段的变化，外来资本对区域发展整合与提升的作用越来越大。我国区域经济得到发展，外商和外资的进入起了很大的促进作用。同时，由于外商和外资进入程度不同，区域经济发展出现很大的差异性。外资主要集中在东部沿海地区，超过总量的85%，中部地区次之，占不到20%，西部地区最少，外资和外商的进入程度也与经济发展水平高度相关。当前，世界经济进行新一轮的产业结构调整，美国、日本等发达国家的一些企业将资本、技术密集的重化工业和高加工工业向外转移，而中国尤其是沿海地区正处在由轻工业向重化工业、由粗加工向高加工转型的阶段，随着服务外包产业的发展，外资整合提升区域产业的力度会越来越大。

第三章 高等教育与区域经济社会互动机理

我国高等教育在21世纪初已迈入大众化发展的后半阶段，高等教育呈现出一定的经济属性和区域性发展的特点。虽然高等教育是关于人们在专业知识、专业技能、专业素养和就业素质等方面的训练与开发的事业，但是毕竟需要消耗大量稀缺的经济资源，同时产生巨大的经济效益和社会效益，且高等教育服务的生产、交换、分配与消费，都涉及对稀缺教育资源多种用途的理性选择与效率配置的问题，因而也就必然具有经济属性。我国高等教育的区域性特征主要表现在：高等教育总存在于一定的地理活动边界，地域性特征及地域差异明显，推进区域高等教育发展的国家宏观政策也有所侧重。[1] 从高等教育的经济性与区域性特征出发，对我国高等教育与区域经济发展的互动机制与规律进行理论探讨，具有可行性和必要性，对我国高等教育资源均衡配置与区域均衡发展策略的制定具有一定的理论指导意义。

第一节 区域高等教育与经济社会互动的经济学分析

潘懋元先生提出的高等教育外部关系规律认为，高等教育必须适应并促进社会政治、经济的发展，必须按社会的需要来培养人才。高等教育具有教学、科研、社会服务三大职能，是创新知识、传播知识、应用知识的服务行业，是知识积累与人力资本积累的主要途径，与技术进步这一经济增长的源泉具有天然联系，通过人才输送与科学研究，直接或间接地促进技术进步，从而与区域经济增长发生必然互动。

一、高等教育与区域经济增长的关系

人力资本理论是由美国经济学家舒尔茨等人创立的。舒尔茨等人首次明确区分并界定物力资本和人力资本属性，提出人力资本形成的主要途径有四种：用于教育的支出，用于在职培训的支出，用于医疗保健的支出，用于国内劳

〔1〕 崔玉平.区域高等教育的经济学分析[M].哈尔滨：黑龙江教育出版社，2011：11－39.

动力流动和移民入境的支出。在这四种投资途径中，人力资本理论认为教育与培训支出是人力资本形成的主要生产要素。曼昆等人在1992年提出扩展的索罗模型，将人力资本视为生产函数的投入之一，认为经济增长是由人力资本累积所推动的，各国经济增长差异主要起因于人力资本累积的差异。[1] 内生增长理论认为内生的技术进步是经济增长的决定因素，技术进步是追求利润最大化的厂商进行意愿投资的结果；技术（或知识）、人力资本具有溢出效应，这种溢出效应的存在是经济实现持续增长所不可或缺的条件（张振助，2004）。人们据此认为，教育，特别是高等教育，应该同步或先于经济发展，其规模、结构，特别是人才培养的专业结构，应与区域经济发展相协调。

大多数学者基于柯布—道格拉斯生产函数模型，以人力资本理论为支撑，通过引入能够提高劳动力质量的教育因素作为解释变量，捕捉劳动者因接受教育而提高劳动生产率进而对经济增长率的贡献。这一计量方法主要借鉴了美国经济学家丹尼森核算教育对经济增长贡献的方法。崔玉平曾计算得出中国1982年—1990年间高等教育对经济增长的贡献率只有0.48%。[2] 此后，有多位学者在此基础上对核算方法进行了改进和创新，另有部分学者采用其他实证研究方法，扩大了研究领域，估算了高等教育对地方经济增长的贡献和对其他产业部门及空间邻接地区的溢出效应。

有学者利用面板数据进行协整分析和回归分析，研究发现中国东部、中部、西部高等教育对GDP增长率的贡献由高到低呈梯次分布。[3] 还有学者探讨了台湾地区1965年—2000年间高等教育学科对劳动力及经济增长的影响，以台湾高等教育四类学科为对象，探究了学科结构的潜在影响。研究结果显示，高等教育总体上对台湾经济增长有显著的正效应，其中工程和自然科学专业的作用最显著。[4] 有学者利用C-D生产函数对广东、上海、浙江3个省市1978年—2001年期间教育对经济增长的贡献进行测算，结果显示：3个省市的教育对经济增长都具有显著的积极影响，表现为教育的产出弹性系数都是正数；教育对上海经济增长的促进作用最为明显，上海人均受教育年限每增

---

〔1〕 Mankiw, G., Romer, D., Weil, D. Contribution to the Empirics of Growth [J]. Quarterly Journal of Economics, 1992(107): 407－437.

〔2〕 崔玉平.中国高等教育对经济增长率的贡献[J].北京师范大学学报(社会科学版)，2000(1)：1—4.

〔3〕 胡永远，刘智勇.高等教育对经济增长贡献的地区差异研究[J].上海经济研究，2004(9)：11—14.

〔4〕 林廷春.高等教育在经济发展中的作用——对台湾的实证研究.丁佳，译[J].教育与经济，2005(1)：50—54.

加1%,经济产出就能增加0.65%;教育对上海市经济增长的贡献率最高,对广东经济增长的作用次之,而对浙江经济增长的贡献率最小。〔1〕有学者选取处于中低收入国家行列的中国,处于中高收入国家行列的巴西以及处于高收入国家行列的美国、英国、日本、加拿大六国为样本,并将各国数据置于向量自回归模型(VAR)框架下进行分析,分别测算各国教育的产出弹性及对经济增长的贡献率,研究结果证实了教育与产出之间存在双向促进的因果关系,而且发现了一国教育对经济增长的贡献与经济发展水平呈非线性的正相关关系,中国教育对经济增长的贡献率较低。〔2〕贾彦东等人研究了我国东部、中部、西部教育投入及经济贡献的差异,指出提高教育的有效性是我们在西部发展中要解决的重要问题。〔3〕

二、高等教育与区域创新系统的关系

1992年,英国卡迪夫大学教授库克首先提出了区域创新系统的概念,最初的定义是:企业及其他机构经由以"根植性"为特征的制度环境系统来从事交互学习。库克认为,区域创新系统的主体主要是由在地理上相互分工与关联的生产企业、研究机构和高等教育机构等构成的区域性组织体系,而这种体系支持并产生创新。区域创新体系是熊彼特创新经济学的进一步拓展,是用来分析区域创新与区域经济发展之间关系的理论框架之一。国内大多数学者一致认可的定义是:由参与区域内技术发展和扩散的企业、大学和研究机构组成,并有市场中介服务组织广泛介入和政府适当参与的一个为创造、储备和转让知识、技能和新产品而形成的相互作用的创新网络系统。〔4〕有的学者认为,分析国外典型创新系统的成功案例,可以证实高校在区域创新系统中的重要作用。例如,以色列的创新系统是科技主导的地方性创新系统的一个代表;美国硅谷地区的斯坦福大学以及在伯克莱的加州大学都是举世闻名的研究机构孵化器,培养出了很多高技术的科学家、工程师和创建一流高科技公司的企业家,包括惠普、英特尔、雅虎在内的已成为硅谷根基的一流高科技公司正是从大学走出的企业家建立的;德国慕尼黑的高科技产业区——巴伐利亚地区也是国际上区域创新的成功典范,是世界上除了硅谷之外集中的大型技术公

〔1〕姚益龙,林相立.三省市教育对经济增长贡献实证比较——广东、上海、浙江CD模型检验[J].中山大学学报(社会科学版),2005(1):97—102.

〔2〕姚益龙,林相立.教育对经济增长贡献的国际比较:基于多变量VAR方法的经验研究[J].世界经济,2005(10):26—32.

〔3〕贾彦东,张红星.区域性教育与经济协调发展关系的实证研究[J].财经科学,2006(3):94—101.

〔4〕丁焕峰.论区域创新系统[J].科研管理,2001(6):1—8.

司最多的地区，这里有世界上著名的慕尼黑工业大学，也有世界上著名的科研机构，也是德国最大的人才集聚地及继硅谷后世界第二大人才聚集区。[1]

方一兵、范旭做了基于区域创新系统的大学与企业之间知识互动关系的实证研究，把大学与企业知识互动关系分为十种类型，通过问卷调查方法，测量和分析广西高校各学科领域与企业在这十类知识互动关系上的强度及其影响因素，系统地讨论了特定区域内大学与企业的互动关系特征，得出了有启发性的见解。其中，列举出了区域创新系统中高校、政府和企业互动的五种形式。[2]

(1) 以外部市场交易为纽带的互动模式。在这一形式中，大学与企业或其他主体之间是市场交易的关系。大学提供技术成果或技术服务，通过外部市场的交易行为将成果或服务出售给产业界。政府往往是这样一种互动方式的界面构造者，即建立和完善技术市场及各种机制，使交易能顺利地进行。

(2) 以产权为纽带的互动模式。大学与企业等主体以各自投入的资源入股建立经济实体，或者大学为实现创新而投资兴办科技企业。产权是该模式连接各方的纽带，大学与企业之间的合作性主要取决于产权制度的规范性以及大学与合作方在经济实体运作中的协调性。

(3) 以政府项目计划为纽带的互动模式。以政府计划为纽带的连接已经成为大学与其他主体共享资源、合作创新的重要途径。

(4) 以大学与企业之间自发产生的项目为纽带的互动模式。近年来，大学与企业出于各自的需要，均产生了加强彼此间交流与合作的愿望。

(5) 大学科技园模式。大学科技园作为一类创新型组织，依托一所或几所大学，在一定区域内，创造一定的条件，帮助学者和研究人员实现自己的科研成果转化，并吸引人才组织创造、孵化企业或直接兴办高新技术企业。

第二节　区域高等教育与经济社会发展的协同论分析

一、协同论的基本原理

协同论是德国物理学家哈肯在 20 世纪 70 年代创立的一门新兴的交叉科学，也称为协同学。协同学认为由子系统组成的大系统总有一个相对稳定的宏观结构，这个宏观结构是各个子系统相互竞争、作用而形成的模式，正是各子系统之间的协同作用与竞争决定着系统从无序到有序的演化过程。协同学

---

〔1〕 毛艳华.区域创新系统的内涵及其政策含义[J].经济学家，2007(2):84－90.

〔2〕 范旭，方一兵.区域创新系统中高校与政府和企业互动的五种典型模式[J].中国科技论坛，2004(1):66－70.

正是研究使系统由无规则的混乱状态转变为客观有序状态的机理和规律的科学。[1] 也就是说，如果系统中只有竞争，则系统会越来越不稳定，最终导致系统的分解；当系统内只有协同，系统内部各要素或子系统最终将会趋于完全的相同状态，系统也就达到"平衡态"，这也意味着僵化，失去活力，走向死亡。因此，系统的演化发展是子系统竞争与协同效应共同作用的结果，它们共同构成了复杂的系统发展的基本内在动力。[2] 协同学由三大基本原理构成，即不稳定原理、支配原理和序参量原理。哈肯认为系统自组织取决于少数序参量，涨落在系统结构演化中发挥必不可少的关键作用，涨落是系统演化的诱因，没有涨落，系统就无从认识新的有序结构，就没有非线性相干作用的关联放大和序参量的形成，也就不可能有系统的进化。[3]

依据高等教育外部关系规律，高等教育系统与经济社会系统联系紧密，高等教育为经济社会发展提供智力与人才支持，而经济社会为高等教育提供物质支持。从协同学的理论出发，高等教育系统与经济社会系统存在着能量和物质交换，作为子系统构成了"高等教育—经济"这一复杂大系统。系统论认为，复杂系统的一种表征为局部井然有序和整体结构无序，或局部杂乱无序和整体结构有序。即子系统虽然是有序的，但母系统可能是无序的；子系统虽然是无序的，但母系统可能是有序的。[4] 自组织系统由于系统内部不可逆过程的耦合和非线性相互作用，能够自发地产生具有充分组织性的空间结构、时序结构和时空结构。[5] 从高等教育与经济发展关系的历史演进、世界经济中心与高等教育中心的转移及高等教育与经济社会发展的结构性联系来看，"高等教育—经济"复杂系统都存在着时空有序结构。[6]

二、区域高等教育与经济社会的协同发展分析

自 20 世纪 80 年代以来，随着我国经济体制改革及经济增长方式的转变，特别是以区域梯度推进为基本特征的经济开放策略的实施，经济社会发展呈现出鲜明的区域特点和非均衡态势，受其影响的高等教育也形成了与之相适应的新格局。各地政府提高了对教育战略地位的认识，在规划本地区发展蓝图时，都将教育作为总体发展格局中的一个重要子系统来对待，促进了区域教

〔1〕 李湘洲. 协同学的产生与现状[J]. 科技导报，1997(4)：8—40.

〔2〕 朱迎春. 区域"高等教育—经济"系统协调发展研究[D]. 天津大学，2009.

〔3〕 宋泽海. 基于协同论的冶金企业技术创新整合机制研究[D]. 天津大学，2006.

〔4〕 赵庆年. 分工与合作：区域高等教育协同发展的现实需要与理性诉求[J]. 黑龙江高教研究，2009(1)：13—17.

〔5〕 哈肯. 协同学的典型例子[J]，科学，1990，42(2)：88—92.

〔6〕 苗红. "高等教育—经济"复合系统的复杂性及其协调发展研究[D]. 天津大学，2004.

育与经济、社会发展的对接与互动。作为后发型国家，我国依靠政府统筹规划，将高等教育作为基础性、先导性产业，适度超前于经济发展步伐，大胆借鉴世界发达国家和地区的成功经验和失败教训，由上至下进行启动和驱动，同时期望通过高等教育发展的区域适度均衡来缓解经济、社会发展区域过度失衡的局面。一定程度上，高等教育与区域经济协调发展与协同发展同义。

实证研究已经证明，高等教育与经济、社会发展的关系与初等、中等教育相比，关系最直接、关联度最大，也最能反映区域间经济发展不平衡的特点，在特定时期内高教发展水平或实力的地区差异将扩大。然而，区域教育与区域经济之间存在协调互动、相互促进的关系，要实现区域经济社会协调发展，就必须重视区域高等教育的协调发展、区域高等教育与区域经济的协同发展。当前，区域经济协调发展已经上升为我国经济社会发展的一条重要指导原则，其重要性已成为全国上下的一致共识，但是对于区域高等教育协调发展及其与经济社会协同发展的必要性的认识还没有达成共识。如何才能科学理解区域高等教育协调发展以及与区域经济社会协同发展的内涵，并在这一科学内涵的引导下，指导制定和实施科学的区域高教协调发展战略和规划，需要我们加以厘清和认真思考。

李子彪等对河北省和山西省两个区域的地方高校与区域创新系统的协调发展进行了比较分析，结论认为，地方高校系统作为区域内的一个子系统，与区域创新系统相互关联、相互促进，共同构成了一个相互协同的复合系统。运用协同学理论分析框架，从地方高校系统和区域创新系统两方面选取指标作为模型序参量，并引入地方高校系统和区域创新系统协同发展的协调度模型。结果显示这两个省的协调度一直处于增长状态，说明两省地方高校和区域创新系统正在朝着协调的方向发展，地方高校越来越融入到区域创新系统中。但是，协调度从整体上来看都还比较低，主要表现在企业和地方高校联系不是很紧密，作为区域创新系统的知识创新主体的高校，其研究的成果不能有效地在企业中转化，应该加强产学研合作。地方高等院校拥有丰富的科技创新资源和科技创新成果，是区域内重要的技术和知识创新源，是知识创新的重要场所和主要源泉。地方高等院校的发展对区域创新系统的发展有着很大的促进作用，同时，区域创新系统的发展构成了对高校创新成果的需求和创新的支持。只有高校和区域创新系统协调发展，才能充分发挥知识经济的优势，发挥产学研结合的潜力，提高成果的及时、有效转化，真正达到依靠创新促进经济增长的发展目标。[1]

---

〔1〕 李子彪，胡宝民，等. 地方高校与区域创新系统的协调度研究——对河北省和山西省的实证分析[J]. 改革与战略，2008(2)：145－147.

第三节　区域高等教育与经济社会发展的空间组织理论分析

空间组织理论源自经济地理学。经济地理学是一门关于人类活动和经济活动空间组织优化的专门学科，其核心理论之一是区位理论，也称区位经济学。创始人是19世纪末德国经济学家约翰·冯·杜能和20世纪初的阿尔弗雷德·韦伯。杜能的《孤立国》一书是经济地理学的开篇之作，也是农业区位论的代表作，韦伯则创立了工业区位论。其后，德国地理学家克利斯塔勒创立了中心地理论——城市区位论，德国经济学家廖什和美国区域科学研究者艾萨德是现代著名的区位论学派的代表人物。[1] 空间组织理论是以空间结构分析为基础，旨在揭示人类生产与生活活动的空间分布与空间相互作用规律的理论，其代表性理论有中心地理论、梯度推移理论、增长极理论和点—轴开发理论等。空间组织理论在解释区域发展的不均衡以及生产要素的集聚和扩散方面发挥了重要的作用，并且在指导地区经济布局方面起了积极的影响。[2] 在实践研究中，空间组织理论广泛运用在产业组织研究、经济组织研究、城市组织研究、港口组织研究、旅游区组织研究等中。由此可见，空间组织理论具有开放性和综合性，随着理论研究的发展、研究方法的深入及研究对象的扩展，空间组织理论更具研究范式特征。经济地理学在教育学研究中的引入，还催生了一门新兴学科——“教育地理学”。罗明东教授是这一学科的倡导者，1997年他发表的《教育地理学：一个崭新的研究领域》和2002年出版的专著《教育地理学》是代表性作品。近年来，随着高等教育地方化及经济区域化趋势的明显，研究者有意或无意借用了经济地理学及空间组织理论的思想、方法、范式来分析高等教育的空间结构及空间互动关系。探讨高等教育的空间分布条件、高等教育布局原则、高等教育布局的评价、高等教育与区域之间的协作关系、高等教育结构和区域生产力结构的协调等问题，直接关系到高等教育的发展及区域经济的发展。[3]

一、空间组织理论的主要内容

（一）中心地理论

中心地理论是1933年由德国地理学家克里斯塔勒提出的，是研究城市空间组织和布局时，探索最优化城镇体系的一种城市区位理论。克里斯塔勒通

〔1〕 林崇德，姜璐，等. 中国成人教育百科全书　地理·环境[M]. 海口：南海出版公司，1994：1—5.

〔2〕 樊杰，等. 中国西部开发战略创新的经济地理学理论基础[J]. 地理学报，2001，56(6)：711—721.

〔3〕 许长青，马玉女. 高等教育发展的经济地理学分析[J]. 辽宁教育研究，2005(1)：13—15.

过对德国南部城市和中心聚落进行研究，发现一定区域内的城镇级、规模、数量、职能间关系及其空间结构在职能、规模和空间形态分布上具有一定的规律性，中心地空间分布形态会受市场、交通和行政等因素影响而形成不同的系统。在区域规划中，按照中心地理论进行规划可合理地布局区域的公共服务设施和其他经济及社会职能。

（二）梯度推移理论

区际梯度推移理论是20世纪80年代以来我国应用最为广泛、影响最为深远的一种区域经济不平衡增长理论，创立至今的30多年以来，经历了狭义梯度推移理论、反梯度推移理论和广义梯度推移理论三个发展阶段。[1] 梯度推移理论认为经济发展在区域之间总是不平衡的，发展节奏客观上由经济发达地区向不发达地区的空间梯度推移。资本、劳动力、技术等经济要素的空间推移要从梯度的实际情况出发，首先让有条件的高梯度地区引进，然后逐步向处于二、三级梯度的地区推移。随着经济的发展，地区间的差距可逐步缩小，最终实现经济分布的相对均衡。

（三）增长极理论

增长极理论最初由法国经济学家佩鲁于20世纪50年代提出，许多区域经济学者将这种理论引入地理空间，用它来解释和预测区域经济增长极的传导结构和空间布局。增长极理论认为，把带有拉动性或推动性的优势产业放入某区域，会形成增长中心，产生集聚经济，促进区域经济增长。增长极同时兼有集聚效应和扩散效应、涓滴效应和累积效应。在近年的区域经济学研究中，学者开始重视产业集聚与研发、创新活动之间的关系，部分研究成果表明，研发中心有可能诱使增长极产生。增长极理论还十分关注增长极形成机制的构成要素，比如资源、市场、交通基础设施、大学的存在、技术条件、政策导向等，后期研究也开始关注增长极的扩散效应，尤其是知识、技术、信息和人才的流动，创新成果的分享，等等。[2]

（四）点—轴系统理论

点—轴系统理论是由我国学者陆大道院士于1984年首先提出来的，点—轴系统理论的核心是关于区域的“最佳结构与最佳发展”的理论模式概括。点—轴理论认为社会经济客体在区域或空间的范畴总是处于相互作用之中，存在空间集聚和空间扩散的两种倾向。在国家和区域发展过程中，大部分社

〔1〕 吴传清，周志平. 区际经济梯度推移理论的演进及述评[Z]. 中国经济思想史学会第十三届年会论文，2008.11.

〔2〕 李小建. 经济地理学. 2版[M]. 北京：高等教育出版社，2006：236－238.

会经济要素在“点”上集聚，并由线状基础设施联系在一起而形成“轴”。随着区域社会经济的进一步发展，“点—轴”必然发展到“点—轴集聚区”。点—轴空间结构系统还通过空间可达性和位置级差地租等对区域发展产生影响。这个理论回答了区域发展中发展过程和地理格局之间的关系：发展过程一定会形成某种空间格局，而一定的空间格局又反过来影响区域的发展过程；二者之间的融合和协调，即意味着区域的最佳发展。点—轴结构反映了社会经济空间组织的客观规律，是最有效的国土开发和区域发展的空间结构模式。也就是说：点—轴系统结构是区域发展的最佳空间结构；要使区域最佳发展，必然要求以点—轴系统理论模式对社会经济客体进行空间组织。[1]

（五）极化涓滴理论

美国经济学家赫希曼于1958年在其代表作《经济发展战略》中提出，经济增长必将在个别区域首先发展，并形成发达地区与落后地区，发达地区的增长对落后地区的有利影响称为“涓滴效应”，不利影响称为“极化效应”。极化效应的表现包括：欠发达区域的发展要素向发达区域流动，削弱了欠发达区域的经济发展能力；发达区域在国内贸易和市场竞争中处于有利地位；欠发达区域的初级产品输出容易受到影响，从而生产受到压制。涓滴效应的表现有：发达区域能吸收欠发达区域的劳动力，缓解后者的就业压力；在互补条件下，发达区域购买欠发达区域的商品以及对欠发达区域的投资会刺激其经济增长；发达区域的思想观念、先进知识与技术、管理方式等对欠发达区域产生推动作用。[2]赫希曼认为短期内极化效应将占优势，长期来看涓滴效应足以消除区域差异。即使通过涓滴效应与极化效应来表现的市场机制使得后者暂时占优势，国家也会出台周密的经济政策进行干预。[3]

（六）中心—外围理论

美国著名城市与区域规划学家约翰·弗里德曼以中心地体系与区域经济发展不平衡思想为基础，在其1966年发表的专著《区域发展政策——委内瑞拉案例研究》中提出了中心—外围理论，而后在次年发表的《极化发展的一般理论》一文中进一步完善。[4]他把落后地区看成是与中心保持着殖民关系、依赖中心且缺乏经济自主权的外围区，认为思想、技术、资本和态度等所有这些有利于经济发展的因素都产生于中心，或由中心从海外接收。这导致空间

〔1〕 陆大道.关于“点—轴”空间结构系统的形成机理分析[J].地理科学，2002(1)：1－6.

〔2〕 赵映慧.东北地区城市系统的空间极化研究[D].长春：东北师范大学.2011.

〔3〕 李仁贵.区域经济发展中的增长极理论与政策研究[J].经济研究，1988(9)：63－70.

〔4〕 王启仿.区域经济差异及其影响因素研究——以江苏省为例的实证分析与检验[D].南京农业大学，2003.

二元结构出现，并随着时间而增强。他强调政治与经济权力的不平衡、区域间文化变化速率的不对称，对创新扩散类型、投资和资源配置有着深远影响。然而，他认为，随着市场的扩展、通讯设施的改善、态度的变化和城市增长的拓展，空间经济的一体化将会出现，从而中心与外围将变得模糊，区域间差异最终将缩小。[1] 按照他的观点，区域经济的持续增长将推动空间经济逐渐向一体化方向发展，整个国家经济将按“前工业阶段—初始阶段—过渡阶段—成熟工业阶段”的顺序完成空间一体化进程。

二、空间组织理论在高等教育研究中的应用

（一）高等教育区位论

区位是经济地理学中的一个重要名词，“区位”不同于“位置”，而是在此之上兼有“布局、分布、位置关系”等方面的含义，强调空间概念。同时，区位理论也是该学科的核心理论之一，随着农业和工商业的发展，先后出现了农业区位理论、工业区位理论和商业区位理论等，虽然其关注对象不同，但核心思想只有两个，即人类活动的空间选择和空间内人类活动的有机组合。由于人类的经济活动在很多方面受到限制，因此，对于这些活动场所的选择往往决定于区位条件（如能源、资本等）和区位因子，后者与前者意义相近，却更为从经济学角度出发，研究影响区位主体也就是经济活动分布的因素。将此概念引申，高等教育活动也有其空间区位因子，如人口、生源、经济、政治、文化、交通、信息等。一个具有良好区位条件的区域会对其高等教育的发展产生不可忽视的影响，是高等教育机构设置、分布等需要充分考虑的重要因素。

教育，就其现代功能而言属于第三产业，即服务性产业。尤其是高等教育，不仅通过文化传承间接服务于社会发展，而且通过人才培养更直接地作用于、服务于经济发展。然而，高校生产与分配的是知识而非物质产品，高等教育作为准公共产品的属性决定了其自身的特殊性，因此，从空间区位选择的角度来说，高校应该是一个综合指向型的部门，这与工业布局中单纯根据其产品的性质和生产过程特点而分为原料指向型、市场指向型和劳动力指向型等部门很不相同。省域间的高校布局也就往往综合考虑将文化环境因素、区域经济因素、政治导向因素以及人才供需因素、信息流通因素、科技创新因素等区位因素作为前提，集生源指向、师资指向、政策指向、市场指向等为一体。

（二）高等教育非均衡发展论

经济学意义上的“非均衡”原意是指不存在充分竞争的市场，在价格体系失灵的条件下所达到的局部均衡。非均衡不是绝对失衡、不是不均衡，实际上

---

〔1〕 魏后凯.西方区域经济发展理论:西方区域经济学述评(下)[J].开发研究,1990(5):54—59.

是一种特殊状态下的有条件均衡，是市场不完善前提下的相对和谐状态。经济的发展就是在非均衡状况下，通过经济内部的不断改革与有效运作，而达到相对均衡的过程。区域经济非均衡发展理论揭示，产业结构提升、技术创新能力提高和人力资源丰沛是区域经济发展的主要推动力。把经济学中的非均衡发展理论应用到教育领域，它就不再只是原来意义上的非均衡数量增长与规模扩张。在非均衡发展的系统内部，存在着包括发展的速度、结构、效益、体制与运行机制等众多发展的不平衡与差距。

高等教育机构一方面通过科学研究、社会服务和"产学研用"有机结合成为理论创新、科技创新和区域产业结构升级的主要力量，另一方面，通过人才培养活动成为科技人才的主要提供者、劳动者整体素质提升的主力军。高等教育的发展既要受经济、政治等外部因素的影响，还要受到自身因素的制约，其发展的非均衡性主要表现在如下几方面：第一，地方高等教育的发展水平与经济发展水平在短期内不一致，如个别经济发达省份（如广东）的高校数量相对偏少，经济发展水平相对较低的省份（如陕西）的高等教育水平却很高；第二，区域内高校的专业课程设置没有充分利用地域资源，缺乏地方特征和学校特色；第三，高等教育管理体制改革滞后于地方经济体制改革步伐和社会发展要求；第四，高校缺乏适应地方经济发展、为地方经济服务的动力和激励相容机制。我国经济发展的不平衡作为非均衡状态的一种特殊形式，对高等教育发展产生重大影响。经济发展水平梯度格局（东、中、西部与发达、次发达和落后相对应）与城乡二元制格局的形成，意味着人才需求总量、规格与结构上的不一致，必然导致区域高等教育人才层次与专业结构的非均衡发展。例如，东部沿海发达地区致力于现代服务业与先进制造业的发展，需要更多的高、精、尖专业技术人才和拔尖创新人才，而西部不发达地区还处于传统工业社会发展阶段，则需要更多的职业技术人才和熟练操作的工人，这就要求高等教育体系对此作出相应调整，区域性高等教育拥有得天独厚的优势，可以为区域经济非均衡发展提供有效服务。

一般说来，区域经济发达程度与其市场化程度是呈正相关的。发达地区的产业结构以第二、第三产业为主，资本市场发达，私人投资旺盛，财政自给率和贡献率高，市场化程度较高。因此，必然要求这些地区的办学体制和资源配置重点向市场化方向发展。例如，政府对高等教育的直接调控权让位给市场，而实施间接管理；集中社会闲散资金，发展民办高等教育。落后地区由于市场化程度低，因而在办学体制和资源配置等方面与发达地区有所不同。[1]

---

〔1〕 董泽芳，柯佑祥．高等教育区域化研究[J]．江苏高教．2000(5)：31－34．

第四章　苏南地区高等教育发展现状及其区域地位

苏南地区古称吴，是我国灿烂吴文化和江南文明的发祥地。〔1〕当代“苏南”这一称谓来自于费孝通先生提出的“苏南模式”概念，苏南模式通常是指江苏省苏州、无锡、常州（有时也包括南京和镇江）等地区通过发展乡镇企业实现非农化发展的方式。〔2〕作为经济区域规划概念的“苏南地区”，历史上地理涵盖范围多有变动。2000年，为了适应江苏经济发展现状，满足未来发展需要，江苏省委、省政府对苏南、苏中、苏北的区域划分作了调整，将镇江、南京两市并入苏南地区。〔3〕苏北地区包括徐州、连云港、宿迁、淮安、盐城五个省辖市，苏中地区包括南通、泰州、扬州三个省辖市。江苏人文底蕴丰厚，历来有崇文重教的优良传统。2011年颁布的《江苏省中长期教育改革和发展规划纲要（2010—2020年）》提出：到2015年，率先建成教育强省；到2020年，教育发展主要指标达到国际先进水平，率先实现教育现代化。江苏省是高等教育大省，高等教育区域分布以苏南为主要发展区域，要实现“两个率先”和建设高教强省的目标，加强对苏南地区高等教育的研究极有必要。

第一节　江苏省及苏南五市高等教育发展状况

一、评价指标体系

衡量高等教育发展状况的指标有很多种，最著名的莫过于马丁·特罗提出的高等教育发展三阶段论，即：高等教育毛入学率在15％以下为精英型高等教育，15％至50％之间为大众型高等教育，50％以上为普及型高等教育。江苏从1996年开始在全国率先扩招，年均增长率超过20％，2000年高等教育毛入

〔1〕顾敦荣，张曾明，张嘉巽．苏南教育与现代文明[J]．教育研究，1997(2)：12－19．

〔2〕龚秀萍，孙海清．“苏南模式”的产生背景及其对中国的启示[J]．经济研究导刊，2009(36)：50－51．

〔3〕张建初．江苏省高等教育区域布局现状分析[J]．教育评论，2008(6)：95－98．

学率达到15%，在全国率先实现了由精英教育向大众化教育的历史性跨越。[1] 2012年江苏省普通高校在校生181.07万人，其中地方高校在校生157.05万人；在校研究生13.95万人，其中地方高校在校研究生6.17万人。江苏省地方高校规模位居全国第一。2012年江苏省高等教育毛入学率达到47.1%，高于全国平均水平17个百分点。但是，高等教育毛入学率仅仅刻画了适龄人口的高等教育参与程度，并不能反映高等教育发展状况的全部，如要全面掌握江苏省及13个市域高等教育发展状况及差异程度，需要根据研究内容及可得数据构建一个便于统计分析的指标体系。

OECD教育发展指标体系采用CIPP分析模式，即按照背景—投入—过程—产出四个环节提取评价指标，但是根据政策需要，每年的具体指标也有一定变化。[2] 如2000年版的OECD教育指标体系共分为6个章节31个指标。[3] 联合国教科文组织(UNESCO)教育指标体系以教育与政治、经济、社会、文化、人口的关系为前提，按教育资源(经费、人员)、教育需求、入学与参与、教育内部绩效、教育产出5大类指标对世界各国的教育发展水平进行评价。[4] 国内目前还没有如此具有完整理论基础及成熟分析模式的教育评价体系。我国教育部曾经印发文件《普通高等学校基本办学条件指标(试行)》，该文件从基本办学条件及监测角度提出了12项具体指标，包括生师比、具有研究生学位教师占专任教师的比例、生均教学行政用房、生均教学科研仪器设备值、生均图书、具有高级职称教师占专任教师的比例、生均占地面积、生均宿舍面积、百名学生配教学用计算机台数、百名学生配多媒体教室和语音实验室座位数、新增教学科研仪器设备所占比例、生均年进书量。但是，教育部提出的指标体系仅仅是针对具体高校的办学条件提出考核要求的，不适用于评价区域高等教育发展水平。

在具体研究中，研究者往往根据研究需要，设计不同的评价指标体系，以实现特定的研究目的。杜育红在评价我国地区间高等教育发展水平差异时，把各省市高等教育发展水平分为地域型高等教育发展水平与受益型高等教育发展水平，所提出的指标分别是每万人口中在校大学生人数与每万人口中大学毕业生数。[5] 孙继红等借鉴联合国教科文组织教育指标体系框架，从人口

---

〔1〕 郑培钢，冯缨.江苏高等教育发展与区域经济的互动[J].统计与决策，2007(3):89—91.

〔2〕 楚江亭.应尽快建立我国教育发展指标体系——OECD教育发展指标体系简介及启示[J].中国高等教育评估，2002(2):3—8.

〔3〕 徐玲.国际教育指标体系的分析与思考[J].教育科学，2004(2):18—21.

〔4〕 李海燕，刘晖.教育指标体系:国际比较与启示[J].广州大学学报(社会科学版)，2007(8):50—55.

〔5〕 杜育红.我国地区间高等教育发展差异的实证分析[J].高等教育研究，2000(3):44—48.

结构、经济发展状况、高教需求、高教投入、高教入学与参与、高校办学效益、高教产出7个方面,构建了含有25项指标的高等教育发展统计指标体系。[1]崔玉平分别从投入和产出两个角度,各构建了12项投入和产出指标,采用主成分分析的综合指数评价法得出我国31个省区的投入、产出综合得分,再以两者的比值为高教产出效率值对各省域作出排序和比较。[2]

比较上述研究和提出的指标体系,高等教育发展指标体系的构建有较为完备的理论基础和方法,在实际操作中,具体指标的选择依赖于研究者的研究目的和研究内容。此外,客观统计数据的可获得性也往往成为构建这些指标体系的重要前提,这些数据多来自于官方或半官方的内部资料或公开出版物。因此,并没有完全统一格式且完全不变的指标体系。在以低于省级的行政区域为研究对象的时候,并不十分完备的基层统计体系对指标选择范围的限制更加明显。因此,这里遵循科学性、客观性、可比性、可得性,分别从经费投入、发展规模、办学水平、师资力量、办学质量与效益、国际化水平6方面,综合选取了17个能反映江苏省及苏南五市高等教育发展状况及发展水平的指标(见表4-1),这也是本章借以分析江苏省及各市域高等教育发展水平的基本框架。

表4-1 高等教育发展状况评价指标

一级指标	二级指标	考察内容
经费投入	高等教育财政支出	衡量高等教育财政投入的总量规模。因为没有公开的市级高等教育财政投入数据,本研究中涉及市级高教财政投入数据的用教育财政投入数据代替
	高教财政支出占(教育)财政支出比	衡量高等教育财政投入的相对规模及地方高教财政投入的努力程度
发展规模	在校专科生数 在校本科生数 在校硕士生数 在校博士生数	衡量高等教育各办学层次的规模
	校均学生数	衡量高等教育校均办学规模,也反映了一个地区高等教育的办学效率

〔1〕 孙继红,杨晓江,缪榕楠.我国高等教育发展统计特征的PLS通径模型分析[J].数理统计与管理,2010(2):362-371.

〔2〕 崔玉平.我国高等教育产出效率的区域比较[J].苏州大学学报(哲学社会科学版),2010(3):116-120.

续表

一级指标	二级指标	考察内容
办学水平	普通高校数	衡量拥有高等教育资源的水平
	“211”工程大学数	衡量拥有优质高等教育资源的水平
	专本研比例	衡量高等教育发展的层次水平
师资力量	专任教师数	衡量高等教育人力资源规模
	高级职称教师数	衡量高水平教师的规模
	高级职称占专任教师比	衡量高校拥有高水平教师的相对规模
办学质量与效益	生师比	这一指标考察的是平均每个教师负担的学生数，一定程度上也反映了高等教育的质量
	万人口在校生数	衡量高等教育对人口发展质量的贡献
国际化水平	留学生数	衡量高等教育国际化规模
	留学生占在校生比	衡量高等教育国际化相对水平

文中所列数据包括江苏省所在中央部委属院校、省市县属院校、民办普通高校、独立学院、民办二级学院的办学数据，成人高等教育因各地区差异过大及统计口径不一而不纳入本研究范围内。高等教育财政支出数据来自《江苏省统计年鉴》(2007 年—2011 年)及相关各地历年的统计年鉴，其他数据来自江苏省教育厅编印的《江苏省教育事业统计资料汇编》(2006 年—2010 年)。

二、江苏省高等教育发展状况

(一) 高等教育投入情况

2006 年到 2010 年的 5 年间，江苏省高等教育经费支出分别为 220.88 亿元↗295.93 亿元↗373.96 亿元↗390.51 亿元↗440.85 亿元(↗表示增长到，↘表示减少到，→表示没有增减，下同)，而同期教育财政支出分别为 364.02亿元↗492.90 亿元↗592.60 亿元↗680.63 亿元↗865.36，高教支出占教育财政支出的比例分别为 60.68%↘60.04%↗63.10%↘57.37%↘50.94%。从经费支出的增长率来看，高等教育经费支出的年增长速度分别为 33.98%↘26.37%↘4.43%↗12.89%，年均增长率为 18.86%；教育财政支出的年增长速度分别为 35.40%↘20.23%↘14.85%↗27.14%，年均增长率为 24.17%。由图 4-1 可见，在“十一五”时期，江苏省高等教育支出与教育财政支出相比，虽然年均增长率稍低，但基本能保持同步增长，同时，高教投入占整个教育财政支出的比例正在逐年降低，这反映了政府越来越重视对基础教育及中等教育的投入。而这一政策趋势是否将进一步挤压高等教育投入在教育财政投入中的比例，是否会造成高等教育财政投入不足甚至个别学校的财政困难，还有待观察。

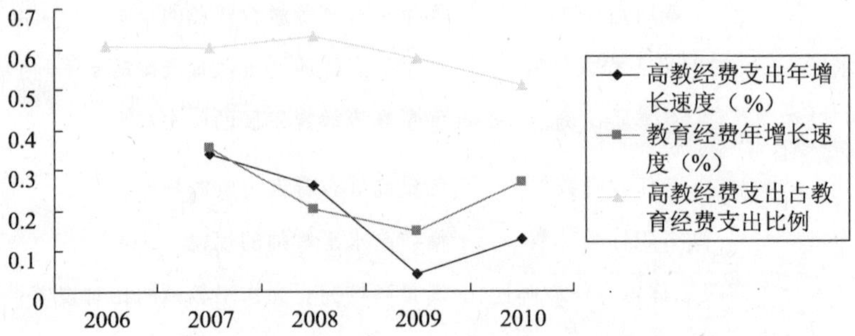

图 4-1　江苏省普通高教经费支出占教育经费支出比例及年增长速度

（二）高等教育办学规模

自 2006 年以来，江苏省普通高校在校生数量一直呈增长趋势，具体数据为 1394081 人↗1533491 人↗1676087 人↗1766023 人↗1773639 人（博、硕士研究生数不包括机构研究生数，下同）。如果把在校生细分为专科生、本科生、硕士生、博士生，由表 4-2 可见，2010 年，在校专科生数量明显减少，但本科生及本科以上层次的在校生数依然保持增长。虽然普遍认为自 2010 年开始的高考报名人数的下降[1]，将导致江苏省普通高校在校生规模减小，但数据表明“高考报名人数下降”仅对专科培养层次的在校生规模增速影响较大，专科以上层次的培养规模依然保持增长态势。

表 4-2　江苏省普通高校在校生规模　　　　（单位：人）

类别	年度				
	2006	2007	2008	2009	2010
专科生数	596297	683569	727769	756933	698750
本科生数	709884	757337	844863	896494	950680
硕士生数	71241	74889	84662	92427	102494
博士生数	16659	17696	18793	20169	21715
合计	1394081	1533491	1676087	1766023	1773639

从增长速度来看，江苏省 5 年间普通高校在校生规模年均增长速度为 6.20%。从培养层次来看，增长速度由低到高分别为专科生 4.04%，博士生 6.85%，本科生 7.58%，硕士生 9.52%。从年增长速度来看，总体为 10.00%↘9.30%↘5.37%↘

〔1〕 佚名. 今年江苏高考报名人数首次下降，大学真的好考了？[EB/OL]. http://www.njxhdn.cn/a/jsdkdz/2010/0127/236.html，2012－07－02.

0.43%；专科生为 14.64%↘6.47%↘4.01%↘−7.69%；本科生为 6.68%↗11.56%↘6.11%↘6.04%；硕士生为 5.12%↘13.05%↘9.17%↗10.89%；博士生为 6.22%↘6.20%↗7.32%↗7.67%。由图 4-2 可见，江苏省普通高校在校生规模增长速度已放缓并接近停止，专科生规模出现负增长，本科生增长速度趋于平缓，硕士生和博士生规模依然保持增长态势。江苏省普通高教规模的变化表明，以本科生及专科生规模扩张为标志的高校扩招运动行将停滞，以硕士生及博士生培养为标志的高水平办学规模依然保持增长，专科层次的培养规模可能会进一步缩减。因此，以专科培养层次为主的高职高专院校要积极关注这一发展趋势，要积极在改革培养模式和招生宣传上做足工作，遏制生源进一步流失。

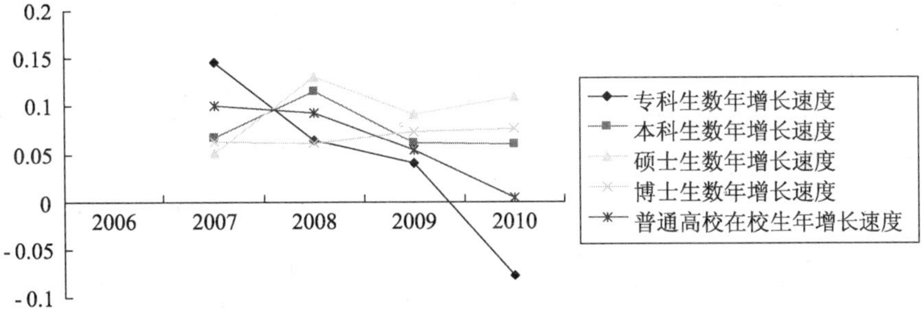

图 4-2　江苏省普通高校在校生规模年增长速度

校均在校生数（校均在校生数＝在校生总数/高校总数）是衡量高校办学效率及区域高等教育规模效益的一项指标，此处在校生总数为“专科生＋本科生＋研究生＋留学生”，高校总数指的是普通高校的总数。校均在校生数过低说明该地区高校规模效益低，办学资源存在浪费现象；过高则表明该地区办学资源存在不足，有可能影响教学质量。江苏省 2006 年—2010 年校均在校生数分别为 11753.06 人↗12823.33 人↗14024.35 人↗14540.07 人↘14384.02 人，显然校均在校生数在连续 4 年上涨后于 2009 年达到峰值，2010 年校均在校生数开始下降（见图 4-3）。

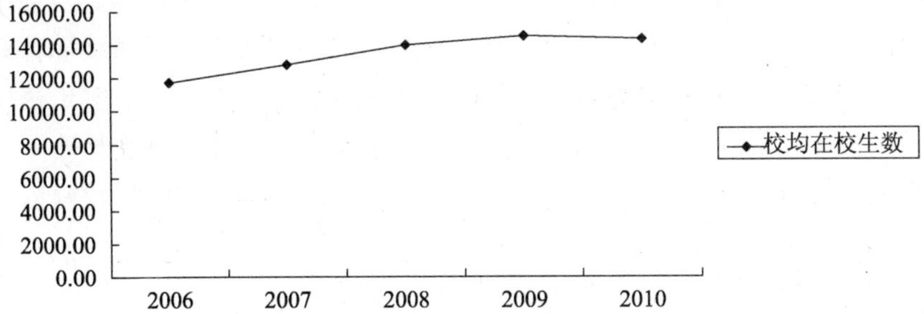

图 4-3　江苏省校均在校生数变化趋势

（三）高等教育办学水平

江苏省是我国高等教育大省，高等教育办学水平也一直名列前茅。2010年，江苏省有“985工程”大学2所，“211工程”大学11所，占全国112所“211工程”大学的近十分之一。2006年至2010年，普通高校数量分别为119所↗120所→120所↗122所↗124所，5年中增加了5所。从高等教育层次水平来看，专科生、本科生、研究生（含博士生）占在校生总体规模的比重（%）分别是2006年42.77、50.92、6.31，2007年44.58、49.39、6.04，2008年43.42、50.41、6.17，2009年42.86、50.76、6.38，2010年39.40、53.60、7.00。截至2010年，专科生所占比重不足40%，5年中下降超过3个百分点，本科生及研究生所占比重超过60%（见图4-4）。

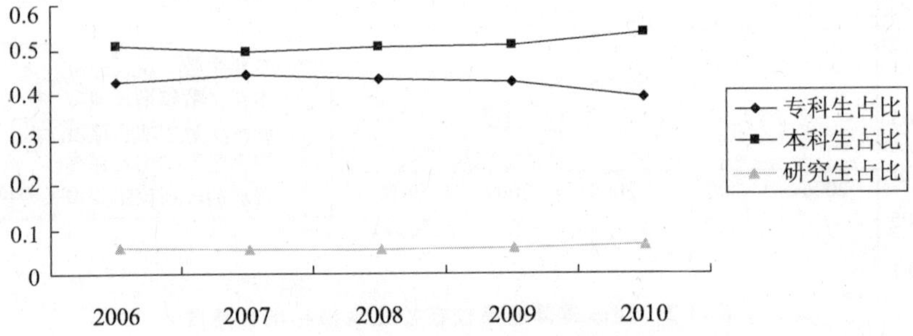

图4-4 江苏省专、本、研所占比重变化趋势

（四）高等教育人力资源水平

教师是担当大学教学科研任务的主力军，教师的教研水平影响着大学的实力，因此教师是大学重要的人力资源。2006年—2010年，江苏省普通高校专任教师数为78353人↗87547人↗96267人↗99912人↗101508人，年均增长6.69%；具有高级职称（含副高级职称，下同）的教师数为28363人↗31680人↗34957人↗37768人↗39282人，年均增长8.48%；高级职称占专任教师的比重为36.20%↘36.19%↗36.31%↗37.80%↗38.70%。数据表明，“十一五”期间江苏省高校专任教师及高级职称人数呈增长趋势，高级职称教师的增长速度快于专任教师的增长速度，并且除2007年外高级职称教师占专任教师的比重正逐年增加。但图4-5也表明，专任教师的年增长速度分别为11.73%↘9.96%↘3.79%↘1.60%，高级职称教师的年增长速度分别为11.69%↘10.34%↘8.04%↘4.01%，专任教师及高级职称教师数量的增长趋势正趋于平缓。

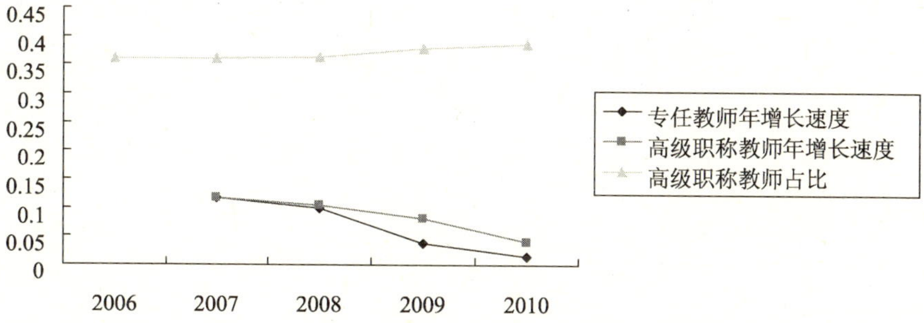

图 4-5　江苏省高校师资情况

（五）高等教育办学质量及效益

根据教育部《普通高等学校基本办学条件指标（试行）》的规定，生师比是衡量高等学校办学条件的一个重要指标，也是本科教学评估中用来衡量高校办学水平是否合格的重要指标。生师比过低，则表明高等教育办学效率不佳，过高则有可能影响高等学校的办学质量。根据教育部的规定，生师比是指全部在校生数当量与专任教师的比例，现阶段一般认为生师比为 17∶1 较为合适。由表 4-3 可知，江苏省 2006 年—2010 年在校生数当量与专任教师比分别为 18.63 ↘ 18.33 ↘ 18.26 ↗ 18.58 ↘ 18.49。数据表明，江苏省生师比不尽理想，即使在 2008 年生师比最低的一年，这一指标依然较高。

表 4-3　江苏省生师比变化

年份	专任教师数	在校生数	生师比	比在校生数当量	生师比
2006	78353	1394081	17.79	1459959.5	18.63
2007	87547	1538800	17.58	1604558.5	18.33
2008	96267	1682922	17.48	1757716	18.26
2009	99912	1773889	17.75	1856003.5	18.58
2010	101508	1783618	17.57	1876538	18.49

注：在校生数当量具体折算办法如下：本、专科生系数为 1；硕士研究生系数为 1.5；博士研究生系数为 2；留学生系数为 3

每万人口在校生数不仅反映了适龄人口接受高等教育的比率，同时也反映了一个地区普通高等教育相对于其人口状况的发展规模。[1] 这一指标数值越高，表明该地区适龄人口中接受高等教育的人数越多，这是表明该地区高等教育效益及高等教育资源配置的一个重要指标。但是，在高等教育持续扩招的前提

〔1〕 蒋莉莉. 部属普通高等学校区域分布的差异性研究[J]. 理工高教研究，2008(4)：33－36.

下，如果这一指标的时间序列数据突然下降，那么问题可能不在高等教育内部。2006 年—2010 年，江苏省万人口在校生数分别为 178.49 人↗197.18 人↗218.49 人↗228.77 人↘225.64 人（见图 4-6）。这一变化趋势再次印证了 2010 年高考报名人数下降引起高教规模缩小的事实，应引起相关部门的警觉。

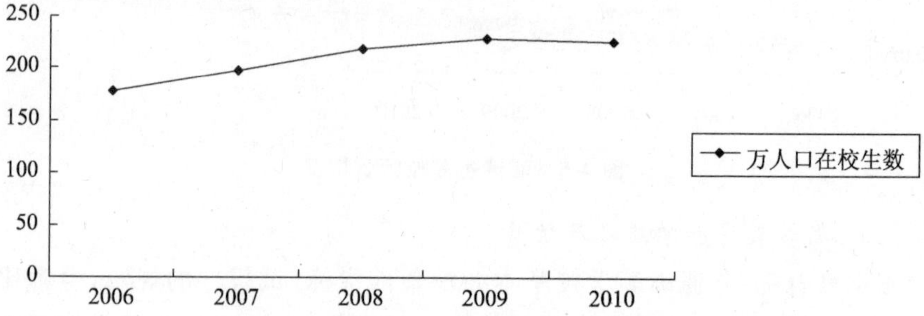

图 4-6　江苏省万人口在校生数的变化趋势

（六）高等教育国际化水平

在校留学生数是衡量一个地区高等教育国际化水平的重要指标，“十一五”期间，江苏省外国留学生数分别是 4533 人↗5309 人↗6835 人↗7866 人↗9979 人，占全部在校生数的比例分别为 0.32%↗0.35%↗0.44%↗0.45%↗0.56%。数据表明，江苏省高等教育国际化水平正在提高，但是留学生占比最高的 2010 年，留学生比例也不足 1 个百分点，说明江苏省高等教育的国际化水平还处于较低阶段。

三、苏南五市高等教育发展状况

苏南高等教育在发展中形成了自己特有的模式：走规模化办学之路，实现区域高等教育大众化，培养综合性复合人才，以满足苏南经济发展的需要；构建职业教育立交桥，大力发展高等职业教育，走高等教育实用型发展模式；大力发展大学城，走特色高等教育群集发展之路。[1]“十一五”期间，苏南高等教育继续高速发展，高等教育结构进一步优化，高等教育效益进一步提高，整体实力更加壮大。

（一）高等教育投入情况

由于相关年鉴及官方文献没有提供江苏省地市级行政区域的高等教育投入情况，目前仅能通过江苏省相关年度的统计年鉴查阅到总体教育财政经费支出及财政经费支出数据。教育财政支出一定包含高等教育财政支出，一般

〔1〕 赵一强，朱永新．苏南高等教育发展模式探究[J]．湖南师范大学教育科学学报，2004(4)：48—52．

认为，高等教育财政支出大约占总体教育财政支出的 20%，但是江苏省市级行政区域高等教育资源配置差异很大，因此本研究中涉及市级行政区域高等教育投入的数据均以总体教育财政经费支出数据代替。由表 4-4 可知“十一五”期间苏南五市教育财政支出及总财政支出的具体数据。

表 4-4 苏南五市教育财政支出及财政支出情况 (单位:亿元)

城市	项目	年度				
		2006	2007	2008	2009	2010
南京	教育支出	37.06	45.52	58.07	64.07	76.5
	财政支出	262.46	342.94	404.67	461.27	542.18
无锡	教育支出	30.32	44.92	52.66	64.49	82.32
	财政支出	213.40	270.82	338.98	405.61	488.68
常州	教育支出	14.77	24.73	28.02	35.23	40.62
	财政支出	117.70	154.64	186.68	218.75	281.44
苏州	教育支出	39.9	72.69	86.23	102.49	123.11
	财政支出	386.20	496.94	622.37	686.78	825.67
镇江	教育支出	9.82	15.42	18.11	22.36	26.99
	财政支出	65.08	80.95	96.57	121.32	159.07

教育投入是支撑国家长远发展的基础性、战略性投资，是发展教育事业的重要物质基础，是公共财政保障的重点。2001 年—2010 年，我国公共财政教育投入从约 2700 亿元增加到约 14200 亿元，年均增长 20.2%，高于同期财政收入年均增长速度，教育支出占财政支出的比重从 14.3%提高到 15.8%。[1]由表 4-5 可知，“十一五”时期苏南五市教育财政支出占总财政支出的比例在 10%到 17%之间，南京市的比例最小也最稳定，苏州市最不稳定，镇江市的比例最大，2007 年达到了 19.05%。

表 4-5 苏南五市教育财政支出占总财政支出的比例

城市	年度				
	2006	2007	2008	2009	2010
南京	14.12%	13.27%	14.35%	13.89%	14.11%
无锡	14.21%	16.59%	15.53%	15.90%	16.85%
常州	12.55%	15.99%	15.01%	16.11%	14.43%
苏州	10.33%	14.63%	13.86%	14.92%	14.91%
镇江	15.09%	19.05%	18.75%	18.43%	16.97%

〔1〕 国务院. 切实提高财政教育支出占公共财政支出比重[EB/OL]. http://www.chinanews.com/edu/2011/07-01/3151978.shtml. 2011-07-01.

由表 4-6 可知，苏南除南京市外教育支出年均增速普遍高于财政支出增速，苏州市年均增速达到 32.53%，最低的南京市也达到了 19.86%。除南京外苏南其他城市 2007 年教育支出增长速度都较大，苏州市达到了 82.18%，而同年财政支出增长速度才 28.68%。之所以 2007 年教育支出增速如此巨大，可能跟 2002 年—2008 年高校本科教学评估有关，为了确保各项指标达到本科教育评估要求，各地在这一年都加大了对本科院校的财政投入力度。

表 4-6　苏南五市教育财政支出及财政支出增速

城市	项目	年度					年均增长
		2006	2007	2008	2009	2010	
南京	教育支出增速	—	22.83%	27.57%	10.33%	19.40%	19.86%
	财政支出增速	—	30.66%	18.00%	13.99%	17.54%	19.89%
无锡	教育支出增速	—	48.15%	17.23%	22.46%	27.65%	28.36%
	财政支出增速	—	26.91%	25.17%	19.66%	20.48%	23.01%
常州	教育支出增速	—	67.43%	13.30%	25.73%	15.30%	28.78%
	财政支出增速	—	31.39%	20.72%	17.18%	28.66%	24.35%
苏州	教育支出增速	—	82.18%	18.63%	18.86%	20.12%	32.53%
	财政支出增速	—	28.68%	25.24%	10.35%	20.22%	20.92%
镇江	教育支出增速	—	57.03%	17.44%	23.47%	20.71%	28.76%
	财政支出增速	—	24.38%	19.30%	25.62%	31.12%	25.04%

（二）高等教育办学规模

2006 年—2010 年，苏南五市高等教育规模始终保持增长，但是如果按培养层次细分来看，2010 年的专科生在校生数较上年减少了 32449 人，培养规模首次出现下降；本科及以上培养层次在校生规模依然保持增长，具体数据见表 4-7。

表 4-7　苏南五市高等教育办学规模　　（单位：人）

项目	年度				
	2006	2007	2008	2009	2010
在校专科生数	419608	475389	506969	533391	500942
在校本科生数	508277	553748	590645	625838	660255
在校硕士生数	62769	65098	73783	80133	88833
在校博士生数	15618	16491	17468	18781	20304
合计	1006272	1110726	1188865	1258143	1270334

从增长速度来看，苏南五市高教在校生总体规模年均增速为6.00%，而按培养层次细分看，专科生、本科生、硕士生、博士生的年均增速分别为4.53%、6.76%、9.07%、6.78%，专科生在校生规模年均增速低于总体规模年均增速，硕士生在校生规模年均增速最快。2006年—2010年，专科生在校生规模每年的增长速度分别为13.29%↘6.64%↘5.21%↘−6.08%，呈下降趋势，2010年更是出现了负增长。同期本科生每年的增长速度分别为8.95%↘6.66%↘5.96%↘5.50%，也呈逐年下降趋势。但是硕士生和博士生在校生规模的增长速度呈增长趋势，硕士生为3.71%↗13.34%↘8.61%↗10.86%，博士生为5.59%↗5.92%↗7.52%↗8.11%。详见图4-7。

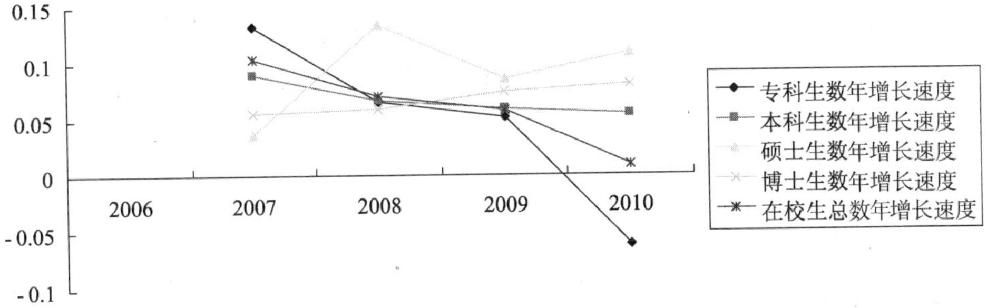

图4-7 苏南五市2006年—2010年在校生规模年增长速度

五年中，苏南五市校均在校生数分别为12171.77人↗13279.39人↗14226.52人↗14712.56人↘14707.29人，呈现出了与江苏省相同的变化，即校均在校生数在2010年出现了负增长，详见图4-8。

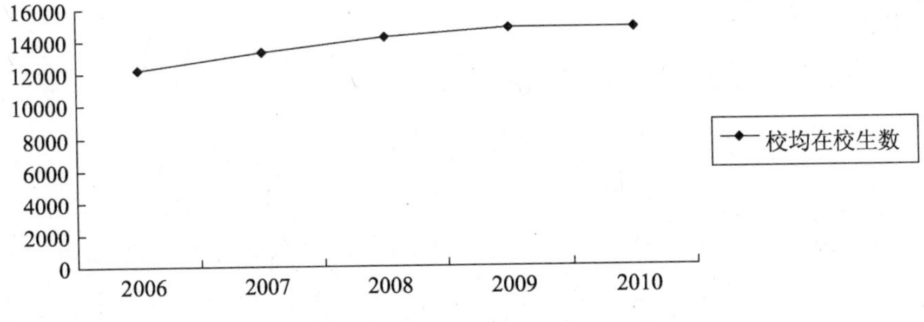

图4-8 苏南五市校均在校生数的变化趋势

（三）高等教育办学水平

苏南五市高等教育占江苏省高等教育的半壁江山，综合办学水平高于全省平均水平。截至2010年，江苏省的2所“985”大学全部位于苏南，11所“211”大学中有10所位于苏南，112所普通高校有87所位于苏南。从办学层次水平来看，2010 年专科生在校生占总体在校生的比例不足 40%，本科生及研究生所占比例有所增加(见表 4-8)。

表 4-8　苏南五市专本研占在校生比重

项目	年度				
	2006	2007	2008	2009	2010
专科生	41.70%	42.80%	42.64%	42.40%	39.43%
本科生	50.51%	49.85%	49.68%	49.74%	51.97%
研究生	7.79%	7.35%	7.68%	7.86%	8.59%

(四) 高等教育人力资源水平

2006 年—2010 年，苏南五市普通高校专任教师数分别为 56485 人↗64742 人↗71165 人↗73944 人↗75628 人，年均增长率为 7.57%；其中高级职称教师数分别为 21195 人↗23648 人↗26031 人↗28246 人↗29706 人，年均增长率为 8.81%，高于专任教师增长速度。从 2008 年开始，高级职称教师年增长速度也高于同期教师增长速度。高级职称教师占专任教师的比例分别为 37.52%↘36.53%↗36.58%↗38.20%↗39.28%，高级职称教师占全部教师群体的比重也呈逐年递增趋势，并在 2010 年接近 40%(见图 4-9)。

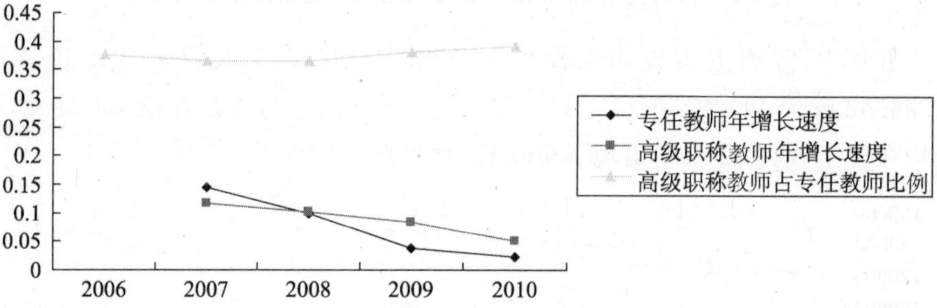

图 4-9　苏南五市教师数变化趋势

(五) 高等教育办学质量及效益

2006 年—2010 年，苏南五市在校生数与专任教师数的比值分别为 17.89↘17.23↘16.79↗17.11↘16.92，根据教育部相关规定，折算后的在校生数当量与专任教师数的比值分别为 19.41↘18.64↘18.25↗18.64↘18.61，具体变化趋势见图 4-10。从在校生当量折算前的数据来看，苏南五市的生师比基本正常，近三年基本处于 17∶1 左右；折算后的生师比值虽然正处于下降趋势，可比值并不太理想。

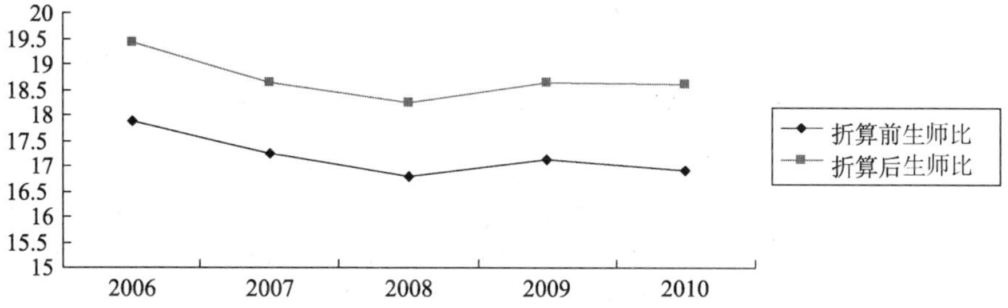

图 4-10 苏南五市生师比变化趋势

由表 4-9 可知,苏南五市万人口在校生数的增减步调并不一致,就 2010 年与 2006 年比较来看,南京市与镇江市的万人口在校生数是增长的,其他三市都是负增长;但是就 2010 年与 2009 年比较来看,苏南五市的万人口在校生数都是负增长,与江苏省总体情况相符。

表 4-9 苏南五市"十一五"期间万人口在校生数 (单位:人)

城市	年度				
	2006	2007	2008	2009	2010
南京	917.81	823.41	955.23	1003.11	991.76
无锡	192.45	214.24	179.3	181.8	172.1
常州	264.17	285.27	238.61	239.76	227.14
苏州	196.41	231.67	182.73	192.03	169.76
镇江	252.3	273.63	274.58	282.21	278.18

(六) 高等教育国际化水平

"十一五"期间,苏南五市留学生在校生数分别为 3985 人↗4743 人↗6163 人↗7137 人↗9200 人,占全部在校生数的比例为 0.39%↗0.43%↗0.52%↗0.56%↗0.72%。数据表明,苏南五市普通高等教育国际化水平越来越高,且高于江苏省同期的总体水平,但即使是在 2010 年,该指标也没超过 1%,国际化水平还处于较低阶段。

第二节 江苏省区域高等教育发展水平的差异分析

江苏省共有 13 个地市级行政区域,由于历史原因及经济发展水平存在差异,这 13 个省辖市的高等教育资源配置分布及发展水平并不均衡。本节将借助极差、极差率、标准差、变异系数及基尼系数五项指标来分析江苏省区域间高等教育发展水平的差异。

一、差异分析方法

(1) 极差。用于测量高教发展各项指标最高值与最低值的绝对差异,反映的是绝对差异的极端情况。

(2) 极差率。用于反映一组数据的相对差异,与极差相结合,可以全面反映各项高教发展指标的极端情况。

(3) 标准差。衡量各项高教发展指标的离散程度,用于测量各地区之间高教发展指标间的绝对差异。

(4) 变异系数。衡量各项高教发展指标的离散程度,用于测量各地区高教发展水平的相对差异。它是一组数据的标准差与均值之比,计算公式为:

$$C.V = \frac{\sqrt{\frac{\sum_{i=1}^{n}(x_i - \overline{x})^2}{n}}}{\overline{x}}$$

根据统计学原理,一般认为变异系数低于 0.15 则数据分布比较均衡;高于 0.5 则数据分布明显不均衡。

(5) 基尼系数。目前在基尼系数的计算和分解上存在许多公式和算法,其中最为直接的计算公式为:

$$G = \frac{1}{2n(n-1)u}\sum_{j=1}^{n}\sum_{i=1}^{n}|x_i - x_j|$$

其中,$|x_i - x_j|$是任何一对样本差的绝对值,n 为样本容量,u 为均值。[1]

二、高等教育投入水平的差异分析

由于《江苏统计年鉴　2007》仅提供了江苏省 2006 年 13 个省辖市文教科卫财政支出大口径统计数据,没有单独列出高等教育经费和教育经费数据,因此本节将以 2007 年—2010 年四年间江苏省教育经费支出数据来分析高等教育投入的差异。需要说明的是,由于缺乏生均教育财政支出数据,本节中的差异分析只能说明教育财政支出总额的差异水平,又或因为各地教育规模不同,也许不能完全反映各地教育财政支出的真正水平。

由表 4-10 可知,2007 年江苏省教育财政支出均值为 31.12 亿元,低于平均值的有常州市、镇江市、连云港市、淮安市、扬州市、泰州市、宿迁市 7 个省辖市;2008 年均值为 36.62 亿元,低于均值的除了上述 7 个城市外,盐城市也位列其中,这是盐城市首次低于均值;2009 年均值为 44.71 亿元,低于均值的城市依然为 8 个;2010 年均值为 69.10 亿元,徐州市和南通市的教育财政支出首

[1] 杜育红,孙志军,等.中国义务教育财政研究[M].北京:北京师范大学出版社,2009:229.

次低于均值；四年中苏州市财政支出水平总是处于领跑位置，而镇江市始终垫底。江苏省教育财政支出均值的增长说明该省支出水平总体上升，但是低于均值城市数的增加又表明地区间财政支出差异有扩大趋势。

从绝对差异来看，2007 年—2010 年极差的变化趋势为 57.27 亿元↗68.12 亿元↗80.13 亿元↗96.12 亿元，标准差的变化趋势为 15.96 亿元↗19.69 亿元↗23.45 亿元↗33.90 亿元，而同期代表相对差异的极差率的变化趋势为 4.71 ↗4.76 ↘4.58 ↘4.56，变异系数的变化趋势为 0.51 ↗0.54 ↘0.52 ↘0.49，基尼系数的变化趋势为 0.253 ↗0.267 ↘0.257 ↘0.247。数据表明，虽然江苏省 13 个省辖市的教育财政支出额的绝对差异依然在扩大，但是相对差异从 2009 年开始出现了下降的趋势。

表 4-10　江苏省区域间教育财政支出差异　　（单位：亿元）

项目	年度			
	2007	2008	2009	2010
均值	31.12	36.62	44.71	69.10
最大值	72.69	86.23	102.49	123.11
最小值	15.42	18.11	22.36	26.99
极差	57.27	68.12	80.13	96.12
极差率	4.71	4.76	4.58	4.56
标准差	15.96	19.69	23.45	33.90
变异系数	0.51	0.54	0.52	0.49
基尼系数	0.253	0.267	0.257	0.247

三、高等教育办学规模的差异分析

（一）高等教育总体规模的差异分析

2006 年—2010 年，江苏省 13 个省辖市平均在校生数（包括专、本、研，缺少宿迁市 2006 年本科生在校生数）分别是 107237.00 人↗120377.08 人↗128929.77 人↗135847.92 人↗136433.77 人。2006 年南京市、苏州市和徐州市高于均值，2007 年—2010 年只有南京市和苏州市高于均值，其他省辖市都没有达到平均办学规模水平。5 年中，南京市的办学规模一直处于领先位置，而宿迁市的办学规模始终最小。极差的变化趋势为 617702 人↗658699 人↗708127 人↗755289 人↗776307 人，标准差的变化趋势为 157944.29 人↗170605.29 人↗183263.34 人↗195858.93 人↗201358.70 人。由表 4-11 中极差和标准差的变化趋势可见，江苏省区域间高等教育办学规模的绝对差异有扩大态势。极差率的变化趋势为 312.81 ↘43.80 ↗45.96 ↘45.52 ↗49.60，变异系数的变化趋势为1.47↘1.42→1.42↗1.44↗1.48,基尼系数的变化趋势为0.527↘0.504→0.504↗0.507↗0.512,可见区域间办学规模的相对差异也呈扩大趋势。同时,变异系数与基尼系数的值很高,这也表明了江苏省高等教育办学规模区域间发展极不平衡。

表4-11 江苏省区域间高等教育办学规模差异

项目	年度				
	2006	2007	2008	2009	2010
均值	107237.00	120377.08	128929.77	135847.92	136433.77
最大值	619683	674088	723878	772256	792280
最小值	1981	15389	15751	16967	15973
极差	617702	658699	708127	755289	776307
极差率	312.81	43.80	45.96	45.52	49.60
标准差	157944.29	170605.29	183263.34	195858.93	201358.70
变异系数	1.47	1.42	1.42	1.44	1.48
基尼系数	0.527	0.504	0.504	0.507	0.512

(二)专科教育规模的差异分析

江苏省13个省辖市专科教育规模均值5年中的变化趋势为45869.00人↗52582.23人↗55982.23人↗58225.62人↘53750.00人,高于均值的省辖市只有南京、苏州、常州、无锡。最大值变化趋势为215440人↗239490人↗255722人↗275100人↘267544人,最小值变化趋势为1981人↘1975人↗2038人↗2825人↘1644人,南京市的专科教育规模始终最大,宿迁市始终最小。均值、最大值在连续3年上涨后均于2010年开始下降。由表4-12可见,虽然2010年的极差、标准差均出现了下降趋势,但是变异系数以及基尼系数在2007年—2010年间始终保持上升态势,表明江苏省区域间专科教育规模的绝对差异虽有减少趋势,但相对差异仍呈持续扩大态势。

表4-12 江苏省区域间专科教育办学规模差异

项目	年度				
	2006	2007	2008	2009	2010
均值	45869.00	52582.23	55982.23	58225.62	53750.00
最大值	215440	239490	255722	275100	267544
最小值	1981	1975	2038	2825	1644
极差	213459	237515	253684.00	272275	265900

续表

项目	年度				
	2006	2007	2008	2009	2010
极差率	108.75	121.26	125.48	97.38	162.74
标准差	54722.65	60672.43	64994.99	70107.22	68408.56
变异系数	1.19	1.15	1.16	1.20	1.27
基尼系数	0.491	0.481	0.485	0.493	0.510

（三）本科生培养规模的差异分析

由于缺少宿迁市2006年的本科生培养规模数据，因此分析该年度区域本科生培养规模差异时剔除了宿迁市。由表4-13可知，2006年—2010年江苏省12个省辖市的本科生平均培养规模分别为59157.00人↗60672.92人↗64989.46人↗68961.08人↗73129.23人，但是超过均值的地区2006年只有南京市，其他年度只有南京市和徐州市，可见在培养规模扩张的同时，区域间还存在明显差异。极差、极差率、标准差、变异系数和基尼系数的变化趋势表明，江苏省区域间本科教育规模的绝对差异有继续扩大趋势，相对差异变化不大。

表4-13　江苏省区域间本科教育办学规模差异

项目	年度				
	2006	2007	2008	2009	2010
均值	59157.00	60672.92	64989.46	68961.08	73129.23
最大值	341668	370659	396237	418284	438600
最小值	6132	10976	12454	14142	14329
极差	335536	359683	383783	404142	424271
极差率	55.72	33.77	31.82	29.58	30.61
标准差	90450.94	94849.44	101294.71	106805.64	111901.75
变异系数	1.53	1.56	1.56	1.55	1.53
基尼系数	0.525	0.531	0.529	0.524	0.521

（四）研究生培养规模差异

截至2010年，连云港市、淮安市、盐城市、泰州市、宿迁市没有硕士及博士研究生培养层次，常州市没有博士研究生培养层次。

剔除那些没有硕士研究生培养层次的地市，我们发现5年中硕士研究生的平均在校生规模分别为8905.13人↗9361.13人↗10582.75人↗11553.38人↗12811.75，而超过平均指标的始终只有南京市，而硕士研究生培养规模最小的始终是常州市。由表4-14的极差、极差率、标准差、变异系数和基尼系数的变化趋势可知，虽然江苏省区域间硕士研究生培养规模的相对差异有减小趋势，但是绝对差异依然呈扩大趋势，硕士研究生的区域分布严重失衡。

表4-14　江苏省区域间硕士研究生教育规模差异

项目	年度				
	2006	2007	2008	2009	2010
均值	8905.13	9361.13	10582.75	11553.38	12811.75
最大值	48779	49409	56640	62508	68711
最小值	456	613	814	1002	1128
极差	48323	48796	55826	61506	67583
极差率	106.97	80.60	69.58	62.38	60.91
标准差	16235.46	16333.71	18763.24	20757.73	22768.83
变异系数	1.82	1.74	1.77	1.80	1.78
基尼系数	0.657	0.637	0.642	0.650	0.641

江苏省具有博士研究生培养层次的地市分别是南京市、无锡市、苏州市、镇江市、徐州市、南通市和扬州市。由表4-15可见，江苏省博士研究生培养规模在区域间的差异非常显著，虽然相对差异有缩小趋势，但是绝对差异还在扩大。

表4-15　江苏省区域间博士研究生教育规模差异

项目	年度				
	2006	2007	2008	2009	2010
均值	2379.86	2528.00	2684.71	2881.29	3102.14
最大值	13796	14530	15279	16364	17425
最小值	9	14	20	22	29
极差	13787	14516	15259	16342	17396
极差率	1532.89	1037.86	763.95	743.82	600.86
标准差	5043.03	5301.95	5564.92	5957.55	6333.88
变异系数	2.12	2.10	2.07	2.07	2.04
基尼系数	0.737	0.730	0.725	0.723	0.723

2006年—2010年，江苏省区域校均在校生数的均值为10180.86人↗12477.67人↗13272.20人↗13894.39人↘13603.74人，可见区域校均在校生规模在前4年处于扩大态势，在2010年开始下降（见表4-16）。南京市校均

在校生规模一直保持领先，苏州市除 2008 年高于连云港市(9212.33 人)外，其他年度校均在校生规模始终最小。从 2010 年的差异值来看，极差、极差率及标准差的值都较 2007 年的值高，变异系数和基尼系数值较 2007 年低，表明校均在校生规模相对差异有缩小趋势而绝对规模有扩大趋势。

表 4-16　江苏省区域间校均在校生数差异

项目	年度				
	2006	2007	2008	2009	2010
均值	10180.86	12477.67	13272.20	13894.39	13603.74
最大值	15114.22	16441.17	17655.56	18387.05	18863.81
最小值	1981.00	8469.94	9212.33	9470.21	8887.15
极差	13133.22	7971.23	8443.23	8916.84	9976.66
极差率	7.63	1.94	1.92	1.94	2.12
标准差	3759.59	2947.44	2997.64	3094.30	3035.65
变异系数	0.37	0.24	0.23	0.22	0.22
基尼系数	0.194	0.127	0.124	0.121	0.121

四、高校教师人力资源配置差异

2006 年—2010 年，江苏省各地高校专任教师数均值变化趋势为 6027.15 人↗6734.38 人↗7405.15 人↗7685.54 人↗7808.31 人，5 年中只有南京市和苏州市高于平均水平，南京市和宿迁市分别始终占据头尾位置。从极差、极差率、标准差、变异系数和基尼系数的变化来看(见表 4-17)，除了代表相对差异的极差率从 2008 年开始呈下降趋势外，其他四个指标始终呈上升趋势，表明江苏省各地专任教师绝对数量的区域配置差异仍在扩大，且差异非常明显。

表 4-17　江苏省区域间普通高校专任教师数差异

项目	年度				
	2006	2007	2008	2009	2010
均值	6027.15	6734.38	7405.15	7685.54	7808.31
最大值	34268	40769	46040	48263	50021
最小值	458	519	593	668	700
极差	33810	40250	45447	47595	49321
极差率	74.82	78.55	77.64	72.25	71.46
标准差	8717.48	10454.80	11824.37	12408.77	12880.99
变异系数	1.45	1.55	1.60	1.61	1.65
基尼系数	0.519	0.541	0.544	0.547	0.549

从专任教师中具有高级职称的教师数量的变化趋势来看，5年中均值的变化趋势为2181.77人↗2436.92人↗2689.00人↗2905.23人↗3021.69人，高于平均水平的地市始终只有南京市和苏州市，处于极值位置的也始终是南京市和宿迁市。由表4-18可见，极差、标准差的值均呈上升趋势，表明江苏省高级职称教师绝对数量区域间的配置不均衡态势还在继续扩大，且区域间的差异非常显著。

表4-18 江苏省区域间普通高校高级职称教师差异

项目	年度				
	2006	2007	2008	2009	2010
均值	2181.77	2436.92	2689.00	2905.23	3021.69
最大值	13759	15841	17235	18727	19948
最小值	116	114	136	156	156
极差	13643	15727	17099	18571	19792
极差率	118.61	138.96	126.73	120.04	127.87
标准差	3556.73	4099.10	4449.59	4839.32	5176.65
变异系数	1.63	1.68	1.65	1.67	1.71
基尼系数	0.569	0.573	0.563	0.565	0.580

五、高等教育办学质量及效益的差异分析

江苏省13个省辖市2006年—2010年生师比的均值的变化趋势为18.18↗20.16↘19.68↗19.95↘19.63(此处生师比计算的是在校生数当量与专职教师数的比值，因为缺少2006年宿迁市本科生在校生数数据，因此计算2006年生师比时没有计入宿迁市的数据)。2006年生师比最高的城市为南京市(19.40)，最低的为连云港市(16.36)，低于均值的城市分别为连云港市(16.36)、无锡市(17.93)、苏州市(17.05)、淮安市(18.15)、盐城市(17.07)、泰州市(17.91)。而2010年生师比最高的城市为宿迁市(22.82)，最低的城市为南京市(17.28)，低于均值的城市为南京市(17.28)、苏州市(19.36)、镇江市(17.28)、南通市(19.25)、连云港市(19.36)、盐城市(19.38)、扬州市(19.01)、泰州市(18.99)。比较上述2006年与2010年的数据可知，低于生师比均值的城市增多。如表4-19所示，从极差、标准差、变异系数和基尼系数的变化趋势来看，江苏省区域间生师比差异在2007年达到峰值，此后区域间的差异呈缩小趋势。

表 4-19 江苏省区域间普通高校生师比差异

项目	年度				
	2006	2007	2008	2009	2010
均值	18.18	20.16	19.68	19.95	19.63
最大值	19.40	29.65	26.56	25.40	22.82
最小值	16.36	17.72	15.64	17.28	17.28
极差	3.04	11.93	10.92	8.12	5.54
极差率	1.19	1.67	1.70	1.47	1.32
标准差	0.98	3.12	2.54	1.89	1.42
变异系数	0.05	0.15	0.13	0.09	0.07
基尼系数	0.029	0.063	0.061	0.042	0.037

万人口在校生数区域间均值的发展趋势为 186.22 人↗ 194.98 人↗ 202.29人↗ 212.56 人↘ 207.85 人，2010 年万人口在校生数开始下降。南京市的万人口在校生数始终最大，宿迁市的数值始终最小。获得的宿迁市 2006 年万人口在校生数只有 3.74 人，可能由没有计入当年该市本科生人数所致。从 2007 年—2010 年的极差、极差率、标准差、变异系数和基尼系数的发展趋势来看，极差与标准差的值在 2010 年出现下降趋势，基尼系数的值也分别在 2009 年和 2010 年有所下降。但是从表 4-20 中的基尼系数、变异系数和极差率的值来看，区域间的差异依然较大。

表 4-20 江苏省区域间万人口在校生数差异

项目	年度				
	2006	2007	2008	2009	2010
均值	186.22	194.98	202.29	212.56	207.85
最大值	917.81	823.41	955.23	1003.11	991.76
最小值	3.74	28.93	33.16	35.87	33.84
极差	914.07	794.48	922.07	967.24	957.92
极差率	245.40	28.46	28.81	27.97	29.31
标准差	234.29	206.99	237.39	247.38	244.34
变异系数	1.26	1.06	1.17	1.16	1.18
基尼系数	0.511	0.456	0.458	0.443	0.439

第三节　苏南五市高等教育的强势地位

随着“苏南模式”在经济发展上获得越来越多的成功，苏南地区教育事业的发展成效也越来越显著。1993 年，原江苏省教育委员会就发布了《关于在苏南地区实施教育现代化工程试点的意见》[1]，提出依托国家和省两级高校的辐射，进一步发展中心城市的地方高等教育，探索县级高等教育的构建形式[2]。苏南地区彼时为实现教育现代化作出的努力为该地区实现 21 世纪的经济发展成就奠定了坚实的基础。苏南地区高等教育发展一直领先于苏北、苏中地区，无论是高等学校数量、学生数量、教师数量还是代表高教发展水平的“985 工程”和“211 工程”大学数量及办学层次，都要高于其他两个地区；而且，高等教育地区之间的差异仍在进一步扩大。[3] 有学者分析认为，苏南与苏北的差距是在特定历史条件下形成的[4]，撇开政治经济因素不论，文化落后、交通滞后、区域位置处于劣势等都是制约苏北高等教育发展的瓶颈[5]。事实上，江苏省在高等教育与经济发展两方面均存在两极分化的现象。[6] 因此，苏南地区高等教育发展水平高于苏北和苏中地区已然是一个不争的事实，苏南地区高等教育的确处于全省高等教育的强势地位。

一、研究方法及数据预处理

（一）研究方法

评价高等教育发展实力，需要尽可能多地收集反映高教发展水平的多个变量——正如前述采用 17 个发展指标来分析江苏省高教发展水平那样——以期能对现状有比较全面完整的把握。但是，如果要对江苏省 13 个地市的高教发展实力进行排序，就需要对这些指标所包含的信息进行合并并形成综合得分以利于比较，这就需要运用能够简化数据的降维后再合成技术，因子分析法(Factor Analysis)是实现多指标降维后再合成目的的统计分析技术之一。

---

〔1〕 刘爱虹. 变革传统教育：苏南实施教育现代化工程[N]. 瞭望新闻周刊，1996(30)：14－16.

〔2〕 周稽裘. 深化城乡教育综合改革推进苏南地区教育现代化进程[J]. 人民教育，1994(3)：10－13.

〔3〕 张建初. 江苏省高等教育区域布局现状分析[J]. 教育评论，2008(6)：95－98.

〔4〕 姚军，吴登国. 江苏南北高等教育差异的历史和政治原因分析[J]. 中国成人教育，2007(20)：105－107.

〔5〕 姚军，张桂华. 江苏高等教育南北差异的环境因素分析[J]. 中国成人教育，2007(21)：128－129.

〔6〕 郑培钢，冯缨. 江苏高等教育发展与区域经济的互动[J]. 统计与决策(理论版)，2007(3)：89－91.

因子分析法是一种从信息重叠、具有错综复杂关系的多个变量中提取出少数几个不相关的潜在综合因子的多元统计分析方法。

因子分析法的样本量和变量数的比例在 5∶1 以上为佳，因此，要把前述 17 个指标进行合并和预处理，把变量数量控制在合理范围内。首先，为了便于比较，把因子分析时所涉及的在校生数均转化为在校生数当量；其次，因为有多个省辖市没有“211 工程”大学、研究生教育层次及留学生，所以剔除了那些存在零值的变量，还把在校生规模合并为一个指标，即在校生数当量；最后，在数据取舍上，由于除苏南五市外，其他 8 个市域没有 2006 年的教育财政经费支出数据，因此剔除该年度的数据。为了增加模型中的样本数量及更全面地解析江苏省市域高教发展实力，在因子分析时把反映江苏省 2007 年—2010 年高教发展水平的面板数据转化为截面数据。经过上述变量及数据预处理，形成了含有 52 个样本和 10 个变量的因子分析模型，变量分别是教育财政支出(X_1)、人均教育财政支出(X_2)、普通高校数(X_3)、在校生数当量(X_4)、万人在校生数当量(X_5)、专任教师数(X_6)、高级职称教师数(X_7)、高级职称教师占比(X_8)、校均学生数当量(X_9)、生师比(X_{10})。

（二）数据标准化方法

在量化研究中，为了消除数据量纲的影响，通常要对原始数据做标准化处理。本章所用的数据标准化处理方法是“最小—最大标准化”法。原始数据经标准化处理，均转换为无量纲化指标测评值，各指标值都处于同一个数量级别，在“0－1”闭区间内，可以进行综合测评分析。有三种“0-1 标准化”法处理不同性质的数据。

1. 正向指标的处理

正向指标是指其原始数据越大越好，转换公式如下：

$$z_i = \frac{x_i - x_{\min}}{x_{\max} - x_{\min}}$$

表示正向指标 x 的第 i 个原始数据值与最小值的差相对于最大值与最小值的差的比值。x_i越大，比值越大。

2. 负向指标的处理

负向指标是指其原始数据越小越好，转换公式如下

$$z_i = \frac{x_{\max} - x_i}{x_{\max} - x_{\min}}$$

表示负向指标 x 的最大值与第 i 个原始数据值的差相对于最大值与最小值的差的比值。x_i越小，比值越大。

3. 阈值指标的处理

阈值指标是指原始数据存在一最优区间,假设最优区间为$[x_i^0, x_i^1]$,此外,x_i^a 是无法容忍下限,x_i^b 是无法容忍上限,则转换公式如下:

$$z_i = \begin{cases} 1 - \dfrac{x_i^0 - x_i}{x_i^0 - x_i^a}, & x_i^a < x_i < x_i^0 \text{ 时} \\ 1, & x_i^0 \leqslant x_i \leqslant x_i^1 \text{ 时} \\ 1 - \dfrac{x_i - x_i^1}{x_i^b - x_i^1}, & x_i^1 < x_i < x_i^b \text{ 时} \\ 0, & x_i < x_i^a \text{ 和 } x_i > x_i^b \text{ 时} \end{cases}$$

本章中,生师比指标即为这一类型,依据教育部相关规定,通常把高等学校生师比为 17∶1 设为达标值,因此,假设 $x_i^0 = 17$,$x_i^1 = 18$,$x_i^a = 10$,$x_i^b = 40$。

依据上述数据处理方法,所得结果见表 4-21。

表 4-21 标准化处理后数据的描述性统计

年份	项目	变量									
		X_1	X_2	X_3	X_4	X_5	X_6	X_7	X_8	X_9	X_{10}
2007	均　值	0.1458	0.1418	0.2008	0.1312	0.1642	0.1256	0.1171	0.6124	0.3312	0.8723
	标准差	0.1482	0.1514	0.2552	0.2164	0.2313	0.2112	0.2067	0.2072	0.2651	0.1574
2008	均　值	0.1969	0.2329	0.2008	0.1440	0.1774	0.1391	0.1298	0.6497	0.4393	0.8219
	标准差	0.1828	0.1788	0.2552	0.2326	0.2416	0.2389	0.2243	0.1710	0.2627	0.1762
2009	均　值	0.2615	0.3595	0.2045	0.1529	0.1858	0.1448	0.1407	0.6974	0.4914	0.8329
	标准差	0.2119	0.2045	0.2632	0.2495	0.2541	0.2507	0.2440	0.1856	0.2718	0.1512
2010	均　值	0.3621	0.5419	0.2083	0.1548	0.1822	0.1473	0.1466	0.6972	0.4707	0.8583
	标准差	0.2511	0.1988	0.2647	0.2592	0.2537	0.2602	0.2610	0.2866	0.2699	0.1091

二、高教发展实力评价的因子分析结果

(一) 相关分析和统计检验

因子分析法的前提条件是变量之间具有较强的相关性,如果变量之间不存在较强的相关关系,则无法找出其中的公共因子。计算变量的相关系数矩阵,大部分相关系数值大于 0.3(见表 4-22)。

表 4-22 相关系数矩阵

		X_1	X_2	X_3	X_4	X_5	X_6	X_7	X_8	X_9	X_{10}
Correlation	X_1	1.000	.800	.562	.408	.285	.391	.391	.242	−.118	.196
	X_2		1.000	.404	.287	.264	.274	.274	.155	−.021	.171
	X_3			1.000	.967	.928	.962	.957	.280	.300	.401
	X_4				1.000	.977	.999	.999	.272	.478	.363
	X_5					1.000	.977	.976	.286	.537	.398
	X_6						1.000	.999	.262	.480	.368
	X_7							1.000	.289	.495	.361
	X_8								1.000	.165	.418
	X_9									1.000	−.015
	X_{10}										1.000

Bartlett 球体检验的值为 1228.142，自由度为 45，显著性概率为 0.000，表明指标之间具有较强的相关性，适用因子分析。检验变量取样适宜性的 KMO 统计量为 0.646，也表明可以进行因子分析（见表 4-23）。

表 4-23 KMO and Bartlett's Test

Kaiser-Meyer-Olkin Measure of Sampling Adequacy.		.646
Bartlett's Test of Sphericity	Approx. Chi-Square	1228.142
	df	45
	Sig.	.000

（二）提取公因子

采取主成分分析法提取初始公因子，特征值大于 1 的因子有 3 个，它们的累计方差贡献率为 85.79%，反映了原始数据绝大部分信息，表明 10 个指标可综合为 3 个公共因子（如表 4-24）。

表 4-24 Total Variance Explained

Component	Initial Eigenvalues			Extraction Sums of Squared Loadings			Rotation Sums of Squared Loadings		
	Total	% of Variance	Cumulative %	Total	% of Variance	Cumulative %	Total	% of Variance	Cumulative %
1	5.749	57.489	57.489	5.749	57.489	57.489	4.920	49.204	49.204
2	1.700	17.001	74.490	1.700	17.001	74.490	2.082	20.822	70.026
3	1.130	11.299	85.789	1.130	11.299	85.789	1.576	15.763	85.789

Extraction Method: Principal Component Analysis.

（三）公共因子分析

由表4-25可见，未经旋转的因子载荷矩阵中主因子在X_1、X_2、X_9、X_{10}上含义模糊，为便于对各因子载荷进行合理解释，采用正交最大方差旋转法对因子进行旋转，旋转后的三个主因子载荷量含义更加清晰。

表4-25 因子载荷矩阵及旋转

Component Matrix[a]				Rotated Component Matrix[b]			
	Component				Component		
	1	2	3		1	2	3
X_4	.980	−.141	−.082	X_5	.953	.124	.223
X_7	.978	−.160	−.068	X_6	.953	.205	.188
X_6	.977	−.157	−.080	X_7	.952	.198	.200
X_3	.970	.064	−.084	X_4	.950	.220	.190
X_5	.961	−.222	−.024	X_3	.860	.401	.228
X_1	.515	.777	−.199	X_9	.669	−.332	−.077
X_2	.421	.759	−.252	X_1	.193	.924	.131
X_9	.466	−.579	−.106	X_2	.127	.893	.050
X_8	.381	.167	.712	X_{10}	.193	.105	.823
X_{10}	.456	.187	.695	X_8	.130	.057	.813
a. 3 components extracted.				b. Rotation converged in 4 iterations.			

在旋转后的因子载荷矩阵中，第一个主成分的方差贡献率为49.20%，是3个主因子中最重要的因子，在普通高校数（X_3）、在校生数当量（X_4）、万人在校生数当量（X_5）、专任教师数（X_6）、高级职称教师数（X_7）、校均学生数当量（X_9）上有较大载荷。这些指标反映了各地普通高等教育的学校数、教师数、学生数等发展规模状况，可以命名为规模因子。第二个主成分在教育财政支出（X_1）、人均教育财政支出（X_2）上有较大载荷，反映了各地普通高等教育财政经费投入情况，因此命名为投入因子。第三个主成分在高级职称教师占比（X_8）、生师比（X_{10}）上有较大载荷，这两个指标反映了各地师资质量及与教学质量密切相关的生师比配备情况，因此命名为质量因子。

（四）综合得分及实力排序

运用线性回归法求得三个公共因子得分，用旋转后的各公因子方差贡献率作为加权系数，计算各地综合得分，公式为：

$$F = \frac{0.49204}{0.85789}F_1 + \frac{0.20822}{0.85789}F_2 + \frac{0.15763}{0.85789}F_3$$

如表 4-26 所示，根据综合得分的情况看，各地高等教育发展实力综合评价得分有正有负，但是负值呈减少趋势。正值说明该市高教发展实力高于全省平均水平，负值反之。

表 4-26　江苏省高教实力综合得分及排序

城市	年度							
	2007		2008		2009		2010	
	综合得分	排名	综合得分	排名	综合得分	排名	综合得分	排名
南京	1.7302	1	1.9606	1	2.1431	1	2.2989	1
无锡	−0.0581	3	0.0147	3	0.0971	3	0.2292	3
常州	−0.2113	6	−0.1553	6	−0.0608	6	−0.0348	8
苏州	0.2226	2	0.3404	2	0.4675	2	0.5737	2
镇江	−0.1836	5	−0.0937	5	−0.0021	5	0.0683	4
徐州	−0.1244	4	−0.0522	4	0.0166	4	0.0437	5
南通	−0.2896	8	−0.1766	8	−0.1017	8	0.0280	6
连云港	−0.4872	12	−0.4826	12	−0.3677	12	−0.2987	12
淮安	−0.4173	10	−0.3849	9	−0.3297	10	−0.2230	10
盐城	−0.4017	9	−0.4001	11	−0.3258	9	−0.2025	9
扬州	−0.2891	7	−0.1735	7	−0.0938	7	−0.0110	7
泰州	−0.4564	11	−0.3850	10	−0.3306	11	−0.2841	11
宿迁	−0.6935	13	−0.6773	13	−0.5571	13	−0.4178	13

三、评价结果分析

根据排序结果，可以把江苏省各市高教发展实力分为三类：第一类是 4 年来排名顺序始终保持在 1 至 3 名的，它们是南京市、苏州市、无锡市；第二类是 4 年来始终排名在 4 至 8 名的，它们是徐州市、镇江市、常州市、扬州市、南通市；第三类是 4 年来排名始终在 9 到 13 名的，它们是盐城市、淮安市、泰州市、连云港市、宿迁市。苏南五市中，南京市、苏州市、无锡市始终处于江苏省高等教育发展实力最强的一类；镇江市在 2007 年—2009 年排名始终在第五名，2010 年排在第四名；常州市 2007 年—2009 年排名始终在第六名，2010 年为第八名。苏南五市中除常州市在 2010 年排名稍微靠后外，其他 4 市高教发展实力始终处于江苏省前列。因此，可以认为，苏南五市高等教育整体综合发展水平在江苏省处于强势地位的主观感受和实证研究结果是吻合的。

第五章 苏南地区经济社会发展现状及其区域地位

地理意义上的苏南地区由北至南分别指的是南京市、镇江市、常州市、无锡市和苏州市5个省辖市，即通常所说的“苏南五市”。从经济社会发展水平看，苏南地区得改革开放风气之先，2011年苏南五市经济发展规模与上海相当，地区人均GDP已经超过1.2万美元，在江苏省乃至全国都属最具经济活力的地区之一。因此，苏南五市一向是江苏省在实现“两个率先”发展目标过程中的排头兵，各项发展指标均位于前列。本章将以江苏省“十一五”时期经济社会发展指标数据为分析样本，解析江苏省和苏南地区在这一时期的经济社会发展态势、区域差异以及区域实力排序。第一部分主要对江苏省及苏南地区经济社会发展的15项指标做全景式的描述性分析，以期望较为全面地了解和掌握江苏省及苏南五市的经济社会发展状况；第二部分以江苏省13个省辖市为分析对象，以“十一五”时期的经济社会发展数据为依据，基于差异分析方法分析13个市域2006年—2010年的经济社会发展差异；第三部分基于AHP层次分析法对江苏省13个市域2006年—2010年的经济社会综合发展实力进行综合评价，并以排序变动情况分析苏南地区在江苏省区域经济发展中的实力水平。数据来自相关年度的《江苏省统计年鉴》。

第一节 江苏省及苏南五市经济社会发展状况

一、评价指标体系

对衡量经济社会发展指标体系的研究由来已久，较早关于社会发展指标的研究可以追溯到1933年美国出版的社会趋势报告（*United States President's Research Committee on Social Trends*）。西方发达国家一般都有评价经济社会发展状态的评估指标体系，并定期发布，是政府决策的重要参考。一些国际组织也会定期发布衡量经济社会发展的研究成果，如联合国开发计划署提出的千年发展指标和定期发布的HDI人类发展指数、经合组织（OECD）发布的社会发展指标（OECD Social Indicators）等。另外，还有衡量现代化发展程度的“英格尔斯现代化指标体系”。总体而言，各种版本的指标体系均包含经济、社会和环境三大主题，发展趋势反映了对 GDP 的修正、淡化平均指标、尊重民意、重视弱势群体和社会整合的共同理念。[1]

在我国，1980 年邓小平提出中国现代化分“三步走”的宏伟战略，此后国内关于“温饱”“小康”“现代化”指标体系的研究就一直没有停止过。[2] 国内较早期的由官方发布的衡量经济社会发展状况的指标体系，是 1991 年国家统计局提出的“中国小康生活的基本标准”，该标准从经济水平、物质生活、人口素质三个领域提炼了 16 项指标，该标准在 2000 年以前一度作为全国和各省(市、自治区)小康社会建设的指导文本。中国现代化战略研究课题组在《中国现代化报告 2004——地区现代化之路》中，基于“两次现代化”的理论，设计了三类评估国家和地区现代化发展水平的指标体系，其中从经济指标、社会指标、知识指标出发构建了含有 12 项评价指标的综合现代化指标体系。我国经济社会评价指标体系的发展也反映了统计技术及发展理念的变化，比如指标体系中越来越重视对经济发展质量和环境保护(绿色 GDP 的引入)的评价，指标体系的构建方法也从最初主要依赖定性研究转变到定性和定量结合。定量研究法主要是以专家计分法为基础的层次分析法，如迟国泰等[3]及胡忠俊等[4]的研究。

2003 年江苏省提出了实现“两个率先”的发展目标，即率先建成全面小康社会、率先基本实现现代化。而衡量是否达到这一发展目标的指标体系从经济发展、生活水平、社会发展、生态环境 4 大方面提出了 25 项具体要求。这一指标体系，既重视 GDP 指标又不仅仅追求 GDP 指标，既包括经济发展指标又突出社会发展指标，既考虑城市情况又针对农村现实，较好地体现了全面小康的特征和科学发展的要求。[5] 经过 8 年努力，于 2010 年底，江苏省总体上已达到省定小康指标。2011 年，中共江苏省第十二次代表大会提出，到 2020 年率先基本实现现代化。为实现这一宏伟目标，江苏首次制定了包含 4 大类 30

〔1〕 周长城，谢颖. 经济社会发展综合评价指标体系研究[J]. 社会科学研究，2008(1)：89－94.

〔2〕 童星. “现代化”指标体系研究的再认识——兼论“提前”“率先”应当慎提[J]. 南京师范大学学报(社会科学版)，2005(6)：5－13.

〔3〕 迟国泰，李刚，程砚秋. 基于 AHP-标准离差的人的全面发展评价模型及其实证研究[J]. 管理学报，2010(2)：301－310.

〔4〕 胡忠俊，姜翔程，刘蕾. 区域经济社会发展综合评价指标体系的构建[J]. 统计与决策，2008(20)：17－19.

〔5〕 洪银兴，孙志军. 江苏省坚持以科学发展观为指导全面建设小康社会[N]. 人民日报，2006－04－05.

项指标的《江苏基本实现现代化指标体系(试行)》。[1] 其中经济发展权重为31%,含9项指标;人民生活权重为24%,含7项指标;社会发展权重为24%,含8项指标;生态环境权重为21%,含6项指标。子项指标均设置了目标值。[2] 该指标体系体现了与小康社会发展目标体系的衔接,也充分考虑到了江苏省所处发展阶段与实际状况。

依据上述经济社会发展评价指标体系的基本思想,考虑到研究数据的可得性,本章从经济发展、人民生活、公共服务三方面提取了15项指标来描述江苏省经济社会发展状况及区域发展差异。具体指标体系见表5-1。

表5-1 江苏省经济社会发展状况评价指标体系

一级指标	二级指标	考察目标
经济发展	人均GDP(按常住人口算)(元)	经济平均发展水平
	非农产业产值占GDP比重(%)	工业与服务业发展水平
	社会消费品零售总额占GDP比重(%)	居民消费和购买力对经济发展的贡献
	高新技术产业产值占规模以上工业产值比重(%)	经济产业结构中创新经济的比例
	城市化水平(城镇化率)(%)	城市化发展程度
人民生活	居民人均储蓄存款(元)	居民财富积累和未来生活保障能力
	城镇居民人均可支配收入(元)	城市居民平均收入水平和消费水平
	农村居民人均纯收入(元)	农民实际收入水平和农民扩大再生产及改善生活的能力
	城镇居民人均住房建筑面积(平方米)	城镇居民住房条件
	农村居民人均住房面积(平方米)	农村居民住房条件
公共服务	环境保护占地方财政预算一般支出比例(%)	地方政府对环境保护的努力程度
	城乡社区建设占地方财政预算一般支出比例(%)	与居民日常生活切实相关的社区基础设施及服务体系发展水平
	每千人专任教师数(人)	居民享有的教育投入状况
	每千人医疗机构床位数(张)	政府提供的公共卫生服务水平
	每千人公共图书馆图书册数(册)	政府提供的公共文化设施水平

〔1〕 王骏勇.《江苏基本实现现代化指标体系(试行)》制订[EB/OL]. http://www.gov.cn/jrzg/2011-11/10/content_1990293.htm,2012-09-20.

〔2〕 佚名.江苏基本实现现代化指标体系[J].领导决策信息,2011(45):27.

二、江苏省“十一五”时期经济社会发展状况分析

（一）经济指标保持增长态势

“十一五”时期，江苏省经济总量和发展速度一直位于全国的前列，人均GDP从2006年的28526元增加到2010年的52840元，高出全国平均水平23078元，年均增速达到16.66%。三次产业结构得到进一步优化，工业和服务业在GDP中所占比重继续增加，2010年达到93.87%，年均增速为0.26%。社会消费品零售总额占2010年全国总量的8.7%，占江苏省GDP比重达到32.85%，比2006年增长了近2个百分点，年均增速为1.59%。近年来，各地区都谋划在高新技术产业结构优化上取得新突破，以期提高经济发展质量和实现产业升级。作为较早实现工业化的经济发达地区，苏南五市也把“节能环保、新兴信息产业、生物产业、新能源、新能源汽车、高端装备制造业和新材料”等作为战略性新兴产业重点发展。江苏省高新技术产业产值占规模以上工业总产值的比重年均增速为7.28%，2010年达到32.97%。2010年城镇化率达到60.65%，年均增速为3.95%（见表5-2）。

表5-2　江苏省经济发展指标数据及年均增速

项目	年度					增速(%)
	2006	2007	2008	2009	2010	
人均GDP(元)	28526	33837	40014	44253	52840	16.66
非农产业产值占比(%)	92.89	93.02	93.22	93.44	93.87	0.26
社会消费品零售总额占比(%)	30.84	30.69	31.97	33.33	32.85	1.59
高新技术产业产值占比(%)	24.89	27.55	27.14	30.04	32.97	7.28
城市化水平(%)	51.90	53.20	54.30	55.60	60.65	3.95

为了更直观地观察上述5个指标的变化趋势，在把指标数据0-1标准化的基础上绘制折线图，人均GDP、非农产业产值占比、城镇化率的指标值在2006年—2010年间始终保持增长态势。高新技术产业占比除在2008年轻微回落外，其余年份均保持增长趋势。社会消费品零售总额比重总体上保持增长趋势，但是分别在2007年和2010年较上年有所减少，表明消费对经济增长的贡献尚不稳定（见图5-1）。

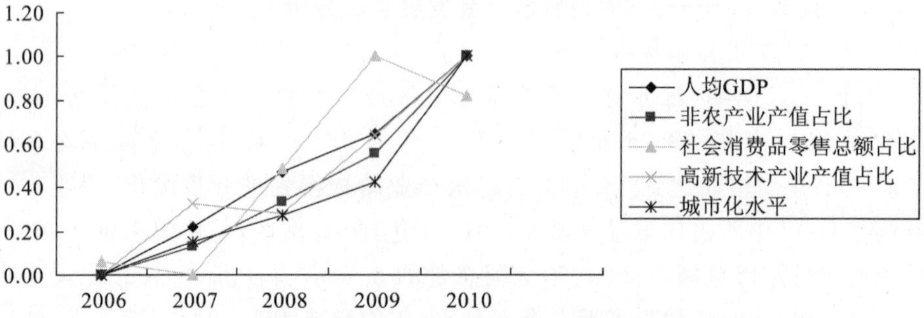

图 5-1　江苏省经济发展指标的变化趋势

（二）人民生活进一步改善

在经济发展的同时，江苏省居民生活也得到进一步改善。居民人均储蓄存款年均增速达到 16.83%，与 2006 年的 15914 元相比，2010 年的数据几乎实现翻番，详见表 5-3。城镇与农村居民收入也继续增加，2010 年城镇居民可支配收入和农村居民人均纯收入分别达到 22944 元和 9118 元，高于全国平均水平 3835 元和 3199 元，年均增速分别达到 12.98%和 11.91%。居民住房条件进一步提高，2010 年城镇居民人均住房建筑面积和农村居民人均住房面积较 2006 年增加了 3.71 平方米和 5.5 平方米，年均增速分别为 2.99%和 3.21%。

表 5-3　江苏省人民生活指标数据及年均增速

项目	年度					增速(%)
	2006	2007	2008	2009	2010	
居民人均储蓄存款(元)	15914	16852	21541	25711	29652	16.83
城镇居民人均可支配收入(元)	14084	16378	18680	20552	22944	12.98
农村居民人均纯收入(元)	5813	6561	7357	8004	9118	11.91
城镇居民人均住房建筑面积(平方米)	29.68	30.9	32.41	32.87	33.39	2.99
农村居民人均住房面积(平方米)	40.8	42.9	44.1	45.2	46.3	3.21

从 0－1 标准化后的折线图来看，上述五项指标在 2006 年—2010 年期间，始终保持着增长态势，体现了在经济发展中，改善和提高居民生活水平的政策目标得到贯彻（见图 5-2）。

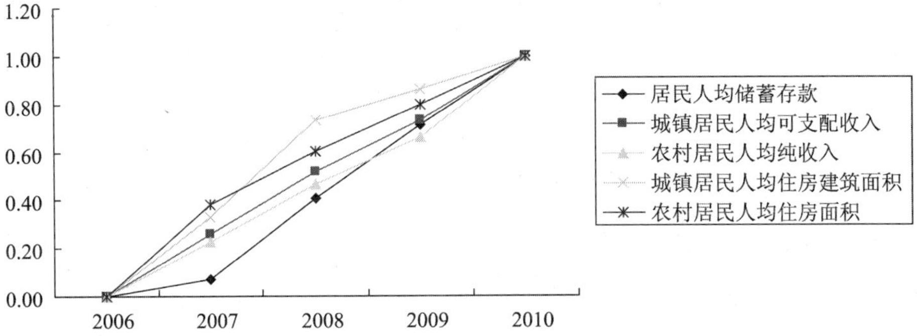

图 5-2 江苏省人民生活各项指标的变化趋势

（三）公共服务投入增加明显，师资投入相对减少

从公共服务的五项指标看（见表 5-4），环境保护预算支出比例增速最快，2007 年占财政一般预算支出的 1.92%，2010 年为 3.19%，年均增速为 18.44%。城乡社区事务预算支出占比从 2007 年的 14.08%增长到 2010 年的 14.76%，年均增速为 1.58%。每千人医疗机构床位数和每千人公共图书馆图书册数的年均增速分别为 4.92%和 5.98%，都呈现了较快的增长速度。但是每千人专任教师在 2006 年—2010 年间为负增长，2006 年为 8.89 人，而 2010 年下降到 8.81 人，年均增速为－0.23%。造成每千人专任教师数量减少的原因可能有两个：一是由于大量外来务工经商人口的涌入，人口基数增大造成该指标减少；二是为适应本省适龄教育人口数量的减少趋势，在基础教育阶段采取撤点并校造成教师需求减少。

表 5-4 江苏省公共服务指标数据及年均增速

项目	年度					增速(%)
	2006	2007	2008	2009	2010	
环境保护预算支出占比(%)	—	1.92	3.18	3.45	3.19	18.44
城乡社区事务预算支出占比(%)	—	14.08	13.04	14.16	14.76	1.58
每千人专任教师数(人)	8.89	9.00	9.11	9.02	8.81	−0.23
每千人医疗机构床位数(张)	2.83	2.90	3.07	3.26	3.43	4.92
每千人公共图书馆图书册数(册)	446.81	454.14	489.60	526.94	563.72	5.98

从数据 0-1 标准化之后的折线图(见图 5-3)来看,环境保护预算支出占比自 2007 年—2009 年始终是持续增长的,但是 2009 年—2010 年出现了下降的趋势。城乡社区事务预算支出占比 2008 年较 2007 年有所减少,但是 2008 年后保持了增长趋势。每千人医疗机构床位数和每千人公共图书馆图书册数始终保持了较为稳定的增长趋势。每千人专任教师数的发展趋势起伏较大,2008 年以后几乎是直线下降。每千人专任教师数的下降态势应引起有关部门的重视,要专题研究造成这一现象的深层次原因。

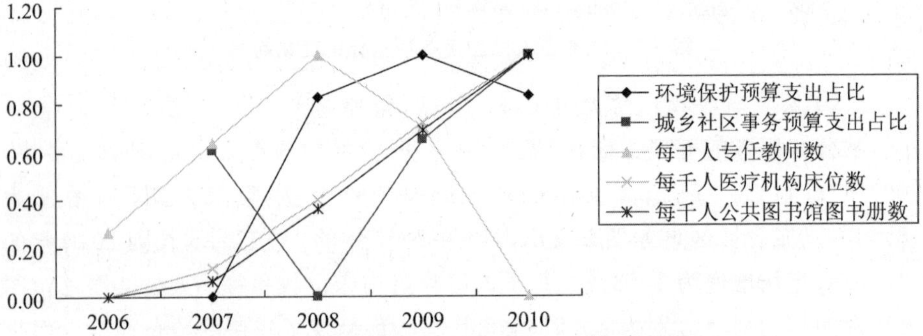

图 5-3　江苏省公共服务各项指标的变化趋势

三、苏南五市经济社会发展状况

(一) 经济发展指标高于江苏省整体水平

如表 5-5 所示,苏南五市人均 GDP 增长很快,年均增长速度为 13.12%,2010 年达到了 79501 元人民币,超过了 1 万美元。非农产业产值比重更是达到 97%以上,表明在苏南经济结构中,工业及服务业占绝对主导地位,农业所占比重微乎其微。社会消费品零售总额占 GDP 比重年均增长速度为 2.29%,2010 年所占比重较 2009 年有所减少。该指标的增长,表明在苏南五市的经济增长中,消费的拉动作用在持续增加,一定程度上也表明社会消费能力在增强,经济发展对提高苏南人民生活水平的作用明显。5 年来,苏南地区高新技术产业产值占规模以上工业总产值比重增长迅速,2010 年达到 36.08%,年均增长速度为 5.61%。经济发展必然带动城市发展,城市发展也要求进一步提高经济发展水平。2010 年,苏南城市化水平达到了 70.8%,整体水平高于江苏省平均水平,年均增长速度为 1.37%。

表 5-5 苏南五市经济发展指标数据及年均增速

项目	年份					增速(%)
	2006	2007	2008	2009	2010	
人均 GDP(元)	48558.82	54952.45	61822.63	69278.49	79501.00	13.12
非农产业产值比重(%)	97.57	97.80	97.92	97.48	97.68	0.03
社会消费品零售总额比重(%)	29.50	29.55	31.14	32.49	32.30	2.29
高新技术产业产值比重(%)	29.00	31.94	32.80	33.51	36.08	5.61
城市化水平(%)	67.05	67.47	67.67	67.92	70.80	1.37

为了更直观地了解苏南 2006 年—2010 年经济发展指标数据的变化趋势，在把数据 0-1 标准化的基础上，制作了折线图。由图 5-4 可见，非农产业产值比重在 2009 年跌至 5 年内的谷底，2010 年虽有所反弹，但依然没有超过 2007 年的比重。在苏南的经济结构中农业所占比重极小，非农产业产值比重的下降并没有改变现有经济快速发展的格局。其他四个指标中，除社会消费品零售总额占 GDP 比重 2010 年的数据较 2009 年有所下降外，其他三个指标始终保持增长趋势。

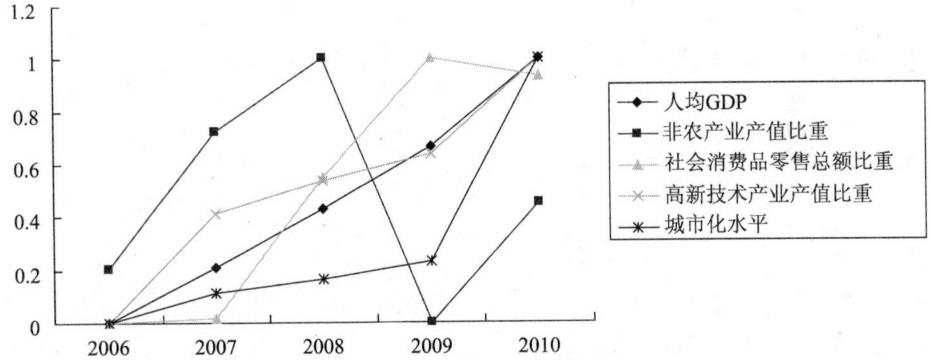

图 5-4 苏南五市经济发展指标数据变化趋势

(二) 居民收入及住房条件继续提高

2006 年—2010 年，随着苏南地区经济社会的快速发展，居民收入和生活水平也得到了巨大的改善(见表 5-6)。从衡量人民生活的 5 个指标来看，5 年来的所有指标均保持正增长。其中城镇居民人均可支配收入和农村居民人均纯收入始终保持着两位数的增长速度，年均增速分别达到 12.42% 和 12.09%；其次是居民人均储蓄存款增加迅速，年均增速为 7.87%。居民住房条件也随收入的增长得到不断改善。城镇居民人均住房建筑面积年均增速为3.81%,而农村居民人均住房面积年均增速为0.96%。虽然城镇人均住房建筑面积始终小于同期农村人均住房面积,但是前者增速明显大于后者。

表 5-6 苏南五市经济发展指标数据及年均增速

项目	年份					增速(%)
	2006	2007	2008	2009	2010	
居民人均储蓄存款(元)	32316.66	33770.81	33750.55	39983.95	43768.00	7.87
城镇居民人均可支配收入(元)	17390.67	20076.54	22756.24	24995.00	27780.00	12.42
农村居民人均纯收入(元)	8221.00	9293.00	10458.00	11517.00	12978.00	12.09
城镇居民人均住房建筑面积(平方米)	29.53	28.01	33.24	33.68	34.30	3.81
农村居民人均住房面积(平方米)	56.12	56.70	57.41	58.15	58.30	0.96

从0-1标准化后的折线图(图5-5)来看,城镇居民人均住房建筑面积在2007年比上年有所下降,其他年份均保持上涨趋势。居民人均储蓄存款在2008年比2007年有所下降,其他年份始终保持增长趋势。其他三项指标在所有年份均保持增长态势。

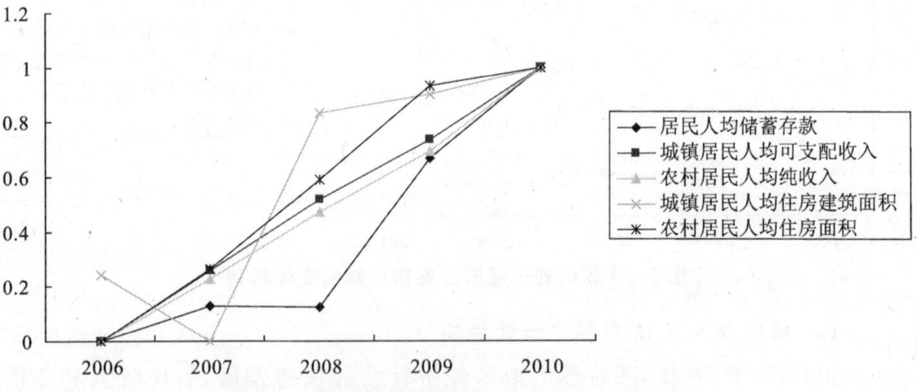

图 5-5 苏南五市人民生活指标数据变化趋势

(三)公共服务水平有一定改善,投入水平尚不稳定

在表示公共服务的指标中(表5-7),环境保护预算支出占比和城乡社区事务预算支出占比两项指标均缺少2006年的数据,前者2007年—2010年的年

均增长速度为20.69%,后者为-0.89%。数据表明,苏南地区在发展经济的同时越来越注重对环境的保护,政府预算用于环境保护的经费支出也越来越多,而同时用于城乡社区事务建设的经费支出比例还不稳定。另外一个出现负增长的指标是每千人专任教师数,年均增长速度为-0.9%。本章中作为分母的人口基数是常住人口数而非户籍人口数,因此使这一指标出现下降趋势的因素可能是外来务工人员的增加,并不一定表明是教师的绝对数量减少了。但是,外来务工人员的增加,势必造成随迁适龄学童数量的增加,出于公共责任和社会道义,应该适当增加教育投入,妥善解决这部分孩子的上学问题。每千人医疗机构床位数以及每千人公共图书馆图书册数年均增长速度分别为1.96%和3.08%,增速虽然不快,但也保持了正增长。

表5-7 苏南五市公共服务指标数据及年均增速

项目	项目					增速(%)
	2006	2007	2008	2009	2010	
环境保护预算支出占比(%)	—	2.15	3.80	3.93	3.78	20.69
城乡社区事务预算支出占比(%)	—	17.76	15.80	17.17	17.29	-0.89
每千人专任教师数(人)	8.74	8.74	8.75	8.75	8.43	-0.9
每千人医疗机构床位数(张)	3.47	3.46	3.60	3.77	3.75	1.96
每千人公共图书馆图书册数(册)	800.75	778.80	827.87	884.23	904.19	3.08

从0-1标准化之后的折线图(图5-6)来看,环境保护预算支出占比在2007年—2009年间始终保持增势,2010年的数值较2009年有所减少。城乡社区事务预算支出占比在经历了2007年—2008年的较大起伏后,2008年—2010年始终保持增势。每千人专任教师数在2009年之前发展较为平稳,但在2010年有较大下降,需要进一步给予关注。每千人医疗机构床位数在2007年出现了较不明显的下降,此后在2008年、2009年均保持了增势,但是在2010年又再次出现下降,也应予以关注。每千人公共图书馆图书册数在2007年出现下降后,在此后的三年中始终保持增势。

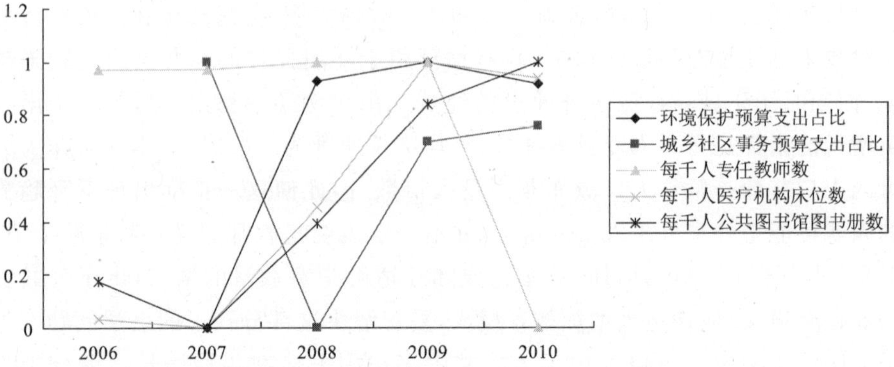

图 5-6 苏南五市公共服务指标的变化趋势

第二节 江苏省区域经济社会发展水平的差异分析

一、经济发展水平分析

(一) 人均 GDP 差异分析

13 个省辖市 2006 年—2010 年人均 GDP 的均值变化很大，从 2006 年的 28152.72 元增长到 2010 年的 51398.31 元，徐州市、南通市、连云港市、淮安市、盐城市、扬州市、泰州市、宿迁市等非苏南城市始终未能超过均值，这表明江苏省虽整体人均 GDP 实现了增长，但是苏北、苏中与苏南相比仍有差距。苏州市人均 GDP 始终处于最大值，而宿迁市一直处于最末。表示绝对差异的极差、标准差有扩大趋势，但是表示相对差异的极差率与变异系数呈缩小趋势，表示差异的另一指标基尼系数也处于缩小趋势(见表 5-8)。因此可以认为江苏省在人均 GDP 这一指标上，区域差异正在缩小，绝对差异扩大由原来不发达地区的经济基础太过薄弱所致。

表 5-8 江苏省人均 GDP 变化趋势

项目	年度				
	2006	2007	2008	2009	2010
均值	28152.72	32612.31	37621.49	43388.58	51398.31
最大值	61500.17	67386.56	74675.57	83695.93	93043.00
最小值	9232.36	11178.25	13708.76	17459.63	22525.00
极差	52267.80	56208.30	60966.81	66236.30	70518.00
极差率	6.66	6.03	5.45	4.79	4.13
标准差	17015.59	18628.16	20269.40	21827.90	23634.22
变异系数	0.60	0.57	0.54	0.50	0.46
基尼系数	0.32	0.30	0.29	0.27	0.25

（二）非农产业产值占 GDP 比重差异分析

非农产业产值占 GDP 比重均值 2009 年稍有回落，2010 年又迅速上涨。无锡市在 2009 年以前在这一指标上一直处于领跑地位，2009 年以后让位于苏州市，宿迁市一直处于末位。但是所有表示差异的指标在 2006 年—2010 年这 5 年中一直呈缩小趋势，这也表明了整个江苏省在非农产业产值占 GDP 比重上的差异正越来越不明显（见表 5-9）。

表 5-9　江苏省非农产业产值占 GDP 比重变化趋势

项目	年度				
	2006	2007	2008	2009	2010
均值	89.51	90.46	91.13	90.95	91.64
最大值	98.44	98.57	98.57	98.15	98.31
最小值	76.42	77.99	79.60	80.70	82.42
极差	22.02	20.58	18.97	17.45	15.89
极差率	1.29	1.26	1.24	1.22	1.19
标准差	7.74	7.14	6.57	6.19	5.72
变异系数	0.09	0.08	0.07	0.07	0.06
基尼系数	0.046	0.042	0.039	0.037	0.034

（三）社会消费品零售总额占 GDP 比重的差异分析

江苏省各地市社会消费品零售总额占 GDP 比重均值在 2008 年达到最高值，此后持续两年有所回落，2008 年也仅为 34.29%，表明江苏省经济发展依然以投资拉动为主，消费对经济发展的贡献率依然不高。2006 年—2010 年，南京市在这一指标上始终领先，而同样作为经济发达地区的苏州市却始终处于末位，表明苏州市的消费对经济发展的贡献率明显偏低，与其经济发展地位是不相称的。从表示差异的指标来看，江苏省社会消费品零售总额占 GDP 比重的区域差异呈缩小趋势（见表 5-10）。

表 5-10　江苏省社会消费品零售总额占 GDP 比重变化趋势

项目	年度				
	2006	2007	2008	2009	2010
均值	31.93	31.97	34.29	33.53	32.63
最大值	42.07	42.04	43.76	45.75	44.61
最小值	21.90	21.93	23.15	26.19	26.03
极差	20.17	20.11	20.61	19.56	18.58
极差率	1.92	1.92	1.89	1.75	1.71
标准差	5.50	5.42	5.62	5.24	5.01
变异系数	0.17	0.17	0.16	0.16	0.15
基尼系数	0.092	0.090	0.088	0.082	0.080

(四) 高新技术产业产值占规模以上工业总产值比重的差异分析

从均值来看,江苏省区域高新技术产业产值占规模以上工业总产值的比重正趋于增长。2009 年以前,南京市所占比重最大,但是南京市在 2007 年达到历史性的 41.35%以后,连续两年回落。2010 年,扬州市、镇江市所占比重超越了南京市,与南京市一起位列三甲。宿迁市在这一指标上一直处于末位。但在 2006 年—2010 年的 5 年间,区域间的绝对差异及相对差异均呈缩小趋势(见表 5-11)。

表 5-11 江苏省高新技术产业产值占规模以上工业总产值变化趋势

项目	年度				
	2006	2007	2008	2009	2010
均值	19.93	22.01	23.50	26.24	29.91
最大值	39.41	41.35	41.30	39.81	40.69
最小值	3.78	3.40	3.90	4.84	7.69
极差	35.63	37.95	37.40	34.97	33.00
极差率	10.43	12.16	10.59	8.23	5.29
标准差	10.05	10.94	10.62	10.23	10.20
变异系数	0.50	0.50	0.45	0.39	0.34
基尼系数	0.272	0.268	0.243	0.198	0.175

(五) 城市化水平的差异分析

2006 年—2010 年,江苏省区域平均城市化率持续提高,表明越来越多的人口由农村向城市迁移,生产生活方式由传统落后的乡村型社会向现代城市社会进一步转化,越来越多的人享受到现代城市文明及公共服务。5 年中,南京市城市化水平始终保持最高,而宿迁市一直处于最低的位置。此外,从区域差异指标来看,不论是绝对差异还是相对差异都呈缩小趋势(见表 5-12)。

表 5-12 江苏省城市化水平的变化趋势

项目	年度				
	2006	2007	2008	2009	2010
均值	51.35	52.35	53.31	54.50	59.36
最大值	76.40	76.82	76.95	77.16	78.50
最小值	32.35	34.10	35.85	37.70	48.30
极差	44.05	42.72	41.10	39.46	30.20
极差率	2.36	2.25	2.15	2.05	1.63
标准差	13.12	12.64	12.03	11.37	9.21
变异系数	0.26	0.24	0.23	0.21	0.16
基尼系数	0.138	0.130	0.122	0.112	0.081

二、人民生活指标的区域差异分析

（一）居民人均储蓄存款的区域差异分析

居民人均储蓄存款的区域均值5年来一直保持增长趋势，表明居民财富持续增加，未来生活保障能力加强。2009年前的三年中，苏州市在这一指标上一直名列前茅，2009年—2010年无锡市后来居上，宿迁市一直处于13个省辖市中的最后一名。表示绝对差异的极差与标准差始终有反复，2010年两项指标都达到最大值，而极差率、变异系数、基尼系数一直保持下降态势，表明区域间的相对差异是呈缩小趋势（见表5-13）。

表 5-13 江苏省居民人均储蓄存款变化趋势

项目	年度				
	2006	2007	2008	2009	2010
均值	17551.36	18548.88	20869.64	24907.91	28189.00
最大值	39400.89	41532.41	36937.60	43587.49	48313.00
最小值	3490.06	4080.24	5713.05	7113.72	8864.00
极差	35910.83	37452.17	31224.55	36473.76	39449.00
极差率	11.29	10.18	6.47	6.13	5.45
标准差	12299.58	12701.68	11333.05	13456.47	14327.70
变异系数	0.70	0.68	0.54	0.54	0.51
基尼系数	0.376	0.366	0.297	0.294	0.277

（二）城镇居民人均可支配收入的区域差异分析

城镇居民人均可支配收入是指城镇居民的实际收入中能用于安排日常生活的收入，是用以衡量城市居民收入水平和生活水平的最重要和最常用的指标。江苏省城镇居民人均可支配收入2006年—2010年的均值始终保持增长趋势。苏州市5年中一直保持排名第一，宿迁市排名最末。极差和标准差的值呈增长趋势，表明区域间的绝对差异依然在扩大。极差率、变异系数、基尼系数2006年—2007年表现出下降趋势，2008年又突然上升，此后又连续两年下降，但是截至2010年三项指标值依然高于2006年。由此可知，城镇居民人均可支配收入存在区域差异这一问题依然存在，并且有继续扩大的趋势（见表5-14）。

表 5-14 江苏省城镇居民人均可支配收入变化趋势

项目	年度				
	2006	2007	2008	2009	2010
均值	13835.94	16031.20	16981.74	18844.62	21110.92
最大值	18531.71	21260.35	24679.64	27188.00	30366.00
最小值	8172.21	9467.94	9884.84	11149.00	12757.00
极差	10359.50	11792.41	14794.80	16039.00	17609.00
极差率	2.27	2.25	2.50	2.44	2.38
标准差	3140.10	3575.65	4777.47	5078.01	5482.56
变异系数	0.23	0.22	0.28	0.27	0.26
基尼系数	0.123	0.121	0.154	0.147	0.142

（三）农村居民人均纯收入的区域差异分析

农村居民人均纯收入是指农民的总收入扣除相应的各项费用后的收入，它可用来观察农民实际收入水平和农民扩大再生产及改善生活的能力。江苏省农村居民人均纯收入区域均值 5 年中保持增长趋势，苏州市农村居民人均纯收入一直占据榜首，宿迁市始终最低。从区域差异来看，表示绝对差异的极差与标准差依然保持增长趋势，而表示相对差异的极差率、变异系数以及基尼系数有一定缩小，表明江苏省还需要进一步采取有效措施来提高不发达地区的农村居民收入（见表 5-15）。

表 5-15 江苏省农村居民人均纯收入变化趋势

项目	年度				
	2006	2007	2008	2009	2010
均值	6211.31	7033.00	7931.77	8793.69	9996.23
最大值	9278.00	10475.00	11785.00	12969.00	14657.00
最小值	4228.00	4783.00	5406.00	6057.00	6975.00
极差	5050.00	5692.00	6379.00	6912.00	7682.00
极差率	2.19	2.19	2.18	2.14	2.10
标准差	1693.39	1911.95	2140.76	2314.75	2561.96
变异系数	0.27	0.27	0.27	0.26	0.26
基尼系数	0.147	0.147	0.146	0.142	0.138

（四）城镇居民人均住房建筑面积的区域差异分析

城镇居民人均住房建筑面积反映了城镇居民的居住环境，也反映了城镇居民的生活水平。从均值来看，江苏省区域城镇居民人均住房条件始终在改善。但是从极值来看，2006年—2007年宿迁市在这一指标中一直名列榜首，徐州市排名最末；2008年—2010年镇江市位列第一，而南京市连续三年排名最后。由此可见，在人口集中的大城市，由于房价居高不下以及人口基数较大，4人口的居住条件反而不如较不发达地区。从基尼系数看，区域不均衡程度并不十分严重。虽然表示绝对差异的极差从2009年以后有所反弹，但是其他表示差异的指标都处于下降趋势，这也表明城镇居民人均居住条件区域间差异正在缩小（见表5-16）。

表5-16 江苏省城镇居民人均住房建筑面积变化趋势

项目	年度				
	2006	2007	2008	2009	2010
均值	29.17	29.90	34.42	34.87	35.37
最大值	36.76	35.14	37.88	38.38	39.10
最小值	23.87	24.57	29.40	29.54	30.10
极差	12.89	10.57	8.49	8.84	9.00
极差率	1.54	1.43	1.29	1.30	1.30
标准差	3.52	3.23	2.60	2.56	2.55
变异系数	0.12	0.11	0.08	0.07	0.07
基尼系数	0.064	0.059	0.041	0.039	0.039

（五）农村居民人均住房面积的区域差异分析

农村居民人均住房面积从居住条件角度反映了农村居民的生活水平。从指标的数值上看，江苏省农村居民住房条件要普遍优于城镇居民住房条件，这主要由存在级差地租及农民自建房较城镇居民购房成本低所致。从均值上看，江苏省农村居民人均住房面积的区域均值始终保持在40平方米以上，且2009年以前还一直保持上升趋势，但是在2010年开始有所下降。苏州市农村居民居住条件最为优越，而宿迁市在2009年前一直处于末位，2010年淮安市排名最末。极差与极差率5年来一直处于下降趋势，但是标准差、变异系数、基尼系数在2010年有所反弹，因此要警惕农村居民住房面积的区域差异由缩小逆转为扩大（见表5-17）。

表 5-17 江苏省农村居民人均住房面积变化趋势

项目	年度				
	2006	2007	2008	2009	2010
均值	42.26	43.81	44.87	46.16	43.59
最大值	65.25	66.60	66.99	67.60	68.00
最小值	24.90	27.10	28.84	31.14	32.70
极差	40.35	39.50	38.15	36.46	35.30
极差率	2.62	2.46	2.32	2.17	2.08
标准差	12.91	12.16	11.78	11.32	11.80
变异系数	0.31	0.28	0.26	0.25	0.27
基尼系数	0.167	0.151	0.143	0.133	0.138

三、公共服务水平差异分析

（一）环境保护预算支出占地方财政预算一般支出比例的区域差异分析

环境保护预算支出占地方财政预算一般支出的比例反映了地方政府对保护环境的财政努力程度。从区域占比均值来看，江苏省地方财政预算支出中，用于环境保护的预算经费占比越来越大，这反映了地方政府对环境保护的重视程度也在逐年增加。其中无锡市环境保护预算经费占比最大，而连云港市、徐州市、泰州市、南京市从 2007 年开始分别排名末位。从表示绝对差异的极差及标准差的变化来看，两个指标值均在 2008 年有所上升，2009 年出现下降后，2010 年绝对差异再次扩大，并且截至 2010 年极差及标准差的值依然高于 2007 年；极差率、变异系数及基尼系数的值也反反复复。从区域差异来看，各地从公共财政角度对环境保护的投入力度还存在差异，要警惕区域间差异继续扩大（见表 5-18）。

表 5-18 江苏省环境保护预算支出占比变化趋势

项目	年度				
	2006	2007	2008	2009	2010
均值	—	1.76	2.81	3.34	3.09
最大值	—	4.39	6.81	6.45	6.23
最小值	—	1.01	1.59	2.26	1.53
极差	—	3.38	5.22	4.19	4.70
极差率	—	4.35	4.28	2.85	4.07
标准差	—	0.87	1.48	1.17	1.34
变异系数	—	0.50	0.53	0.35	0.43
基尼系数	—	0.213	0.246	0.169	0.223

（二）城乡社区事务预算支出占地方财政预算一般支出比例的区域差异分析

城乡社区事务包含城乡社区管理事务、城乡社区公共设施、城乡社区环境卫生、城镇公用事业建设等基层社区事务，城乡社区事务支出是加强基层社区建设和管理、完善社区基础设施、健全社区服务体系、充分发挥社区在基层社会服务管理中的重要作用的主要经费来源。2007 年—2010 年，江苏省城乡社区事务预算支出的区域均值呈增长趋势，但是 2010 年的数据与 2007 年相比，最大值有明显下降，最小值略有上升。2007 年南京市在这一指标上占有优势，城乡社区事务预算支出占地方财政预算一般支出的比例达到 24.15%。虽然苏州市此后三年始终排名第一，可是所占比例还是未能超过 20%。最小值的变化趋势为 4.53 ↘ 4.42 ↗ 7.62 ↘ 6.94，总体上最小值还是上升的。极差、标准差、极差率在 2010 年略有上升，此前一直保持下降趋势，但是变异系数和基尼系数始终保持下降趋势，因此可以认为江苏省城乡社区事务预算支出占财政预算支出的比例在区域间的差异正在缩小（见表 5-19）。

表 5-19　江苏省城乡社区事务预算支出占比变化趋势

项目	年度				
	2006	2007	2008	2009	2010
均值	—	10.55	10.15	12.50	13.42
最大值	—	24.15	19.66	19.03	19.76
最小值	—	4.53	4.42	7.62	6.94
极差	—	19.62	15.24	11.41	12.82
极差率	—	5.33	4.45	2.50	2.85
标准差	—	6.11	4.66	3.71	3.86
变异系数	—	0.58	0.46	0.30	0.29
基尼系数	—	0.285	0.245	0.160	0.156

（三）每千人专任教师数

每千人专任教师数反映了相对于常住人口数的教师配备情况，从一个侧面反映了当地教育投入状况及人民教育负担状况。从均值来看，自 2009 年开始，江苏省区域每千人专任教师数连续两年下降，最大值一直由南京市保持，而苏州市每千人专任教师数最少。2006 年—2010 年，表示区域间差异的 5 个指标全部保持持续扩大的趋势，一方面反映了人口的集聚趋势，另一方面也反映了区域间在教育投入上的差异在持续扩大（见表 5-20）。

表 5-20 江苏省每千人专任教师数变化趋势

项目	年度				
	2006	2007	2008	2009	2010
均值	8.86	8.99	9.10	9.04	8.88
最大值	11.57	12.03	12.28	12.43	12.36
最小值	7.19	6.79	6.76	6.71	6.19
极差	4.39	5.24	5.52	5.72	6.17
极差率	1.61	1.77	1.82	1.85	2.00
标准差	1.19	1.36	1.45	1.53	1.61
变异系数	0.13	0.15	0.16	0.17	0.18
基尼系数	0.071	0.080	0.085	0.089	0.096

（四）每千人医疗机构床位数

每千人医疗机构床位数衡量的是当地公共卫生条件，从江苏省区域均值来看，这一指标始终保持增长趋势，最小值与最大值也始终保持增长。占据优势的城市分别是南京市、无锡市和苏州市等经济发达的苏南城市，而宿迁市和淮安市等苏北城市始终排名靠后。但是从区域差异来看，表示绝对差异及相对差异的指标在 5 年中一直呈下降趋势，基尼系数也从 2006 年的 0.123 降到 2010 年的 0.075，区域差异呈明显缩小趋势（见表 5-21）。

表 5-21 江苏省每千人医疗机构床位数变化趋势

项目	年度				
	2006	2007	2008	2009	2010
均值	2.80	2.87	3.01	3.18	3.35
最大值	3.75	3.73	3.91	3.97	4.06
最小值	1.89	1.98	2.24	2.46	2.77
极差	1.86	1.75	1.67	1.52	1.30
极差率	1.99	1.88	1.75	1.62	1.47
标准差	0.63	0.58	0.57	0.57	0.46
变异系数	0.23	0.20	0.19	0.18	0.14
基尼系数	0.123	0.112	0.103	0.097	0.075

（五）每千人公共图书馆图书册数

每千人公共图书馆图书册数是衡量当地公共文化设施及资源的一项重要

指标，江苏省区域均值在 2006 年—2010 年间保持增长趋势，表明总体上江苏省 13 个城市的文化资源设施正处于不断完善的过程中。从占据最大值和最小值位置的城市看，南京市和宿迁市始终处于首位和末位。最大值在保持持续增长后，在 2010 年开始出现下降。而最小值在 2009 年出现下降，其他年份均保持增长势头。从差异指标来看，虽然极差、极差率、标准差在个别年份升降有反复，但是 2010 年的值均小于 2006 年。变异系数和基尼系数始终保持下降趋势。因此，可以认为江苏省在区域间文化资源设施上的差异 5 年来是呈缩小趋势的(见表 5-22)。

表 5-22　江苏省每千人公共图书馆图书册数变化趋势

项目	年度				
	2006	2007	2008	2009	2010
均值	427.51	433.09	461.15	495.66	521.72
最大值	1650.49	1638.61	1650.57	1682.72	1672.54
最小值	97.81	108.31	152.53	129.43	132.97
极差	1552.68	1530.30	1498.04	1553.29	1539.56
极差率	16.87	15.13	10.82	13.00	12.58
标准差	396.66	387.44	388.74	398.79	386.29
变异系数	0.93	0.89	0.84	0.80	0.74
基尼系数	0.388	0.367	0.358	0.358	0.328

第三节　苏南五市经济社会的强势地位

改革开放以来，江苏省经济社会发展取得了显著成就，经济社会保持了稳定快速健康发展，呈现出供给增势平稳、需求结构优化、增长质量提升、发展趋于协调的特征。但江苏省区域经济发展的梯度特征明显、南北差距较大一直是影响江苏省整体经济社会发展和协调发展的制约因素。[1] 对江苏省 13 个省辖市的 15 个经济社会发展指标的差异分析表明，除城镇居民人均可支配收入、环境保护预算支出占地方财政预算一般支出的比例及每千人专任教师数三项指标的区际差异呈扩大趋势外，其他 12 项指标的区际经济社会差异在

〔1〕 张时智，葛幼松.江苏省经济增长与社会发展[J].比较分析现代城市研究，2008(1)：41—47.

"十二五"期间实际上是缩小的。但是一项基于1995年—2005年的数据的研究认为,江苏省地区差距中起主导作用的是苏南、苏中、苏北三大区域之间的差距,并且三大区域之间的差距已拉大到一个非常高的水平。[1] 本节将对指标赋予一定权重,计算江苏省13个省辖市2007年—2010年的经济社会发展状况的加权综合得分,并进行排序,以探讨苏南地区五市的经济社会发展实力。

一、研究方法

本节将依据搜集整理的江苏省经济社会发展数据,对各地的发展实力进行综合评价。因为涉及多指标的问题,因此需要对指标进行处理,以便进行比较。第四章中我们采用的是探索性因子分析法,旨在通过探求影响变量的潜在因子,对指标进行降维处理。这里将采用AHP层次分析法,分别对各指标赋予一定权重,再以综合权重与指标数值的积作为各地综合发展水平得分。

层次分析法(AHP)是一种实用的多准则决策方法,也是一种定性、定量相结合的指标赋权方法,实际应用中一般包含如下几个步骤。

1. 首先依据所要解决的问题及评价指标体系,建立递阶层次结构

AHP要求的递阶层次结构一般由以下三个层次组成:

① 目标层(最高层),指所要解决的问题;

② 准则层(中间层),指影响目标实现的准则;

③ 指标层(最低层),指相应准则层的各个指标。

2. 根据递阶层次结构构造两两比较矩阵,比较元素重要性程度,按1—9标度法赋值(见表5-23)

表5-23 1—9重要性程度比例标度

重要性标度	含 义
1	表示两个元素相比,具有同等重要性
3	表示两个元素相比,前者比后者稍重要
5	表示两个元素相比,前者比后者明显重要
7	表示两个元素相比,前者比后者强烈重要
9	表示两个元素相比,前者比后者极端重要
2,4,6,8	表示上述判断的中间值
倒数	若元素 i 与元素 j 的重要性之比为 a_{ij},则元素 j 与元素 i 的重要性之比为 $a_{ji}=1/a_{ij}$

〔1〕 张红梅.江苏区域经济差异实证分析[J].国土与自然资源研究,2008(1):23-24.

因此，构造的比较矩阵 **A**[其中 $\mathbf{A}=(a_{ij})$ 是 n 阶方阵]是一个满足 $a_{ij}>0$、$a_{ji}=1/a_{ij}$ 且 $a_{ii}=1$ 的 n 阶正互反矩阵，如果 $a_{ij}a_{jk}=a_{ik}$，又称为一致性矩阵。

3. 计算权向量与一致性检验

对于构造的比较矩阵，通常有和法、根法(几何平均法)、最大特征根法、对数最小二乘法和最小二乘法等方法计算权向量。[1] 以和法为例，就是先把构造的比较矩阵列向量归一化，再把归一化后形成的矩阵行向量相加取算术平均数，即为权向量。计算公式如下：

$$\omega_i=\frac{1}{n}\sum_{j=1}^{n}\frac{a_{ij}}{\sum_{i=1}^{n}a_{ij}}$$

因为比较矩阵是计算权重的根据，所以要求矩阵在逻辑上保持一定的合理性，这需进行一致性检验。只有通过了检验，才能继续研究。计算一致性指标一般运用最大特征根法。理论上认为一致性矩阵的最大特征根 $\lambda_{\max}=n$，非一致性矩阵的 $\lambda_{\max}$ 一定大于 n。如果满足大体上的一致性，$\lambda_{\max}$ 一定离 n 不远。一致性检验的步骤如下。

第一步，计算一致性指标 C. I. (Consistency Index)：

$$\text{C. I.}=\frac{\lambda_{\max}-n}{n-1}$$

第二步，查表确定相应的平均随机一致性指标 R. I . (Random Index)(见表 5-24)，计算一致性比例 C. R. (Consistency Ratio)：

表 5-24　平均随机一致性指标 R. I. 表

阶数	1	2	3	4	5	6	7	8	9	10	11	12	13	14	15
R. I.	0	0	0.52	0.89	1.12	1.26	1.36	1.41	1.46	1.49	1.52	1.54	1.56	1.58	1.59

一致性比例计算公式如下：

$$\text{C. R.}=\frac{\text{C. I.}}{\text{R. I.}}$$

当 C. R. <0.1 时，认为比较矩阵的一致性是可以接受的；若 C. R. >0.1，则认为比较矩阵不符合一致性要求，需要重新修正。

4. 指标层对目标层的组合权重

如果第 m 个准则对目标层的权重为 $\omega_k(k=1,2,\cdots,m)$，第 i 个指标相对准则层的权重为 $\omega_i(i=1,2,\cdots,n)$，那么指标层各指标相对目标层的权重为：

$$\rho_i=\omega_k\cdot\omega_i$$

〔1〕 高尚. 三种计算层次分析法中权值的方法[J]. 科学技术与工程，2007(20)：5204—5207.

二、数据标准化

因为在求得各指标权重的基础上，还要以权重与各指标原始数据的积作为衡量各地经济社会发展水平的值，因此，为了消除量纲的影响，还需要首先对原始数据进行 0-1 标准化处理。

本章涉及的指标体系全部为正向指标，因此标准化公式为：

$$z_i=\frac{x_i-x_{\min}}{x_{\max}-x_{\min}}$$

三、AHP 主观权重的计算

本章运用 Yaahp 软件计算指标体系的主观权重，具体步骤如下。

（一）建立层级结构

把“区域经济发展实力”作为“目标层”，指标体系中的二级指标作为“准则层”，指标体系中的三级指标作为“指标层”，建立“目标层－准则层－指标层”递阶层次结构。建立的层级结构如图 5-7 所示。

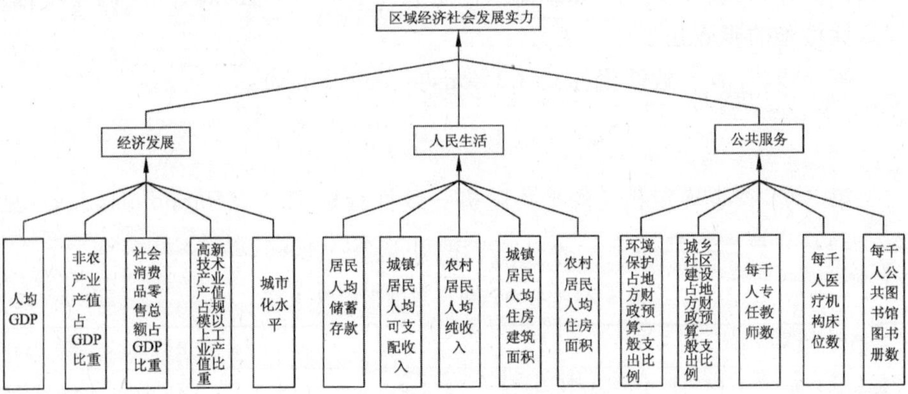

图 5-7　构建的 AHP 递阶层次结构

（二）构造判断矩阵

分别构造准则层相对于目标层、指标层相对于准则层的两两比较判断矩阵；根据专家意见由判断矩阵计算被比较元素的相对权重；计算指标层相对于目标层的组合权重，并进行一致性检验。

在 Yaahp 软件上分别构造 4 个判断矩阵，第一个判断矩阵是准则层（经济发展、人民生活、公共服务）相对于“经济社会发展实力”的判断矩阵 **A**（见表 5-25）。

表 5-25 准则层相对于目标层的矩阵 A

A	经济发展	人民生活	公共服务	ω_k
经济发展	1	0.3333	0.5	0.1634
人民生活	3	1	2	0.5396
公共服务	2	0.5	1	0.297

矩阵 **A** 的最大特征根 $\lambda_{max}=3.01$，一致性比例 C. R. $=0.01<0.1$，通过一致性检验，表明判断矩阵 **A** 是可以接受的。

同理，得到指标层（15 项指标）相对于所属准则层（经济发展、人民生活、公共服务）的判断矩阵 **B**、**C**、**D**（见表 5-26）。

表 5-26 指标层相对于准则层的矩阵 B、C、D

B	X_1	X_2	X_3	X_4	X_5	w_i
X_1	1	0.5	0.25	0.3333	0.3333	0.0696
X_2	2	1	0.25	0.5	0.5	0.108
X_3	4	4	1	3	3	0.4425
X_4	3	2	0.3333	1	0.5	0.1638
X_5	3	2	0.3333	2	1	0.2161
C	X_6	X_7	X_8	X_9	X_{10}	w_i
X_6	1	0.3333	0.25	1	0.3333	0.083
X_7	3	1	1	4	0.5	0.2431
X_8	4	1	1	3	0.5	0.2431
X_9	1	0.25	0.3333	1	0.3333	0.083
X_{10}	3	2	2	3	1	0.3479
D	X_{11}	X_{12}	X_{13}	X_{14}	X_{15}	w_i
X_{11}	1	2	0.3333	0.3333	4	0.1644
X_{12}	0.5	1	0.5	0.3333	2	0.1177
X_{13}	3	2	1	0.3333	3	0.2409
X_{14}	3	3	3	1	3	0.4054
X_{15}	0.25	0.5	0.3333	0.3333	1	0.0716

矩阵 **B** 的最大特征根 $\lambda_{max}=5.15$，一致性比例 C. R. $=0.03<0.1$；矩阵 **C** 的最大特征根 $\lambda_{max}=5.13$，一致性比例 C. R. $=0.03<0.1$；矩阵 **D** 的最大特征根 $\lambda_{max}=5.37$，一致性比例 C. R. $=0.08<0.1$。一致性检验结果表明，上述 3 个矩阵是可以接受的。

（三）计算组合权重

依据权重计算公式及软件计算结果，最后获得各指标相对于目标层的组合权重，如表5-27所示。

表5-27　指标相对于目标层的组合权重

指标	X_1	X_2	X_3	X_4	X_5	X_6	X_7	X_8
权重	0.0114	0.0177	0.0723	0.0268	0.0353	0.0448	0.1312	0.1312
指标	X_9	X_{10}	X_{11}	X_{12}	X_{13}	X_{14}	X_{15}	
权重	0.0448	0.1877	0.0488	0.0349	0.0715	0.1204	0.0213	

四、研究结果

把各地相关年度各指标数据标准化后与AHP组合权重的积作为经济社会发展水平得分，得到的结果如表5-28所示：

表5-28　2007年—2010年江苏省区域经济社会发展水平得分与排名

城市	2007		2008		2009		2010	
	得分	排名	得分	排名	得分	排名	得分	排名
南京市	0.724	3	0.696	3	0.710	3	0.696	3
无锡市	0.754	1	0.755	2	0.749	2	0.757	1
徐州市	0.267	9	0.258	9	0.268	9	0.276	9
常州市	0.655	4	0.670	4	0.670	4	0.647	4
苏州市	0.742	2	0.766	1	0.771	1	0.747	2
南通市	0.486	5	0.501	5	0.497	5	0.415	6
连云港市	0.240	10	0.241	10	0.233	10	0.227	10
淮安市	0.229	11	0.198	12	0.171	12	0.172	12
盐城市	0.222	12	0.226	11	0.202	11	0.175	11
扬州市	0.429	7	0.385	7	0.402	7	0.380	7
镇江市	0.476	6	0.488	6	0.470	6	0.469	5
泰州市	0.389	8	0.378	8	0.381	8	0.325	8
宿迁市	0.119	13	0.160	13	0.113	13	0.125	13

由表5-28可知，2007年—2010年，苏南五市中的南京市、苏州市、无锡市、常州市的综合排名始终在前4个位置，镇江市在2007年—2009年一直处于第6的位置，2010年跃升为第5名。研究表明，苏南五市的经济社会发展实力在江苏省处于前列是有事实依据的。此外，南通市在2007年—2009年均排名第5，2010年排名跌至第6，而扬州市与泰州市始终排名第7和第8，上述三市也即苏中三市。因此，表5-28对江苏13个省辖市的经济社会发展实力排序，与通常我们对江苏经济发展区域的划分是完全吻合的。

第六章　苏南地区高等教育与经济发展互动的经验实证

基于我国区域经济和教育现代化非均衡发展的背景，研究高等教育与苏南区域经济发展之间的关系，对于协调中国经济和教育的均衡发展有着重要的借鉴意义。苏南高等教育事业的发展与区域经济的发展关系甚为紧密，区域高等教育事业离不开区域经济的支撑，同时区域经济发展必须要有强大的教育事业发展作为支撑和引擎。就苏南地区而言，目前高校数量及普通高等教育在校生人数占据了江苏省的三分之二以上，本章借助计量经济学模型及协整检验的相关理论，对苏南地区高等教育与区域经济发展的关系进行实证分析。通过论证苏南地区高等教育对本地经济的贡献以及苏南地区经济发展对高等教育的支撑与保障作用，为研究我国高等教育发展与区域互动提供区域实践依据。该研究成果既可以丰富高等教育经济学理论，又可以增强人们对区域高等教育与经济协调发展理论的认识。

从实践角度看，增强高等教育对区域绿色经济增长的贡献，协调高等教育发展与区域经济发展之间的关系，是当前我国教育发展面临的重要的现实问题。在前几章描述苏南地区的区域经济发展状况及高等教育发展情况的基础上，本章将着力考察苏南地区高等教育与区域经济是否有着长期稳定的联系，短期内是否有影响，二者的互动机理是什么。在此基础上，研究如何将苏南地区的人口优势转变为人力资本优势，如何提高苏南高等教育对区域经济增长的贡献，如何使区域经济对苏南高等教育提供更为有力的保障，以期为苏南地区高等教育全面、协调、可持续发展提供决策参考。

第一节　高等教育与区域经济发展的互动关系

高等教育发展与经济增长本质上应该是一种互动关系，两者之间可以实现良性循环，即经济增长会促进高等教育更好地发展，而高等教育发展也会推动区域经济的增长。目前我国已有部分高等教育与区域经济良性互动的例子。例如，在长江三角洲、珠江三角洲和环渤海地区，这三个经济板块的 GDP

相当于全国的50%,资金和人才的集中程度也接近全国的一半。[1][2] 与此同时,这些地区也正在逐步形成区域性的高等教育环境,并大力吸引内地的大学到当地办分校或二级学院,如深圳虚拟大学园区、珠江大学园区、上海淞江大学园区等。[3] 这种现象说明,区域经济发展能够吸引大量的智力资源,而这些智力资源更为其带来了经济发展所必需的知识、人才、科研、服务等综合资源,二者处于良性互动的发展状态,相辅相成,互相促进。

一、区域经济发展决定高等教育的发展

区域经济是区域高等教育存在与发展的基础,高等教育的发展必须适应区域经济发展的客观要求,区域经济的发展在某种程度上决定了高等教育的投入、规模、发展方向、层次结构、学科种类、办学特色等。

(一) 区域经济发展水平决定高等教育的投入

经济是人类社会生存和发展的基础,区域经济发展水平决定政府教育投资的供给量。[4] 一个区域的经济发展水平决定着区域公众的经济实力和居民家庭的消费结构,也从根本上制约着家庭教育投资的增长水平。[5] 高等教育相对于其他层次的教育来说,发展规模更为庞大,耗资更为严重,因此受经济水平的影响与制约程度也更深。对于区域高等教育而言,其整体发展一方面依赖于区域经济和地方政府为其提供人力、物力、财力[6],另一方面,区域经济技术含量的提高也使个人的知识、技能与其收入、社会地位呈正相关,从而导致该区域人们接受高等教育的需要越来越普遍。对于苏南地区而言,苏南区域经济的发展促使该区域民众要求接受高等教育的意愿更加强烈,其经济发展水平直接影响着对本区域高等教育的投入,而区域经济发展中主体的多元化也使得高等教育多渠道投入成为了可能。

(二) 区域经济发展水平决定高等教育的布局、内容、层次、结构

高等教育为经济建设服务,那么它的发展方向则应该与区域经济发展的要求相适应。在区域经济与高等教育互动发展的过程中,人才是最活跃的因素。一般而言,区域经济发展的水平高,高等教育的发展水平也相应地与经济

---

〔1〕 胡鞍钢.政府与市场[M].北京:中国计划出版社,2000:150—166.

〔2〕 阮星光,沈逸君.高等教育与地方经济互动发展的理论研究及现状分析[J].市场周刊,2007(7):149—151.

〔3〕 吴志攀.高等教育与区域发展——以"首都教育"为视角的考察[J].北京大学教育评论,2003(4):68—77.

〔4〕 靳希斌.教育经济学[M].北京:人民教育出版社,2001:85.

〔5〕 马文玲.高等教育与区域经济发展良性互动研究[J].商场现代化,2007(11):207—208.

〔6〕 杨祖宪,李东航.区域高等教育发展与区域经济发展的关系研究[J].学术论坛,2009(4):202—205.

发展速度呈正相关。首先，区域经济的布局结构制约区域高等教育的布局结构。在经济较为发达的区域，其产业结构更趋高级化，技术密集型产业和第三产业发展迅猛，对复合型、创新型和应用型人才的需求也更加旺盛，所以要求建设综合性的、高水平的大学。其次，区域经济的产业结构制约区域高等教育的学科专业结构。例如，经济发达区域的第三产业在国民经济中的比重不断上升，因此与高新技术和第三产业密切相关的电子信息类、生物技术类、经济类、法学类专业的比例呈快速上升趋势。[1] 再者，区域劳动技术结构制约高等教育的层次结构。经济发达的区域更要求科技的自主创新能力，如苏南地区为适应经济发展而积极开展应用型研究生教育、在职研究生教育以及各种形式的继续教育，这些都是为了培养现代企业所需的专业人才以及为人们提供更新知识的机会。[2] 因此，对于区域高等教育来说，只有其不断调整自身发展的规模、内容、层次和结构，满足区域经济发展的需求，走适应性发展之路，才能实现与区域经济发展相协调。

（三）区域经济发展水平影响高校毕业生的就业结构

高校毕业生的就业状况不仅直接影响毕业生的预期收益，也会影响到家庭和个人对高等教育投资的积极性，从而影响到高等教育的发展。统计表明，目前我国研究生就业流向主要集中在三个区域：沿海发达地区、大都市和培养学校所在地。[3] 从需求的角度来看，区域经济发展越快，其对区域社会劳动力与人才规格的要求越高，数量需求越大[4]；而对劳动力的需求越大，大学生就业的前景也就越好。从供给的角度来看，区域经济实力决定高等教育的供给，区域经济越发达，人们生活水平越高，所能提供的资源也越丰富。因此，区域经济发展水平是毕业生就业选择考虑的一个重要因素。对于苏南地区而言，其区域经济的快速发展使其有能力为该地区高等教育提供更多投入，并且苏南地区经济发展中各种企业主体的存在会使毕业生有更多就业与创业机会。

二、高等教育促进区域经济发展

从英国工业革命开始，世界发达国家就开始重视高等教育的改革与发展及其对经济发展的重要性。一个区域高等教育的实力和水平，很大程度上代

〔1〕 夏天阳.区域经济与高等教育发展[J].上海大学学报(社会科学版)，1997(3)：86－90.

〔2〕 杨祖宪，李东航.区域高等教育发展与区域经济发展的关系研究[J].学术论坛，2009(4)：202－205.

〔3〕 王守法，王云霞.高等教育与区域经济发展关系的理论探讨[J].北京工商大学学报(社会科学版)，2006(3)：89－92.

〔4〕 李同明.中国现代高等教育经济学[M].北京：经济管理出版社，1998：98.

表着该区域经济的实力和水平。[1] 相关的研究结果显示，教育对GDP增长的直接贡献一般不应少于4%，在发达国家可以达到6%～7%。美国的教育产业处于美国经济所有产业的第三位，仅教育服务一项每年创下的收入就达到2000亿美元。[2]

（一）高等教育以人力资本价值实现形式对区域经济提供支持

根据舒尔茨的人力资本理论，人力资本尤其是知识技术资本是经济发展的根本动力。在知识经济高速发展的时代，经济已成为知识化和技术化的经济。据研究报道，在1960年—1978年的近20年中，注重人力资本密集战略的国家和地区实际人均国民生产总值平均增长率为4.68%，而实施物质资本战略的国家和地区则为3.86%；进入20世纪80年代以后，这种差距越来越大。[3] 中国教育部组织领导的"中国教育与人力资源问题课题组"在对1978年－2000年中国经济增长来源进行研究分析后发现，有形资本的贡献为37.4%～38.5%，人力资本总量的贡献（包括劳动力数量和劳动力教育的贡献）为16.5%～17.8%，全要素生产率（TFP）的贡献为42.7%～45.7%。[4] 伴随着高等教育社会化程度的加深，其生产出来的劳动者正在向社会和市场所需要的方向发展。[5] 所以说，不同类型、不同层次的高等教育为地方培养更多复合型、实用型人才，为社会经济发展源源不断地输送高级劳动力，提供智力支持，为区域经济发展提供人才保障。[6] 对于苏南地区而言，其发达的高等教育是苏南区域经济发展的动力，通过源源不断地为区域输送各类高素质人才，为苏南地区提供人力资本支持。

（二）高等教育带动区域高新技术发展

高等教育以科学技术为纽带，成为生产力发展的直接动力。[7] 据统计，经济合作与发展组织成员国的经济增长中科技知识的贡献率已达80%。[8] 可见，知识已成为经济发展的决定性因素，而作为知识工厂的高等教育也必须

---

〔1〕 张军.对建立高等教育与区域经济良性互动关系的思考[J].湖北经济学院学报，2003，3(1)：108－112.

〔2〕 王建华，周承东.地方高等教育事业发展对苏州经济发展的贡献[J].华东经济管理，2005，19(4)：18－20.

〔3〕 薛澜."九论世界经济发展宣言"草案[N].人民日报，2003－11－03.

〔4〕 周绍森，朱文渊.对高等教育发展若干问题的理性思考[J].中国高等教育，2005，(1)：23－25.

〔5〕 李君民.高等教育为区域经济发展服务功能的思考[J].黑龙江高教研究，2009(7)：9－12.

〔6〕 李星云.论高等教育的经济功能与区域高等教育发展[J].高教管理，2006(5)：27－29.

〔7〕 吕颖.高等教育对经济增长贡献的定性分析[J]，学术交流，2004(5)：88－90.

〔8〕 张兴野.知识经济及其给社会经济带来的影响[J].建筑经济，1998(12)：11－15.

直接参与到经济活动中来。一方面，科研创新是高等教育的重要责任。高等教育在传递科学技术的过程中提高了受教育者的科研水平和素养，赋予了他们将科技转化为现实生产力的才能。例如，2001 年国家自然科学基金资助的研究课题，高校所占总量达 70%以上，重点项目占到 60%，“973”项目首席科学家占 50%以上。另一方面，高等教育也开始成立各种科研机构，建立起了以区域经济为中心的高新技术开发区，并将其研究成果应用于当地企业生产。从世界范围来看，许多国家经济腾飞的制胜法宝中通常所具备的一项便是选取高校集中的地区建立高新技术开发区，以大力发展高科技生产。[1] 对于苏南地区而言，区域高等教育的发展有力地带动了区域经济的发展，尤其是企业与高校的合作，使得教育的生产力转变为企业的生产力，从而产生巨大的经济效益，使得高校教育资源成为了促进区域高新技术发展的源泉与不竭动力。

（三）高等教育消费是区域经济发展新的增长点

高等教育启动消费增长，主要是通过高校扩招和增加个人对高等教育的投入拉动大量消费来实现的。[2] 也就是说，在无需国家和财政投资的情况下，高等教育可以在短期内形成经济增长点。根据网络调查，大学生的经济消费支出最高的每年在 18000 元以上，最低的也超过了 2000 元，而旅游消费、网络消费、通讯消费和交际消费是大学生群体的四大奢侈消费。以苏南地区为例，按粗略的估算，大学生在校期间的年均消费额为 5000 元，从 2006 年开始大学生人数已超过 100 万，那么大学生消费的直接贡献将达到年均 50 亿；若再考虑到各个部门的产出乘数，则该数值远远超过 50 亿元人民币。[3] 此外，高等教育事业的投入能带动区域建筑业、教学仪器等产业的发展。学校进行基础建设，一般会对原材料进行就近采购，对建筑工人进行就近聘用，于是便会促进周边经济的发展。同时，高教发展也使区域高校师生住宿、餐饮、交通等方面的消费总额扩大，使其在短期内形成一个巨大的新经济增长点。对于苏南地区而言，如南京仙林大学城的建立、苏州工业园区独墅湖高等教育区的建立等都不同程度地带动了周边房地产业、图书出版业、信息技术产业、软件开发与影视业、交通业、餐饮业的快速发展，从而推动了区域经济的发展。

总而言之，高等教育具有人才培养、科研生产、社会服务和文化传承四大职能，是区域产业结构转型升级、技术创新、劳动者素质提高、地区低碳绿色经

〔1〕 陈向荣，朱省娥. 浅析高等教育与区域经济的发展[J]. 经济论坛，2007(20)：6－8.

〔2〕 马文玲. 高等教育与区域经济发展良性互动研究[J]. 商场现代化，2007(11)：207－208.

〔3〕 浙江省消费者权益保护委员会. 大学生消费调查报告[EB/OL]. http://www.chddh.cn/bbs/post/7064.html.

济增长的主要依托。可见,高等教育是实现区域经济梯度转移、协调发展、绿色增长的关键所在。

第二节　苏南地区高等教育与经济发展的互动关系

区域经济作为一个相对完整的有机系统,其内部诸要素之间的联系非常密切,表现为区域内经济、教育、文化等诸因素的有机配合。不同的区域经济在不断发展并逐步形成自身经济特色的同时,需要高等教育的密切配合,以形成一个区域性的高等教育系统。以舒尔茨为代表的一系列学者所倡导的人力资本理论,更多地从教育与经济的双视角来全面系统地考察教育发展与经济增长的互动关系,并逐渐在教育实践中得到印证。通常说来,经济增长会对高等教育的良好发展起到促进作用,而高等教育对经济增长 4 也会有显著的推动和拉动作用。教育自身的复杂性、滞后性,影响经济增长的因素的多样性、不确定性,使得教育与经济增长之间的关系很难界定。

一、研究假设与研究框架

本节拟从苏南地区的区域经济现状和教育发展的实际情况出发,紧随苏南地区经济发展的趋势,结合高等教育与区域经济一体化的实例,采用实证分析方法对苏南地区经济发展与高等教育的互动关系进行分析,利用格兰杰因果检验该得出苏南高等教育与区域经济的格兰杰因果关系,并在此基础上解决如何让苏南地区高等教育更好地为区域经济服务、如何将苏南地区的教育资源有效地整合起来等问题,进而提出促进苏南地区高等教育与区域经济和谐发展的策略和建议,以实现区域经济与苏南高等教育共赢发展的长远目标。

本节基于苏南地区的数据,从数量分析的角度探讨高等教育与经济增长的关系,并对二者数量上的关联性是否真实存在进行检验,在分析其高等教育与经济增长现状的基础上,利用格兰杰因果检验和协整分析方法来研究高等教育与区域经济的互动关系。试图证明:苏南五市高等教育规模和经济发展之间存在协整关系;在短期内,苏南五市高等教育规模与经济发展之间有很强的关联性;苏南五市高等教育规模与经济发展之间呈现互为格兰杰因果的关系;苏南地区高等教育和区域经济协调发展存在瓶颈,需要采取有效措施。

采用实证研究方法不同,估算高等教育对地区经济增长贡献的过程与结果也不尽相同。本节采用规范分析与实证研究相结合、定性分析与定量研究相结合的研究方法,运用计量经济学模型和专业统计分析软件,采用高等教育规模和经济增长规模方面的指标和变量,对苏南地区高等教育与区域经济发展关系进行较为科学的研究,并试图针对问题、基于研究结论,提出政策建议。

二、苏南地区高等教育与经济发展关系的经验实证分析

(一) 数据分析

1. 数据收集

文中所需数据主要来自于《江苏统计年鉴》《中国教育统计年鉴》《中国统计年鉴》《中国人口统计年鉴》《长三角年鉴》《南京统计年鉴》《苏州统计年鉴》《无锡统计年鉴》《镇江统计年鉴》《常州统计年鉴》(见附录)和国研网、各市统计网站等。研究所需数据包括苏南地区1978年—2009年的32年间高等教育在校生人数、苏南五市人均GDP增加值及人均GDP指数、GDP增加值及GDP指数。为消除物价水平的影响,以1978年为基期,将名义GDP调整为实际值。

研究的核心目的是揭示苏南地区高等教育与经济增长之间的相互关系,并从促进苏南地区经济增长的角度出发,为发展苏南地区高等教育提供政策建议。由于考虑到在实际经济现象中经济变量之间的关系大多表现为线性关系[1],因此,根据前面章节所确立的高等教育与经济增长的理论模型,在协整分析基础上用误差修正模型对长期关系进行动态模拟,然后用格兰杰因果关系模型进行格兰杰因果检验。

2. 数据处理

数据处理主要是在计量经济模型基础上,借助于Excel、Eviews 5.0等统计软件进行探索性统计分析,包括对数据进行单位根检验、协整检验和格兰杰因果关系检验。

(二) 模型设定与变量选择

1. 研究假设

高等教育规模与经济增长之间存在着互动关系。这种互动关系不仅在整个国家范围内存在,在国内各省市之间存在,在江苏省内存在,在苏南这一地理区域也同样存在,而且这种关联性在统计学上应该十分显著。经济发展水平在很大程度上决定着区域高等教育规模,而区域高等教育规模对区域经济增长也有促进作用,并且这种作用机理可以通过数学模型进行量化分析。基于这些研究假设,可以开展对苏南地区高等教育与区域经济相互促进关系的经验实证研究。

2. 指标选取

高等教育发展水平包括规模和质量两方面。由于质量指标缺乏客观合理

---

〔1〕 李子奈.计量经济学[M].北京:高等教育出版社,2004:25—34.

的当量折算标准，不同地区的教育质量可比性难以控制，且长期数据难以收集，因此，在进行因素间结构关系分析时，众学者一般采用高等教育在校生、毕业生等规模数量指标来反映高等教育发展水平。在常用指标中，“每十万人口大专以上人口数”属于人力资源存量指标，涉及人口流动与迁移的影响，只能近似反映高等教育水平。“高等教育毛入学率”受地区适龄人口的影响，本身也存在不足。此外，《江苏省统计年鉴》及各市统计年鉴中均无法找到部分年份的年末常住人口总数，所以无法计算出相对指标每十万人口大专以上人口数。因此，本文选取绝对数指标“高等教育在校生人数”作为高等教育发展的度量指标。

从理论上讲，高等教育应该包括普通高等教育、成人高等教育（包括广播电视大学、职工高等学校、农民高等学校、独立函授学院等）。鉴于数据获取的局限性，这里高等教育在校生人数仅限于普通高等教育在校生人数，包括普通高等教育本、专科生和研究生在校生人数。按照统计分析的需要，数据将以对数形式呈现，用 $\ln y$、$\ln x$ 分别表示高等教育在校生人数的对数和地区 GDP 增加值的对数，回归模型如下：

$$\ln y_t = \beta_0 + \beta_1 \ln x_t + \mu_t \tag{1}$$

在建模过程中对方程(1)中 GDP 增加值对苏南地区高等教育在校生人数的影响时滞（即滞后期数）以及影响程度进行比较，从而得出苏南地区 GDP 增加值对高等教育在校生人数的影响方向和程度。

（三）序列平稳性检验

检查序列平稳性的标准方法是单位根检验，其中应用较为广泛的是 Dickey-Fuller(DF) test 检验和 Augment Dickey-Fuller 检验（ADF 检验，即增广的 DF 检验），又称对时间序列的平稳性检验。[1] 本文主要运用的是 ADF 的单位根检验方法。其检验的假设为：原假设：H_0 为存在单位根；备择假设：H_1 为不存在单位根。如果得到的 ADF 统计量小于给定显著性水平下对应的 ADF 临界值，则拒绝原假设，表明不存在单位根，时间序列是平稳的；否则，存在单位根，时间序列是非平稳的。Mackinnon 进行了大量模拟，给出了三种不同的检验回归模型以及不同样本下 t 统计量在 1%、5%、10% 检验水平下的临界值。[2] 其检验步骤为：(1) 判断检验回归模型的形式；(2) 进行 ADF 检验，并根据检验结果的 AIC 准则重新设定滞后阶数。该检验的模型为：

---

〔1〕 樊欢欢，张凌云. Eviews 统计分析与应用[M]. 北京：机械工业出版社，2010：210.

〔2〕 R. Carter Hill，William E. Griffiths. 初级计量经济学. 于阳，齐鹰飞，译[M]. 大连：东北财经大学出版社，2007：265－267.

$$\Delta y_t = \alpha + \delta_t + \gamma y_{t-1} + \sum_{i=1}^{n} \beta_i \Delta y_{t-i} + \mu_t \tag{2}$$

其中：y_t为 t 时期的变量值，Δ 为一阶差分，为白噪声。ADF 检验的零假设为 $H_0: \gamma = 0$，表示时间序列中含有一个单位根。一般地，如果对原序列进行单位根检验没有被拒绝，而序列的一阶差分检验拒绝原假设，则序列含有一个单位根，即该序列是一阶单整 $I(1)$的；如果序列一阶差分检验仍然没有拒绝原假设，则需要对序列进行二阶差分检验。如果时间序列 y_t的均值、方差和自协方差不随时间而发生改变，且序列的各阶自协方差只与滞后阶数有关，则称时间序列 y_t是弱平稳或协方差平稳。[1]

文中所选取的是 1978 年—2009 年苏南五市高等教育发展和经济发展水平的时间序列数据，其中经济发展水平数据已依据消费者价格指数，以 1978 年的数据为基数进行了可比性调整。同时，为了降低变量的异方差性，对两个变量进行了自然对数变换。由协整定义可知，如果高等教育在校生人数和国内生产总值增加值之间存在协整关系，那么两者必须同阶单整。所以，在协整检验之前，必须对序列的平稳性进行单位根检验。

此外，最优滞后阶数采用 AIC 准则来确定，以保证残差是非自相关的。文中采用 Eviews 5.0 对苏南五市有关变量的对数数列进行单位根检验。对变量取对数值形式，可以减少数据中存在的异方差，使数据更加平稳，便于建立模型。苏南地区高等教育在校生人数、地区 GDP 增加值的对数形式分别用 $\ln y$ 和 $\ln x$ 表示。单位根检验结果如表 6-1 所示。

表 6-1　苏南五市在校生人数对数值与 GDP 增加值对数值的单位根检验

地区	检验形式 (C,T,K)	序列	$\ln y$		$\ln x$	
			ADF	临界值 5%	ADF	临界值 5%
苏州	(C,T,1)	原始序列	−1.3266	−3.5628	−3.0324	−3.5628
	(0,0,1)	一阶差分	−4.4155 ***	−2.9639	−4.7306 ***	−2.9639
无锡	(C,T,1)	原始序列	0.4242	−2.9639	−0.3448	−2.9604
	(0,0,1)	一阶差分	−4.5859 ***	−2.9639	−3.7773 ***	−2.9639
常州	(C,T,1)	原始序列	−1.1356	−2.9639	0.2858	−2.9604
	(0,0,1)	一阶差分	−6.0607 ***	−2.9639	−3.6304 **	−2.9639

〔1〕 张晓峒. 计量经济学软件 Eviews 使用指南[M]. 天津：南开大学出版社，2007：232−238.

续表

地区	检验形式(C,T,K)	序列	lny		lnx	
			ADF	临界值 5%	ADF	临界值 5%
南京	(C,T,1)	原始序列	0.6897	−2.9639	1.4983	−2.9604
	(0,0,1)	一阶差分	−3.4081 **	−2.9639	−3.9353 ***	−2.9639
镇江	(C,T,1)	原始序列	−0.6722	−2.9604	0.0111	−2.9762
	(0,0,1)	二阶差分	−7.5498 ***	−1.9529	−2.3112 **	−1.9564
苏南五市总体	(C,T,1)	原始序列	0.4389	−2.9639	0.3789	−2.9604
	(0,0,1)	一阶差分	−2.9247 *	−2.9639	−3.9653 ***	−2.9639

注：* 表示在 10%的水平上拒绝原假设，** 表示在 5%的水平上拒绝原假设，*** 表示在 1%的显著水平上拒绝原假设。检验形式(C,T,K)中的 C,T 和 K 分别表示单位根检验方程中的常数项、时间趋势和滞后阶数。

从表中数值可以看出，所有变量的原始数据序列在 5%的显著性水平下检验都没有拒绝存在单位根的原假设。而差分后的检验结果显示，对于序列 ln$y$(地区高等教育在校生人数的对数)，苏州市、无锡市、常州市三市在 1%的显著性水平下为$I(1)$序列，南京市在 5%的显著性水平下为 $I(1)$序列，苏南整个区域在 10%的显著性水平下为 $I(1)$序列，镇江市在 1%的水平下为 $I(2)$序列。对于序列 ln$x$(地区 GDP 增加值的对数)，苏州市、无锡市、南京市及苏南整个区域在 1%的显著性水平下为 $I(1)$序列，常州市在 5%的显著性水平下为 $I(1)$序列，镇江市在 5%显著性水平下为 $I(2)$序列。

(四) 协整分析与误差修正模型

在经济学中，对于时间序列数据分析的一个难点是时序变量平稳性考察，因为大部分整体经济时间序列都有一个随机趋势，这些时间序列被称为“非平稳性”时间序列。当把用于平稳时间序列的统计方法运用于非平稳数据分析时，人们很容易做出完全错误的判断。对于平稳数列，我们可以直接用最小二乘法进行估计；对于非 0 阶单整的序列，则可进一步用协整检验进行分析。[1] 所谓协整检验，即指以获得方程的误差(残差)的平稳性和消除可能谬误回归的方式来降低方程中非平稳变量的非稳定阶数的检验。即使单个变量可能是非平稳的，这些非平稳变量的线性组合也可能是平稳的，或是协整的。其经济意义在于，对于两个或两个以上具有各自长期波动规律的变量，如果它们之间是协整的，则它

〔1〕 张龙，王文博，曹培慎. 计量经济学[M]. 北京：清华大学出版社，2010：317.

们之间存在一个长期均衡关系。反之，如果这两个或两个以上变量不是协整的，则它们之间不存在一个长期均衡关系。[1] 这个定律由格兰杰于 20 世纪 80 年代提出并获得论证。对多变量的协整检验，通常采用一种基于向量自回归模型的多重协整检验方法，通常称为 Johansen 检验，或 JJ 检验。

协整分析通常采用 Engle-Granger(EG)协整检验法。[2] EG 协整检验法分为两步。首先用 OLS 方法估计长期均衡关系。只有当两个变量的单整阶数相同时，才可能协整。假设已经知道$\{Y_t\}$和$\{X_t\}$都是一阶单整的，即为$I(1)$变量，则可能存在协整关系，于是采用下列回归方程估计长期均衡关系：

$$\ln Y_t = \beta_0 + \beta_1 \ln X_t + \mu_t$$

如果变量间是协整的，则 OLS 回归就会得到协整系数 β_1 和 β_0。然后，检验残差序列的平稳性。如果残差项为平稳序列，则认为序列 Y_t 与 X_t 之间存在协整关系。一个完整时间序列数据的处理过程可描述为时间序列的单位根检验、变量之间的协整检验和格兰杰因果关系检验。

单位根检验结果已经在前一节呈现。因此，在 ADF 检验的基础上我们对于同阶单整的高等教育在校生人数的对数值与地区 GDP 实际值的对数值进行协整检验，并建立误差修正模型。

1. 回归估计结果

表 6-2 显示回归方程估计的部分参数值，根据参数值，可以得到反映各变量之间短期非均衡关系的误差修正模型。

表 6-2 回归方程估计结果

Region	Coeff	C	F	P	R^2	Adjusted R^2	DW	AIC	SC
ln sz	1.266	−6.672	1090.5355	0.000	0.973	0.972	0.490	−0.153	−0.061
ln wx	0.963	−3.569	412.799	0.000	0.932	0.930	0.165	0.824	0.916
ln cz	0.696	−1.608	932.669	0.000	0.969	0.968	0.537	−0.194	−0.102
ln nj	1.063	−7.253	629.128	0.000	0.954	0.953	0.174	0.042	0.133
ln zj	1.215	−7.285	877.109	0.000	0.967	0.966	0.472	−0.018	0.073
ln sn	1.138	−7.088	535.869	0.000	0.947	0.945	0.130	0.436	0.528

表 6-2 中，Region 表示地区，其中 ln sz、ln wx、ln cz、ln nj、ln zj、ln sn 分别

〔1〕 A. H. Studenmund. 应用计量经济学王少平. 杨继生，刘汉中，等，译，[M]. 北京：机械工业出版社，2007：212—213.

〔2〕 于俊年. 计量经济学软件——Eviews 的使用[M]. 北京：对外经济贸易大学出版社，2006：195.

代表苏州、无锡、常州、南京、镇江和苏南地区的被解释变量。Coeff 为解释变量的系数估计值(弹性系数),C 为截距项,F 为检验回归方程显著性的统计量,P 为 F 统计量的相伴概率,R^2 为可决系数,Adjusted R^2 指矫正后的可决系数,DW 为杜宾—瓦特森统计量,AIC 为赤池检验统计量,SC 为施瓦茨检验统计量。

(1) 基于苏州市数据得到的回归方程:

$$\ln y = 1.266\ln x - 6.672 + \varepsilon$$

(33.023) (−18.023)

(0.0000) (0.0000)

(注:括号内数值为 t 检验值和相伴概率。下同)

其中,$R^2=0.973$,Adjusted $R^2=0.972$, $F=1090.535$,$DW=0.490$,$AIC=-0.153$,$SC=-0.061$。可以看到方程调整后的可决系数 $R^2=0.973$,非常接近于 1,表示模型模拟效果较好,且回归系数都通过了显著性检验。$\ln x$(苏州市在校生人数对数值)的系数估计值等于 1.266,表示 GDP 增加值与在校生人数有同向变动的趋势,即 GDP 每增加 1%,高校学生数将增加 1.266%。除了 DW 统计值较小以外,其他统计量表明模型估计效果比较理想。

(2) 基于无锡市数据得到的回归方程:

$$\ln y = 0.963\ln x - 3.569 + \varepsilon$$

(20.317) (−8.017)

(0.0000) (0.0000)

其中,$R^2=0.932$,Adjusted $R^2=0.930$,$F=412.799$,$DW=0.165$,$AIC=0.824$,$SC=0.916$。方程调整后的可决系数 $R^2=0.930$,非常接近于 1,表示模型模拟效果较好。$\ln x$(无锡市在校生人数对数值)的系数估计值为 0.696,表示 GDP 增加值每增加 1%,高校学生数将增加 0.696%。除了 DW 统计值较小以外,其他统计量表明模型估计效果比较理想。

(3) 基于常州市数据得到的回归方程:

$$\ln y = 0.696\ln x - 1.608 + \varepsilon$$

(30.540) (11.353)

(0.0000) (0.0000)

其中,$R^2=0.969$,Adjusted $R^2=0.968$,$F=932.669$,$DW=0.537$,$AIC=-0.194$,$SC=-0.102$。方程调整后的可决系数 $R^2=0.968$,非常接近于 1,表示模型模拟效果较好。$\ln x$(常州市在校生人数对数值)的系数估计值等于 0.696,表示 GDP 增加值每增加 1%,高校学生数将增加 0.696%。除了 DW 统计值较小以外,其他统计量表明模型估计效果比较理想。

（4）基于南京市数据得到的回归方程：

$$\ln y = 1.063\ln x - 7.253 + \varepsilon$$

(25.082)　(−14.534)

(0.0000)　(0.0000)

其中，$R^2=0.954$，Adjusted $R^2=0.953$，$F=629.128$，$DW=0.174$，$AIC=0.042$，$SC=-0.133$。方程调整后的可决系数 $R^2=0.953$，非常接近于1，表示模型模拟效果较好。$\ln x$（南京市在校生人数对数值）的系数估计值为1.063，表示GDP增加值每增加1%，高校学生数将增加1.063%。除了DW统计值较小以外，其他统计量表明模型估计效果比较理想。

（5）基于镇江市数据得到的回归方程：

$$\ln y = 1.215\ln x - 7.285 + \varepsilon$$

(29.616)　(−18.396)

(0.0000)　(0.0000)

其中，$R^2=0.967$，Adjusted $R^2=0.966$，$F=877.109$，$DW=0.472$，$AIC=-0.018$，$SC=0.073$。方程调整后的可决系数 $R^2=0.966$，非常接近于1，表示模型模拟效果较好。$\ln x$（镇江市在校生人数对数值）的系数估计值等于1.215，表示GDP增加值每增加1%，高校学生数将增加1.215%。除了DW统计值较小以外，其他统计量表明模型估计效果比较理想。

（6）基于苏南地区整体数据，估计得到的回归方程：

$$\ln y = 1.138\ln x - 7.088 + \varepsilon$$

(23.149)　(−11.825)

(0.0000)　(0.0000)

其中，$R^2=0.947$，Adjusted $R^2=0.945$，$F=535.869$，$DW=0.130$，$AIC=0.436$，$SC=0.528$。方程调整后的可决系数 $R^2=0.945$，非常接近于1，表示模型模拟效果较好。$\ln x$（苏南五市在校生人数对数值）的系数估计值为1.138，表示地区GDP增加值每增加1%，高校学生数将增加1.138%。除了DW统计值较小以外，其他统计量表明模型估计效果都比较理想。

上述六个回归方程的一阶自相关检验即DW检验统计量都远远小于2，说明残差序列存在比较严重的自相关问题，应该在协整回归模型中引入滞后变量，构建自回归分布滞后模型。但是，由于上述模型都是一元线性回归模型，引入滞后变量将会使原解释变量的系数值变小，不会改变系数符号，即不会影响解释变量的影响方向，故没有进一步运用自回归分布滞后模型做参数估计。

2. 协整回归的残差单位根检验

为了对残差序列进行单位根检验，需要利用上述模型估计结果生成残差序列，检验结果如表 6-3 所示。

表 6-3　残差序列单位根检验

地区	检验形式(C,T,K)	ADF 值	P	临界值(1%,5%,10%)			平稳性
苏州	(0,0,1)	−2.475	0.0151	−2.642	−1.952	−1.610	平稳**
无锡	(0,0,1)	−4.491	0.0013	−3.670	−2.964	−2.621	平稳***
常州	(0,0,1)	−1.979	0.0473	−2.644	−1.952	−1.610	平稳**
南京	(0,0,1)	−1.834	0.0640	−2.644	−1.952	−1.610	平稳*
镇江	(0,0,1)	−2.499	0.0142	−2.642	−1.952	−1.610	平稳**
苏南	(0,0,1)	−1.996	0.0455	−2.644	−1.952	−1.610	平稳**

注：* 表示在 10%的水平上拒绝存在单位根假设，** 表示在 5%的水平上拒绝存在单位根假设，*** 表示在 1%的显著水平上拒绝原假设，检验形式(C,T,K)中的 C,T 和 K 分别表示单位根检验方程中的常数项、时间趋势和滞后阶数。

由上表中各地区协整回归方程的残差序列单位根检验结果可知，残差单位根检验的 t 统计量及其相应概率值均通过检验，拒绝残差序列存在单位根的原假设，可以断定苏州、无锡、常州、南京、镇江五市及苏南整个地区高等教育在校生人数与地区 GDP 增加值之间存在协整关系。

苏州地区高校学生数与地区 GDP 回归的残差单位根检验结果，拒绝残差序列存在单位根的原假设，即残差序列是平稳的。根据协整关系的定义，可认为苏州地区 $\ln y$ 和 $\ln x$ 之间存在长期协整关系，即苏州地区经济增长和高等教育规模之间存在着长期稳定关系。

检验结果同样显示，无锡地区、常州地区、南京地区、镇江地区及苏南整个区域高校学生数与地区 GDP 回归的残差单位根检验结果，都拒绝残差序列存在单位根的原假设。根据协整关系的定义，可以认为上述地区 $\ln y$ 和 $\ln x$ 之间存在长期协整关系，即上述地区经济增长和高等教育规模之间存在着长期稳定关系。

3. 误差修正模型估计结果

恩格尔和格兰杰在 1987 年指出，如果 X 和 Y 是协整的，则它们的短期非均衡关系可以由误差修正模型来描述。它的优点在于，不再单纯地使用原始序列和变量的差分序列构造模型，而是把两者有机地结合在一起。从短期来看，被解释变量的变动是由偏离长期均衡的离差和短期波动所引起的，也就是说，短期内系统偏离均衡状态的大小决定了短期波动程度的大小。从长期看，协整关系起到了反向修正作用，使非均衡状态逐步恢复到均衡状态。[1] 很显然，如果变量 X 和 Y 都是 1 阶单整的，则 1 阶差分序列是平稳序列，对应的误差修正模型为：

$$\Delta Y_t = \beta_0 \Delta X_t + \beta_1 \mathrm{ECM}_{t-1} + \mu_t \tag{3}$$

其中，ECM_{t-1} 表示误差修正项，β_1 为修正系数，表示误差修正项对 ΔY_t 的修正速度。变量 Y 的短期变化取决于变量 X 的短期变化和上一期偏离均衡的程度，Y 的值对前期的非均衡程度作出了修正。[2] 如果 $t-1$ 期的实际值大于长期均衡，则 ECM_{t-1} 为正，$\beta_1 \mathrm{ECM}_{t-1}$ 为负，使得 ΔY_t 减小，向长期均衡趋近；反之，如果 $t-1$ 期的实际值小于长期均衡，则 ECM_{t-1} 为负，$\beta_1 \mathrm{ECM}_{t-1}$ 为正，使得 ΔY_t 增加，也向长期均衡趋近。不难看出，趋近的快慢取决于参数 β_1 的大小。无论哪种情况，都体现了非均衡误差对 Y_t 的调控，具有反向修正作用。

在前面的一节中已经检验出 $\ln y$ 与 $\ln x$ 之间存在协整关系。因此，这里在已经建立的模型的基础上，来进一步说明其短期动态关系，并利用误差修正模型估计结果作进一步分析（见表 6-4）。

表 6-4　误差修正模型估计结果

地区	Δ(lnGDP)	ECM(−1)	F	P(F)	R^2	Adjusted R^2	DW	AIC	SC
苏州	0.4003	0.1498	3.5078	0.0437	0.2003	0.1432	1.6903	−1.8880	−1.7492
无锡	0.0686	0.0805	0.7498	0.2376	0.0508	−0.0170	1.5136	−1.1629	−1.0241
常州	1.0512	−0.3068	4.4939	0.0203	0.2430	0.1889	2.1052	−0.1892	−0.0504
南京	0.2627	0.1256	1.8800	0.1713	0.1184	0.0554	1.1870	−1.8925	−1.7537
镇江	0.1079	0.2205	3.3256	0.0506	0.1919	0.1342	1.4914	−1.5408	−1.4020
苏南	0.2431	0.1331	2.6106	0.0913	0.1572	0.0970	0.8590	−2.0528	−1.9140

其中，Δ(lnGDP)为地区 GDP 对数值的一阶差分，ECM(−1)为误差修正项，F 为 F 统计量，P(F)为 F 统计量的 P 值，R^2 为可决系数，Adjusted R^2 为矫正后的可决系数，DW 为杜宾一瓦特森统计量，AIC 为赤池信息准则统计量，SC 为施瓦茨准则统计量。

依据误差修正模型得出的结果，可以发现如下情况。

(1) 就苏州地区而言，模型估计结果的 F 统计量的相伴概率值 P 较小，表明模型估计整体上是显著的。苏州地区 GDP 对数值的系数值比较显著，可以解释为经济发展对在校生人数变化的短期弹性较小，即地区 GDP 每增加 1%，

〔1〕 杜江. 计量经济学及其应用[M]. 北京：机械工业出版社，2010：200—202.
〔2〕 张晓峒. 应用数量经济学[M]. 北京：机械工业出版社，2009：364—365.

短期内在校生人数将增加 0.4%，小于长期弹性 1.2661%。误差修正项 ECM(−1)的系数估计值在 10%的显著性水平下显著，该系数反映了对 GDP 偏离长期均衡关系的调整力度，其绝对值越大，则将非均衡状态恢复到均衡状态的速度就越快。特别地，若误差修正项 ECM(−1)的系数估计值为 0，则表明苏州地区高等教育在校生人数对数值随 GDP 对数值的变化在同一时期就立即进行调整。

利用所估计模型，可以对苏州地区在校生人数的短期变动进行分析。苏州地区高等教育在校生人数短期变动可以分成两个部分：一部分受短期 GDP 增长的影响；另外一部分受前一年高等教育在校生人数偏离长期均衡关系（即 ECM_{t-1}）的影响。假如前一年高等教育在校生人数没有偏离长期均衡关系，即 $ECM_{t-1}=0$，那么当期高等教育在校生人数变动全部来自于当期 GDP 增加值的影响。假如前一期高等教育在校生人数偏离了长期均衡关系，即 $ECM_{t-1}\neq 0$，则为了维持高校在校生人数与 GDP 增长的长期均衡关系，当期将以0.1498 的速度（即误差修正项的系数估计值）对前一年 GDP 与高等教育的非均衡状态进行调整，将其拉回到长期均衡状态。

(2) 就无锡地区而言，模型估计结果的 F 统计量相应的概率值 P 较大（$P>0.1$），从而表明模型估计整体上不显著。那么，在短期内，GDP 的增长对高等教育没有显著影响。

(3) 就常州地区而言，模型估计结果的 F 统计量相应的概率值 P 较小，从而表明模型估计整体上是显著的。常州地区 GDP 对数值的系数估计值比较显著，可以解释为经济发展对在校生人数变化的短期弹性较小，即 GDP 增加 1%，在短期内，在校生数将增加 1.05%左右，稍微小于长期弹性 1.3918%。误差修正项 ECM(−1)的系数估计值在 5%的显著性水平下显著，该系数反映了对 GDP 偏离长期均衡关系的调整力度。同时，为了维持高校在校生人数与 GDP 增长的长期均衡关系，当期将以−0.3068 的速度（即误差修正项的系数估计值）对前一年 GDP 与高等教育的非均衡状态进行调整，将其拉回到长期均衡状态。

(4) 就南京地区而言，模型估计结果的 F 统计量的相应概率值 P 较大（$P>0.1$），表明模型估计整体上不显著。那么，在短期内，南京 GDP 的增长对高等教育没有显著影响。

(5) 就镇江地区而言，模型估计结果的 F 统计量相应的概率值 P 较大，但小于 0.1，表明虽然模型估计整体上显著性不高，但是解释变量仍然在一定程度上可以解释被解释变量的变化。短期内，镇江 GDP 的增长对高等教育发展有一定程度的促进作用。

(6) 就苏南区域整体情况而言,模型估计结果的F统计量的相应概率值P较大,但小于0.1,表明模型估计整体上显著性不高,但仍有解释力。苏南地区GDP对数值的系数估计值比较显著,可以解释为经济发展影响在校生人数变化的短期弹性,即GDP增加1%,在短期内,在校生人数将增加0.24%左右。同时,为了维持高校在校生人数与GDP增长的长期均衡关系,当期将以0.1331的速度(即误差修正项的系数估计值)对前一年GDP与高等教育的非均衡状态进行调整,将其拉回到长期均衡状态。

高等教育与经济增长之间真实地存在长期协整关系。但就短期来说,无锡、南京等地GDP增长对本地高等教育没有明显影响力。当然,存在协整关系只是表明变量之间存在长期互动关系,并不能证明明确存在因果联系,也不能具体指明何为因、何为果,因此,需要进一步检验苏南地区高等教育与区域经济增长之间的因果关系。

(五) 格兰杰因果关系检验

格兰杰因果关系[1](Granger Causality)是一种事件在时间维度上的作用关系,即在一个变量发生变化之前,存在一个时间序列变量变化,它可以一致且稳健地预测该变量变化,它用来确定经济变量之间是否存在因果关系以及影响方向。[2] 格兰杰因果检验思想为:对于变量 X 和 Y,如果 X 的变化引起了 Y 的变化,则 X 的变化应当发生在 Y 变化之前。事实上,如果要检验变量 X 与变量 Y 之间的因果关系以及这种关系影响的方向,需要构建如下的检验回归方程:

$$Y_t = \sum_{i=1}^{m} \alpha_i X_{t-i} + \sum_{j=1}^{m} \beta_j Y_{t-j} + u_t \tag{4}$$

$$X_t = \sum_{i=1}^{m} \lambda_i X_{t-i} + \sum_{j=1}^{m} \delta_j Y_{t-j} + v_t \tag{5}$$

其中,假定随机误差项 u_t 和 v_t 之间是不相关的。格兰杰因果关系检验的原假设是:"X 不是引起 Y 变化的格兰杰原因"或"Y 不是引起 X 变化的格兰杰原因"。换句话说,如果 X 是引起 Y 变化的格兰杰原因,则必须满足以下两个

---

〔1〕 我们通常提到的"因果关系"是指客观上存在某种必然关系,比如 $y=e(x)$ 的因果关系是这样的:对于每个给定的 x,必然存在一个 y 与它相对应。同样,合理的 y 的存在必然是因为相应的一个 x 通过关系或函数"$e(x)$"来实现的,也就是说,如果 y 是负数,则 x 与 y 没有因果关系,这说明 y 的取值是不合理的,x 与 y 的因果关系是确定性的。然而,在这里所说的格兰杰因果关系是不确定的,而是建立在统计意义上的因果关系。由于格兰杰因果关系有不确定性,因此极有可能发生这样的"悖论":格兰杰因果关系对于不同容量的样本会得出相互矛盾的结论。

〔2〕 A. H. Studenmund. 应用计量经济学. 王少平,等,译[M]. 北京:机械工业出版社,2007:212—213.

条件：

第一，变量 X 应该有助于预测变量 Y，即在变量 Y 关于变量 Y 的过去值的回归中，添加变量 X 的过去值作为独立变量应当显著地增加回归方程的解释能力；

第二，变量 Y 不应当有助于预测变量 X，其原因是如果变量 X 有助于预测变量 Y，变量 Y 也有助于预测变量 X，则很可能存在一个或几个其他变量，它们既是引起 X 变化的原因，也是引起 Y 变化的原因。[1]

要检验这两个条件是否成立，我们需要检验一个变量对预测另一个变量没有帮助的原假设。首先检验“变量 X 不是引起变量 Y 变化的格兰杰原因”的原假设，然后对回归方程(4)(5)的回归模型进行估计。采用同样的原理，可以检验变量 Y 不是引起变量 X 变化的格兰杰原因，此时只需交换变量 X 和 Y，再做同样的回归估计。[2] 对于检验回归方程的结果，具体可以分成如下四种情况讨论。

(1) 如果对方程(4)中滞后 X 所估计的系数在统计上是整体显著地异于零(即 $\sum \alpha_i \neq 0$)，并且对方程(5)中滞后 Y 所估计的系数在统计上不是整体显著地异于零(即 $\sum \delta_j = 0$)，则表明存在从 X 到 Y 的单向因果关系，即表示为 $X \rightarrow Y$。

(2) 如果对方程(4)中滞后 X 所估计的系数在统计上不是整体显著地异于零(即 $\sum \alpha_i = 0$)，并且对方程(5)中滞后 Y 所估计的系数在统计上是整体显著地异于零(即 $\sum \delta_j \neq 0$)，则表明存在从 Y 到 X 的单向因果关系，即表示为 $Y \rightarrow X$。

(3) 如果对方程(4)中滞后 X 所估计的系数在统计上是整体显著地异于零(即 $\sum \alpha_i \neq 0$)，并且对方程(5)中滞后 Y 所估计的系数在统计上也是整体显著地异于零(即 $\sum \delta_j \neq 0$)，则表明存在从 X 到 Y 的双向因果关系，即表示为 $X \leftrightarrow Y$。

(4) 如果对方程(4)中滞后 X 所估计的系数以及对方程(5)中滞后 Y 所估计的系数在统计上都不是整体显著地异于零，则表明存在 X 和 Y 之间各自的独立性，即 X 和 Y 之间不存在任何单向格兰杰因果关系。[3]

---

〔1〕 杜江. 计量经济学及其应用[M]. 北京：机械工业出版社，2010：200－202.

〔2〕 樊欢欢，张凌云. Eviews 统计分析与应用[M]. 北京：机械工业出版社，2009：251－252.

〔3〕 王升. 计量经济学导论[M]. 北京：清华大学出版社，2006：177.

经过前面的分析，可知苏南地区高等教育与区域经济之间存在着长期协整的关系。所以，接下来用 Eveiws 5.0 对高等教育在校生人数和实际 GDP 两个变量进行格兰杰因果关系检验。根据 AIC 确定苏南地区、苏州、无锡、常州、镇江、南京的最大滞后阶数为 7，在进行格兰杰因果检验时，分别取滞后阶数为 1、2、3、4、5、6、7，得到的结果如表 6-5 所示。

表 6-5 高等教育在校生人数与 GDP 增加值的格兰杰因果检验

地区	滞后阶数	原假设	F 值	P 值	结论
苏州	2—7	高等教育在校生人数不是 GDP 增加值的格兰杰原因	1.38801	0.26815	接受
		GDP 增加值不是高等教育在校生人数的格兰杰原因	0.01352	0.98658	接受
无锡	3、4、5	高等教育在校生人数不是 GDP 增加值的格兰杰原因	0.75216	0.53281	接受
		GDP 增加值不是高等教育在校生人数的格兰杰原因	2.80836	0.06327	拒绝
常州	6	高等教育在校生人数不是 GDP 增加值的格兰杰原因	2.48893	0.07930	拒绝
		GDP 增加值不是高等教育在校生人数的格兰杰原因	10.7192	0.00022	拒绝
南京	2、3、5	高等教育在校生人数不是 GDP 增加值的格兰杰原因	0.00994	0.99011	接受
		GDP 增加值不是高等教育在校生人数的格兰杰原因	3.10459	0.06248	拒绝
镇江	2—7	高等教育在校生人数不是 GDP 增加值的格兰杰原因	0.06760	0.93480	接受
		GDP 增加值不是高等教育在校生人数的格兰杰原因	1.67848	0.20702	接受
苏南	2、3、5	高等教育在校生人数不是 GDP 增加值的格兰杰原因	0.27607	0.76104	接受
		GDP 增加值不是高等教育在校生人数的格兰杰原因	3.10459	0.07608	拒绝

根据格兰杰因果检验的结果，依据 AIC 统计量最小最优原则，可以得出如下结论。

（1）苏州地区，从滞后阶数 2 至滞后阶数 7，都不存在从 GDP 增加值序列到高等教育在校生人数序列的格兰杰因果关系，不能拒绝原假设。可以大致地认为二者不存在格兰杰因果关系，即高等教育与区域经济之间没有格兰杰因果关系。

（2）无锡地区，对于滞后阶数 3、4、5，不存在高等教育在校生至 GDP 增加值序列的单向因果关系，但存在从 GDP 增加值序列至高等教育在校生序列的单向因果关系，即无锡地区 GDP 增加值是高等教育在校生人数增加的格兰杰原因。因此，可以大致地认为存在从 GDP 增加值序列到高等教育增加值序列的单向因果关系，但是不存在反方向的因果关系。

（3）常州地区，对于滞后阶数 6，存在高等教育在校生序列至 GDP 增加值序列，以及 GDP 增加值序列至高等教育在校生序列的双向因果关系，即可以认为 GDP 增加值是常州高等教育在校生人数增加的格兰杰原因，常州高等教育在校生人数也是 GDP 增加值的格兰杰原因。据此，可以判断还存在第三种力量或因素，制约和影响着常州高教与经济之间的互动联系。

(4) 南京地区，对于滞后阶数 2、3、5，不存在高等教育在校生序列至 GDP 增加值序列的单向因果关系，但存在从 GDP 增加值序列至高等教育在校生序列的单向因果关系，即南京地区 GDP 增加值是高等教育在校生人数的格兰杰原因。

(5) 镇江地区，从滞后阶数 2 至滞后阶数 7，都不存在从序列 GDP 增加值到序列高等教育在校生人数的格兰杰因果关系，不能拒绝原假设。因此，可以大致地认为二者不存在格兰杰因果关系。

苏南地区，对于滞后阶数 2、3、5，不存在高等教育在校生序列至 GDP 增加值序列的单向因果关系，但存在从 GDP 增加值序列至高等教育在校生序列的单向因果关系，即可认为苏南地区 GDP 增加值是高等教育在校生人数的格兰杰原因。

从以上格兰杰因果检验可以看出，除常州地区外，其他地区的高等教育均不是经济增长的格兰杰原因，这在很大程度上可能是由外生的国家政策、国际贸易、靠近上海的区位优势以及经济体内部固定资本投资不断增加等因素导致地区经济发展快于并先于地区教育发展。因此，在因先果后的假设前提下，格兰杰因果检验得出了苏南地区经济增长是地区高等教育规模发展原因的结论，而否定了苏州、无锡、南京、镇江等市高等教育发展领先于经济增长的判断。

第三节　推进苏南地区高等教育与经济互动的策略

一、研究结论

基于前文的实证分析结果，得出如下结论。

(1) 我国苏南地区高等教育规模和经济增长之间存在着紧密的正相关关系，在此基础上进行高等教育与经济发展关系的协整分析，协整检验结果表明，高等教育规模与 GDP 增加值之间具有长期稳定的协整互动关系。

具体到各市而言，在所研究的地区当中，苏州、无锡、常州、南京、镇江以及苏南地区整体的高等教育规模与经济发展都存在协整关系。一定的经济发展水平总有相应的高等教育发展水平与之相适应。由此可以判断，从长期范围来看，高等教育发展规模与经济发展之间存在长期稳定的均衡关系。这种关系产生的原因在于，高等教育的发展总是离不开经济发展需要的，经济发展也需要高教事业提供人才和智力支撑。因此，伴随着苏南地区经济的发展，高等教育也将更加获益，为了使高等教育获得长足发展，加大高等教育投入力度则显得非常必要。

（2）从短期误差修正模型估计结果来看，GDP 的增加会对苏州、常州以及苏南整个区域产生短期动态影响。具体表现为：苏州市的 GDP 增加值每增加 1%，将导致下一年高等教育在校生人数发生变化 0.4%左右；常州市的 GDP 增加值每增加 1%，将导致下一年高等教育在校生人数发生变化 1.05%左右；对于苏南地区整体而言，GDP 增加值每增加 1%，将导致下一年高等教育在校生人数发生变化 0.24%左右。这说明短期内苏州、常州等地的经济增长对高教发展的促进作用非常明显。

但是，在短期内，无锡、南京的 GDP 增长对高等教育扩张没有显著影响。这从反面说明，在短期内要想通过高等教育规模扩大来推动经济发展收效甚微。其原因可能是无锡、南京的高等教育的规模扩张与地区经济及产业结构的需求不相符，产学研结合不够紧密，这也再次说明了经济增长必须与高等教育的发展相协调。

（3）由格兰杰因果检验可得，从较长一段时间来看，GDP 值增加是无锡、常州、南京及苏南整个区域高等教育发展的格兰杰原因，即无锡、常州、南京三个地区以及苏南整体的经济增长对高等教育规模有显著影响。也就是说，区域经济发展为高等教育发展提供了必不可少的物质基础、资金保证和成果接纳，同时又对高等教育人才培养质量提出量的要求与质的规定。

格兰杰因果检验结果还表明，对于无锡、南京以及苏南整个区域而言，高等教育是经济增长原因的假说并没有得到数据支持，二者之间是单向因果关系。所以，对于这几个地区，关于经济增长与高等教育的发展是双向格兰杰因果关系的假说没有通过检验。但是，格兰杰检验结论不足以否定高等教育对经济增长的意义。因为从统计学角度看，对存在并行且无先后发展顺序的两个互动变量展开格兰杰因果关系检验，似乎总是接受原假设。从实践经验上看，1978 年以来苏南地区高等教育经历了一个飞速发展时期，这既是地区经济快速发展的结果，又是高校扩招政策的结果，该地区经济增长总是优先于高等教育而发展，高等教育发展速度总是慢于经济增长速度，因此，地区高等教育对经济增长的推动与拉动作用仍然没有有效地释放出来。

（4）对于苏州、镇江地区，高等教育规模和 GDP 增加值之间没有格兰杰因果关系，这说明在所分析的时间跨度内，苏州、镇江地区高等教育与区域经济之间不存在格兰杰因果关系。就苏州具体情况来说，近些年通过工业园区和高新区的建设，大量引入外资和海外及省外人才，经济得到了飞速发展，并且其经济发展大部分是依托于从外部引进各类资源和人才，而不是主要依赖于本地高校的产出。因此，苏州本地区高等教育没有成为本地经济增长的主要原动力，而本地区几所有实力的高校发展主要依靠省级财政和政策支持，较少受惠于苏州本地快速发展的经济，因而，苏州本地经济发展没有成为苏州地区高教发展的格兰杰原因。就镇江地区而言，也存在同样的问题。从教育系统内部看，高等教育不是经济发展的格兰杰原因，主要因素可能是：一方面，高等教育体系设置不合理，教学过程中忽视对学生实践能力的培养，科研、教育成果转化时滞太长；另一方面，高等教育推动经济增长的传导渠道还不够畅通。由于高等教育对经济的作用最终是通过人力资本增值和科研成果转化体现出来的，目前经济社会中不合理的用人制度没有很好地实现人尽其才，才尽其用，用见其效，人力资本价值没有充分显示出来，因此，高等教育没有成为经济增长的格兰杰原因。

此外，苏州、镇江 GDP 增加之所以没有成为地区高等教育发展的格兰杰原因，可能是因为经济对高等教育的影响没有直接体现出来，并且高等教育规模可能更多地不是受到经济的推动，而是受到政治、政策等非经济因素的推动。所以说，苏州、镇江地区高等教育与区域经济之间不存在格兰杰因果关系。

当然，相对于苏南其他地区而言，苏州、镇江的高等教育规模与经济增长没有互为格兰杰因果关系，并不代表苏州、镇江的高等教育与区域经济之间不存在相关联系，只能说高等教育规模与经济总量在增长速度上还未达到显著匹配或协同上升的程度，也许高等教育扩张与经济快速增长之间呈现的关系表现为由相异的第三方、第四方力量分别牵引并行，使其不存在滞后效应，或者说这种联系没有直接显现出来，而是以间接的更加复杂的方式表现出来。前面协整检验的结果则可以很好地说明二者之间存在长期稳定的协整关系。

二、推进苏南地区高等教育与经济互动发展的建议

知识经济浪潮席卷当今世界，作为高智力源泉的高等教育与国家的政治、经济、科技和文化的联系甚是紧密。目前我国高等教育与区域经济互动发展的理论与实践发展还很不完善，需要在借鉴国外较完善的理论基础和典型的成功范例的基础上，结合中观区际协调发展与宏观统筹发展理论，制定出适合我国现实国情的发展战略，从而具体指导我国高等教育与区域经济协调发展的实践。[1] 对于苏南地区而言，正确处理好苏南地区高等教育与区域经济之间的关系，无论对深化苏南地区高教领域改革，还是对提高苏南区域经济竞争力，都具有重要意义。

（一）多渠道筹措资金，加大高等教育投入，落实高教优先发展战略

研究表明，20 世纪 80 年代以来世界发达国家教育投资在国民收入中的比例一般在 7%～8%的区间趋于稳定，教育投资在财政支出中的比例一般在 20%左右趋于稳定。[2] 虽然说苏南地区经济发展水平远远高于全国其他地区，但是其对高等教育的投入还处于较低水平，需要加大政府财政经费投入和民间经费支持力度。首先，要加大政府投入力度，提高苏南地区高等教育财政支出占江苏省本级财政支出的比例，改革政府财政对高等学校的预算拨款方式，并制定相关法律法规，把优先发展教育战略落到实处。其次，高等学校与校外企业联合，通过高校为企业提供研发基地、设计基地、技术咨询、实验研究、培训顾问，企业为高校提供实习基地、资金支持的方式实现二者的合作。再次，鼓励民间捐赠。世界知名学府如哈佛、耶鲁等高校都是靠社会人士自发捐建发展的，因此，捐赠对于学校扩展和经费结构的改善具有非常显著的作用。苏南地区高等学校甚多，培养出来的优秀人才也是不计其数，要在政策层面上鼓励企业、社会团体以及个人对学校捐赠，保护捐赠者的合法权益，做好捐赠配套工作。最后，可以通过发行教育彩票、拓展教育税费来源渠道、争取国际银行组织和地区银行的贷款等方式来完善教育经费筹措体制，从而形成多元化的高等教育投资格局。

（二）开展人才战略规划，培养创新型人才

高等教育的根本目的是培养高素质人才。改革开放以来，苏南地区经济社会发展总体水平高于全国，企业科技含量较高，自主创新能力较强，经济结构和产业结构调整走在国内前列，科教力量全国领先，人才聚集度高。但是，新时期，苏南地区发展也面临新挑战：一方面，科技创新不足，创新型人才缺乏；另一方面，伴随着近年来各省、市吸引人才的优惠政策相继出台，吸引人才的优惠举措不断创新，苏南地区在人才聚集方面的优势已开始逐渐减弱，人才外流现象加剧，同时也面临着人才战略布局的转变和调整。在此前提下，首先，要求苏南地区高校发挥作为人才“蓄积库”的作用。要积极推进课程体系改革，加强地方性课程、职业性课程、实践性课程、技能性课程建设，充分发挥

---

〔1〕 钞秋玲，李秀岭. 高等教育与区域经济互动发展关系理论综述[J]. 开放教育研究，2007，3(13)：18－21.

〔2〕 王娟. 我国经济增长与高等教育发展关系的实证研究[D]. 重庆大学，2005.

高校人才培养作用,把提高质量摆到更重要的位置,确保能够培养出满足区域经济发展的合格人才,确保受过高等教育的人才能够为区域经济建设做出贡献。其次,要建立起区域内高校科研团队,选择合适的协作模式,使科研团队成为优秀人才的“黏合剂”,同时也为培养创新型人才奠定基础。再者,要认清本区域目前人力资源开发与利用的现状,为留住人才、引进人才创造条件,建立公开、公正、透明的用人机制,强化全社会尊重知识、尊重人才的意识,留住、引进高素质创新人才。

(三)区域合作性办学,实现教育资源共享

高等教育的均衡化发展是经济社会区域共同发展的客观要求,没有高等教育的均衡发展,区域高等教育一体化、区域经济一体化也只能是空谈。随着苏南地区经济总量持续高速增长,区域高等教育也迎来了大发展前景。虽然苏南地区高等教育资源丰富,但是常州、镇江的高校数量和在校学生人数明显落后于南京等地。要使教育资源相对短缺的地区逐渐向教育资源充足的地区靠拢,就要加强高等教育的区域合作。首先,与区域经济合作,推进大学科技园区的建设。实践证明,大学科技园区不但促进了大学和科研院所的科技成果向现实生产力转化,也促进了新技术、新思想的涌现,因此,建立符合苏南区域经济结构的大学科技园能够加速知识信息的创造、加工、传播和应用。其次,调整高校布局,促进规模经济。区域内的高等教育之间进行合理布局、调整,充分利用现有资源,将有利于资源的有效流动和效率的提高。再次,以南京地区高校为中心,利用这个区域知识密集的优势,为苏南其他地区服务,如鼓励南京的名牌高校与常州、镇江的政府、高校、企业合作办学,促进优质教育资源的扩大。教育资源地区之间的流动与共享,对于区域经济一体化发展是一股巨大推动力。

(四)改革高校学科与专业设置体制,增强与经济发展的适切度

高等教育发展与经济增长之间存在着长期稳定的关系,但是确定地方高等教育发展的规模与速度应该与人才培养目标、社会经济发展需求、地方财力相一致,保证高等教育内外比例关系相协调。实证分析结果显示,苏州、无锡、南京、镇江等地的高等教育并不是地区经济增长的格兰杰原因。究其原因,可能是长期以来人们对教育投入问题的关注焦点在于教育投入总量,忽视了教育投入结构和教育资源优化配置,对教育资源利用效率也没有给予足够重视。应该看到,教育投入总量增长了,并不等于教育就因此发展了,更不等于经济就实现了增长。因此,第一,要制定高等教育质量标准,走高教内涵发展道路,控制教育发展的速度、规模,促进高等教育资源优化配置,提高资源利用率。例如,要建立起梯度合理的专科教育、本科教育、研究生教育。第二,坚持以经

济社会发展的需求为导向，合理定位、分类指导、突出重点，在专业设置、学科建设、人才培养等方面与开发优势资源、发展优势产业紧密结合起来，优先扶持、重点发展为信息产业、高新技术产业、现代物流业、保险业、旅游业、房地产业和各种朝阳产业服务的专业，从而形成苏南地区高等教育的区域比较优势，形成有苏南特色的高水平高教体系。第三，改变现行高校拨款模式，按照不同专业的实际培养成本进行常规拨款，从体制上解决专业设置趋同和趋向低成本专业的问题。不考虑不同专业培养成本差异的财政拨款模式，必然会激励高校增加开设培养成本较低的专业，减少或停止增加培养成本较高专业的比例及投入，最终导致高校在人才培养结构和人才培养质量上不能满足区域经济社会发展的需求。

（五）加大绿色人才培养的数量，发挥高教在经济结构转型升级中的作用

高等教育与区域经济的协调发展，近年来开始延伸至高等教育与区域低碳经济板块。自从 2003 年低碳经济概念在英国能源白皮书中出现以后，此名词日益受到世界各国关注。尤其是近年来，伴随着环境污染日益严重，可持续发展、低碳经济发展、绿色经济增长的理念日益深入人心。目前国家与地方“十二五”规划也重点强调了转变经济增长方式，促进经济全面、协调、可持续发展这一主题。而大学生作为社会发展的主体，今后将成为经济发展过程中低碳思想的主要倡导者、传播者和实践者，对于大学生低碳教育思想与行为的培养，有助于使其成为低碳发展的实践者，并树立起社会责任意识。此外，高校将低碳教育思想融入教学内容，渗透到课程体系，提倡节水节电、网上办公、节约纸张、绿化环境等举措，有助于培养学生树立营造低碳校园、低碳环境、低碳社会的意识。再者，国家目前已加大对互联网、绿色经济、环保技术、生物医疗以及低碳经济等战略性新兴产业人才培养的力度，高校作为一个重要培养渠道，势必要加速在这一方面的专业设置、课程体系及教学方法的改革与创新，以培养战略性新兴产业相关专业人才，满足社会对高素质人才的迫切需求。苏南地区作为教育改革的领头羊，可以针对这一趋势促进高等教育与区域低碳经济的协调：一方面，逐步减少与高能耗行业密切相关的专业人才培养，加强与低碳经济相关的环境工程、大气污染治理、水污染处理、噪声控制等环境科学类的专业人才的培养，并加大与环境教育密切相关的师资、教学装备、仪器、图书的投入；另一方面，推动开展大学生环保实践活动和环境科研工作，把环境教育课程设为必修课或者指定选修课，定期举办环境教育讲座，开展环境教育活动，传播生态伦理观念，以期适应今后经济社会发展的需要。当低碳生活理念深入人心，当低碳教育思想在校园日益受到推崇，高等教育与区域绿色经济的协调发展将进入更高的发展阶段。

第七章　苏南地区高等教育与城市化关系的经验实证

教育是人类文明进步的重要标志，是经济社会发展的重要动力源泉。现代化进程中，城市化是现代社会的一个必然趋势，是任何国家和地区现代化进程中不可回避的客观规律。城市化水平的高低已成为衡量现代社会进步发达程度的一个重要标志。在城市化进程中，高等教育成为城市扩张的动力和基础。高等教育的发展及其功能的发挥不但是城市化发展的重要组成部分，也是城市化发展的重要保证。一方面，高等教育自身的特性和功能使其必然深刻地参与和作用于社会的各个领域，在促进社会整体进步、经济科学发展的过程中，推进城镇化进程；另一方面，高等教育助推人的城镇化，提升城镇化质量。中等后教育，即广义高等教育，将来自于广大农村的大学生和研究生培养成为适应于城市现代产业和现代服务业的智慧劳动者，他们毕业后几乎全部工作生活在各级城市中，可见广义高等教育（包括农民工的高等职业技术教育）发挥着使农村劳动力源源不断转化为城市熟练技术劳动力和脑力劳动力的作用。这一转化过程伴随着高等教育向普及化方向发展的进程，助推城镇化质量不断提升，尤其是在解决人的城镇化问题上发挥着不可替代的作用。高质量的城镇化必须以教育特别是高等教育为保障，尤其在城市产业发展面临转型升级和创新驱动的时代背景下，文化教育事业快速发展和人才资本积累与增值甚为重要，而这些能否成为现实很大程度上依赖于高等教育的发展。

联合国经济与社会事务部人口司2010年3月25日发布了《世界城市化展望(2009年修正版)》。人口司司长兹洛特尼克说："中国在过去30年中的城市化速度极快，超过了其他国家。"目前全球超过50万人口的城市中，有四分之一在中国。报告说，拥有相当规模人口的城市数量显著增加，显示出中国城市化水平快速上升；中国的城市化水平从1980年的19%跃升至2010年的47%，预计至2025年将达到59%；中国城市化速度世界第一。[1] 世界现代化

〔1〕 孙宇挺.联合国报告:中国是世界上城市化速度最快的国家[EB/OL]. http://news.xinhuanet.com/life/2010-03/26/content13248785.htm.2010-03-26.

城市的成功经验表明:人才资源的快速增长是城市现代化建设最直接、最重要的推动力量。城市化和高等教育毛入学率是衡量一个国家或地区现代化水平的标志。中国社会科学院 2000 年的一项研究成果表明,影响我国现代化水平的三项主要指标是 GNP、城市化水平和大学生入学率。[1] 因此,为了提高我国的现代化水平,在提高绿色 GNP 的基础上,必须加快城市化水平和高等教育发展水平。

第一节　高等教育与城市化发展水平的互动关系

区域高等教育与城市化发展水平之间的关系研究,是当前高等教育学研究中的一个热点问题。本章主要研究苏南地区高等教育与城市化发展水平之间的互动关系。通过对这种互动关系的研究来说明高等教育发展是促进区域城市化发展的重要推动力,而城市化的发展又为高等教育发展提供了动力与保障,两者只有保持着良性互动关系,才能打开区域经济与高等教育共同发展的积极局面。本章在苏南地区相关指标数据的基础上构建实证模型,对苏南高等教育与城市化水平之间的协同发展关系进行计量分析;基于计量模型得出的结果,阐述两者间的互动关系与协同程度,为区域高等教育改革与发展提出政策与建议,并为相关部门提供决策参考。

一、城市与城市化

城市的产生是生产力发展的一个重要标志。城市是一种经济现象,是人类的第二次革命。把许多自给自足的小农村变成了人口众多的城市,这种城市用较高级的工业和对外贸易培养起来,并且组成了国家。[2]

城市作为一种客观存在,已经有五千多年的历史,是世界各国传承文明、集聚人类、创造财富的最主要地域。城市是在“城”与“市”的基础上产生且发展起来的。“城”和“市”最开始是两个不同概念。“城”早于“市”出现。汉字“国”其一的意义就是指城邑,“国”的字型的直观显示就是指四围的城墙,且具有防御功能,表达了人类原初时代在“城”创立上的共性。[3] 而“市”是一个具有贸易、交换功能的概念,是指商品交换的场所。伴随着生产力的进步和商品交换的频繁,城和市最终结合起来。国内外学者从不同的角度对此概念加以

〔1〕 林霞.浅析城市化进程与高等教育的良性互动[J].南京中医药大学学报,2006(3):53—56.
〔2〕 柴尔德.远古文化史.周进楷,译.上海:上海文艺出版社,1990:51.
〔3〕 郑也夫.古代中西城市与民间社团的比较[J].北京社会科学,2001(1):88.

诠释:城市是经济、政治和人民精神生活的中心,是前进的主要动力[1];饶会林从城市形成和发展的特点出发,从经济学角度描述了城市的定义——城市是生产力发展到一定阶段的产物,是经济密集的社会有机体,是区域发展的中心[2]。

库兹涅茨在《现代经济增长:发现与思考》中提出,城市和乡村之间人口分布方式的变化,即为城市化。也有的学者称城市化为城镇化、都市化,指由农业为主的传统乡村社会,向以工业和服务业为主的现代城市社会逐渐转变的历史过程,具体包括人口职业和产业结构的转变、土地及地域空间的变化。通俗地说,城市化是指人口在城市迅速集中的现象。从世界各国发展经验来看,城市化是工业化推动的结果。工业化需要劳动力在某些经济区域内迅速集中,以此产生聚集的经济效益,带来集约化经营的众多好处。而城市不仅可以提供集约化经营的场所,而且可以创造新的市场和生活方式,以及新的就业需求。

城市化是人类进步必然要经历的过程,是人类社会结构变革中的一个重要路径。城市化程度是衡量一个国家和地区经济、社会、科技文化水平的重要标志,也是衡量国家和地区社会组织程度和管理水平的重要标志。改革开放以来,作为中国经济发展最快地区之一的江苏省,创造了闻名遐迩的苏南经济发展模式。年均国内生产总值曾在较长时期内以两位数的速度增长,远高于全国平均水平,1996 年人均 GDP 超 1000 美元。进入新世纪以来,江苏以"率先全面建成小康社会、率先基本实现现代化"为目标,实现经济持续快速增长。到 2004 年,人均 GDP 超过 2005 美元,第二、第三产业增加值占 GDP 比重达 91.5%,工业化进入中期发展阶段。此时城市化水平达 48%,进入加速发展阶段。[3] 2012 年江苏省 GDP 增长 10.1%,超过 5.4 万亿元人民币,人均 GDP 突破 1 万美元。江苏省的区域创新能力连续多年位居中国前列,2012 年城乡居民人均收入突破 2.96 万元人民币和 1.22 万元人民币,分别增长 12.7%和12.9%。"九五"以来,江苏省积极实施科教兴省战略,"十一五"以来又实施高等教育强省战略,高等教育规模持续发展。江苏省从 1996 年开始在全国率先启动高校扩招政策,年均增长率超过 20%。2000 年高等教育毛入学率达到 15%,在全国率先实现了由精英教育向大众化教育的历史性跨越。2012 年高等教育毛入学率达到 47%,已经开始接近普及化水平。

---

〔1〕 列宁.列宁全集.第 19 卷[M].北京:人民出版社,1958:264.
〔2〕 周毅.城市化释义[J].嘉兴学院学报,2004(1):77—83.
〔3〕 郑培钢,冯缨.江苏高等教育发展与区域经济的互动[J].统计与决策,2007(3):89—91.

二、高等教育与城市化发展的互动关系研究

目前对高等教育和城市化发展的互动关系研究和讨论主要包括理论分析和实证分析两个方面。

（一）城市化与高等教育发展互动关系的研究综述

刘铁、郛大光以珠江三角洲城市化和高等教育发展为例，对城市化与高等教育的互动发展规律进行了探讨。珠江三角洲地区城市化发展研究结果表明，城市化与高等教育的互动是加快城市化进程的有效途径。[1] 夏建刚总结了美国等西方国家高等教育与区域经济互动发展的经验，针对我国高等教育及区域经济内部发展不均衡现状，提出相关建议，如加大政策支持，大力发展高等教育，加快建立科技园区，发展社区教育，等等。[2] 马文玲从区域经济学的角度，研究高等教育与区域经济发展的关系，进而提出协调高等教育与区域经济发展之间的政策，如加大政策扶持力度、建立大学科技园和实施高等教育区域化战略等，对区域经济的良性发展提出了相应的依据。[3] 赵士谦、康翠萍认为高等教育与城市化进程彼此渗透：一方面，城市化进程加速了高等教育的大众化、国际化与产业化；另一方面，高等教育的扩张加速了城市化进程，比如以建立吸引高学历者向城市迁移的政策或机制来提升城市化水平。[4]

（二）城市化与高等教育发展相关性的研究综述

城市化与高等教育的相关性研究是一个新兴交叉研究领域。张振助根据高等教育规模发展与学科水平的区域分布，采用相对偏差法[即相对偏差=（在校生比重－人口比重）/人口比重＊100%]，分别基于高等教育规模水平、高等教育学科发展两方面的数据，对高等教育与经济社会发展协调性的区域分布展开分析，从中得出结论并提出相关策略，认为应分类指导，制定与区域经济社会相协调、符合区域高等教育自身发展规律的发展模式，并实现资源由高梯度地区向低梯度地区转移，提高高等教育的整体供给能力。[5] 郭书君、米红采用高等教育毛入学率和每十万人口在校大学生数作为衡量高等教育规模的指标，建立回归模型：$Y=0.002X_1+0.011X_2+19.91$（$Y$ 代表城市化率，X_1 代表人均 GDP，

---

〔1〕 刘铁，郛大光.高等教育发展与城市化进程的互动——以珠江三角洲为例[J].江苏高教，2002(5):28－30.

〔2〕 夏建刚.高等教育与区域经济互动发展研究[J].兵团教育学院学报，2004(1):50－56.

〔3〕 马文玲.高等教育与区域经济发展良性互动研究[J].商场现代化，2007(11):207－208.

〔4〕 赵士谦，康翠萍.高等教育与城市化进程关系辨析[J].沈阳师范大学学报(社会科学版)，2007(2):79－82.

〔5〕 张振助.高等教育与区域互动发展研究——中国的实证分析及策略选择[J].教育发展研究，2003(9):39－44.

X_2代表每十万人口在校大学生数）。依模型可相应地预测不同的变量，即我国城市化率。[1] 赖德胜、郑勤华依据路易斯托和邓肯研究的100个国家30年时间序列的经济数据，回归分析了城市化进程与人力资本提升的关系，证明两者具有强正相关关系。[2] 曹升元、王进以湖南省城市化进程与高等教育发展规模的关系为研究对象，建立了高等教育发展规模与城市化之间互动关系的指数回归模型，得出城市化水平与高等教育发展水平呈现较高正相关性，经济发展水平是促使高等教育与城市化发生互动关系的重要纽带的结论。[3]

第二节　苏南地区高等教育与城市化发展关系的实证分析

一、指标体系的构建

城市化是一个庞大复杂的多元化系统，要从城市化内涵出发，并兼顾城市化的功能和影响，考虑到其内容的全方位性，如人口、经济、社会、居民环境和生活方式等诸多因素，来设计城市化发展水平的度量指标。本研究选取三个方面共计15个指标作为城市化发展水平度量指标体系。

1. 城市经济与产业结构

经济发展是城市发展的基础，这里主要从发展的数量、质量、结构和市场化程度等几个方面选取指标，反映经济发展的常用指标有GDP总量、人均GDP等。

2. 城市人口及居民生活水平

居民生活城市化是整个城市化过程的有机组成部分，也是城市化内涵丰富性的真正体现。伴随着城市化过程的深入和变革，人们的生活质量、消费水平、居住环境和精神文化追求日益提高。人口城市化是区域城市化的核心，表现为人口向工业区聚集、农业人口转为非农业人口。本研究在城市人口数量方面，选取传统的非农业人口这一指标。

3. 城市社会生态水平

城市化过程是随着社会不断发展而发展的，社会发展体现了城市发展的最终目的，也反映了城市经济发展水平和人民生活质量。因而，反映社会城市化水平的指标应从城建设施、交通运输、邮电通讯、医疗卫生、科技教育、社会

〔1〕 郭书君，米红. 我国高等教育规模与城市化互动发展的实证研究[J]. 现代大学教育，2005(5)：45—48.

〔2〕 赖德胜，郑勤华. 当代中国的城市化与教育发展[J]. 北京师范大学学报(社会科学版)，2005(5)：27—35.

〔3〕 曹升元，王进. 高等教育发展规模与城市化互动关系的实证[J]. 求索，2007(6)：117—140.

生态等多方面进行综合考虑。具体见表 7-1。

表 7-1 苏南城市化发展水平的观测指标体系

一级指标	二级指标	三级指标
城市化发展水平	城市经济与产业结构	X_1 为人均 GDP(元)
		X_2 为第三产业从业人员比重(%)
		X_3 为第三产业产值占 GDP 比重(%)
		X_4 为第二产业人员比重(%)
		X_5 为第二产业产值占 GDP 比重(%)
		X_6 为固定资产投资总额(万元)
	城市人口及居民生活	X_7 为非农人口(万人)
		X_8 为社会消费品零售总额(万元)
		X_9 为城乡居民储蓄年末余额(万元)
		X_{10} 为人均拥有公共图书馆藏书(册)
		X_{11} 为人均居住面积(平方米)
	城市社会公共设施	X_{12} 为人均公共绿地面积(平方米)
		X_{13} 为人均铺路面积(平方米)
		X_{14} 为万人拥有公共汽/电车(辆)
		X_{15} 为万人拥有医生(人)

根据指标构建原则,借鉴现有研究成果,结合实际数据的准确性及实际可获得性,选取如下四个主要指标构建高等教育发展指标体系:Y_1 为地方财政一般预算内教育支出(万元),反映城市教育财政支出;Y_2 为万人拥有普通高校在校生数(人);Y_3 为万人拥有高校专任教师数(人),反映省域高校教师队伍实力;Y_4 为万人拥有高校数(所),反映高等教育发展规模和高等教育普及水平,具体见表 7-2。

表 7-2 苏南高等教育发展水平观测指标体系

一级指标	二级指标
高等教育发展水平	Y_1 地方财政一般预算内教育支出(万元)
	Y_2 万人拥有普通高校在校生数(人)
	Y_3 万人拥有高校专任教师数(人)
	Y_4 万人拥有高校数(所)

在城市化水平指标体系构建中,有些能够真实反映城市化水平的指标,由于无法获得或不可量化等原因没有纳入评价体系中,比如各城市三大产业从

业人员素质指标、各城市低碳生产指标、各城市管理水平与精神文明指标等，所以本研究所构建的城市化水平观测指标体系还有待进一步完善。

考虑到资料收集的可行性和实际运用的便捷性，在筛选指标时仅选用了苏南五市近15年部分时间序列数据，由于样本观测值数量少，存在数据分析达不到预期效果的风险。如果在数据资料丰富的情况下，选取时间跨度更广，如选取25年或半个世纪的观测值，可能会得到更真实的测度效果，这是今后需要进一步努力和完善的地方。

二、研究方法

由于城市化和高等教育发展水平的指标过多且具有一定相关性，因此运用基于主成分分析的因子分析法对用于反映城市化发展水平的15个指标和高等教育发展水平的4个指标进行降维合成处理。首先，依据城市化发展水平测量与评价理论，把反映城市化水平的15个指标分成三类，对每一类指标开展因子分析，目的在于降维合成指标，得出各年城市化水平的综合分值。

运用因子分析方法，首先根据相关性大小对指标即观测变量进行分组，使得每组变量代表一个基本结构，从中提取一个潜在主成分，即一个公共因子。对若干组所确定的若干公因子及其标准化得分进行加权求和，计算出综合得分，以此综合得分作为五市各年城市化水平综合变量值和高等教育发展水平综合变量值。

本章论证苏南地区高等教育与城市化发展水平之间的互动联系，为此需要基于高等教育水平和城市化水平的时间序列综合变量值，建立一元回归模型，对各年城市化水平变量和高教水平变量取对数形式，这样可以降低数据异方差性，使数据更加平稳，便于回归分析。为了避免陷入伪回归陷阱，需要运用Eviews 5.0进行协整分析。协整检验的理论的意义在于判断两个具有各自长期波动轨迹的时序变量是否存在协整关系，如果时间序列数据存在协整关系，则它们之间存在一种长期稳定的比例关系。先用ADF检验是为了检查时间序列的平稳性，确定两组序列是同阶单整后再进行协整检验，即对回归方程残差进行单位根检验。同时，对方程进行显著性检验，证明方程是有效成立的。如果回归模型成立，可检验这种长期均衡关系属于正向还是逆向的相互影响。如果回归系数为正值，则证明两者存在正向影响和正效应，变量之间存在相互促进的互动关系；如果回归系数为负值，则证明两者存在逆向影响和负效应，即变量之间是一种相互抑制的反向互动关系。最后根据格兰杰因果检验的结果，确定两个变量之间是否存在格兰杰因果关系及其方向。

区域高等教育和城市化发展水平是一种互动关系，则两者之间必然有着显著的联系，且两者存在互相促进的互动关系，为此，提出如下假设：

假设1：区域高等教育和城市化发展之间存在协整关系，两者存在长期均衡关系，并且高等教育发展对城市化发展有明显影响；

假设2：区域高等教育与城市化发展相互影响程度很大，而且是一种正向的长期影响。

三、因子分析

因子分析(Factor Analysis)是对主成分分析的扩展，是由英国心理学家查尔斯·斯皮尔曼于1904年首先提出的。它是一种数据结构简化技术，即在尽量少损失信息的前提下，用相对很少量的几个潜在公共因子去揭示多个有关联的变量之间的关系。因子分析通过对原始变量(指标)相关矩阵或协方差矩阵内部结构关系的研究，对观测变量进行分组，使得各组内变量相关性较高，不同组之间变量的相关性较低，每组观测变量代表一种基本结构，用一个抽象出来的潜在变量来表示这种基本结构关系，这个潜在变量就称为公共因子。对观测变量进行分解，将每个原始观测变量分解为公共因子和特殊因子，在使得特殊因子作用最小化的前提下，将每个观测变量表示为公共因子的线性组合，其目的之一是探讨一组可观测变量的特征、性质和内部关联性，并揭示有多少主要潜在因子可能影响这些显性观测变量。

因子分析的另一个重要目的是降维和简化数据结构，也可以用于对变量和样本的分类处理。识别数据中潜在的不能直接观察的结构或维度，用一个或几个互不相关的潜在公共主成分去代替存在相关性的多个原始变量，在信息损失最小的情况下，用以解决众多指标(观测变量)的合成降维问题。利用标准化观测变量(指标)的线性组合去构建公因子得分表达式，把标准化观测变量值代入公因子得分计算公式，得到样本的因子得分值，根据各因子得分值及其加权综合值，对变量和样本进行聚类分析、差异分析或回归分析。

(一)因子分析模型中的主要统计量

1. KMO and Bartlett's Sphericity Test

这种实验的结果用于判断数据是否适合用来做因子分析。因子分析中，变量之间有较高相关度，降维或缩减观测变量数目的效果才好。KMO and Bartlett's Sphericity Test 是对采样充足度以及变量间相关性检验的统计手段。Kaiser(1970，1974)提出过一项抽样适足性指数，简称为KMO(Kaiser-Meyer-Olkin Measure of Sampling Adequacy)，其取值在0和1之间，用于判断观测变量之间相关系数是否达到适合做因子分析的程度，当所有变量的相关系数平方和远远大于偏相关系数平方和时，KMO值接近于1，说明变量间的相关性很高而偏相关性较低，变量间很可能存在公共因素，适合做因子分析。一般来说，KMO抽样适足性指数达到0.5以上，就表明可以做因子分析，但可能效果欠佳；如果大于0.7，表明适合做因子分析。Bartlett球面性检验用来验证变量间的相关矩阵是否是单位阵，即各变量间是否独立，若不能否定相关矩阵为单位阵，则说明各变量可能独立提供了一些信息，不存在共同依赖的因素，采用主成分分析模型提取公因素便不合适。球面性检验的原假设为观测变量互不相关，显然只有在拒绝原假设的情况下数据才适合做主成分分析。一般来说，如果统计量的相伴概率小于设定的显著性水平0.05，则拒绝原假设，说明变量适宜做因子分析。

2. 特征值

某一因子的特征值反映了该因子对所有观测变量变异的方差贡献，可以看成是主成分影响力度的指标，代表引入该主成分后可以平均解释多少原始变量的变异信息。特征值越大，表示该主成分的贡献越大。数值上等于该因子在各变量上的因子载荷的平方和。一般以特征值大于或等于1的主成分作为公因子。

3. 方差贡献率

由于因子分析的目的在于寻找到一个或少数几个共同因素（因子），且能够用它们尽可能多地解释观测变量的变异量（方差），因此，需要计算提取的公共主成分（公因子）的方差贡献率，用于表示该主成分解释的方差占原始变量总方差的比例。一般在社会科学研究中以占60%以上为宜。

4. 方差累积贡献率

方差累积贡献率表示前 m 个主成分解释的总方差占原有变量总方差的比例。累积方差贡献率越大，主成分分析的效果就越好。一般来说，特征值大于1的主成分方差累积贡献率达到60%以上，就可以据此确定需要提取的公因子个数。

5. 公因子得分系数和因子得分

公因子得分系数是通过将每一个公因子在各观测变量上的未旋转因子载荷除以该因子的特征值而得来的。将观测变量转化为标准化Z分数形式以后，分别与其公因子得分系数相乘再加总，即获得每个样本（本章为某一地区每年）的因子得分。

6. 综合得分

当提取了多个公因子时，以单一因子的方差贡献率占所有提取因子的总方差贡献率的比重作为该因子的权数，对提取因子的因子得分进行加权求和，再归一化或整数化，就得到综合得分。

为了尽量拉开排名顺序，便于后面的互动关系研究，将城市化三个方面的发展水平及高等教育发展水平的综合得分数值保留小数点后两位，然后同时乘以 100,再加上相同数值 200,得到一个整数(如下文中的 E'),用该整数值作为反映样本属性的综合观测变量值。

(二) 苏南地区五市的因子分析结果

1. 南京市综合得分情况

表 7-3 中的统计结果显示,南京市城市化三个方面的发展水平和高等教育发展水平的 KMO 值与球形检验统计量,基本上达到所要求的最低标准,说明变量之间存在相关关系,所作因子分析合理可行("城市社会公共设施"方面的 KMO 值为 0.444,根据统计学家 Kaiser 给出的分析,KMO 取值近似于 0.5,而且球形检验显著,可以做因子分析[1])。南京市城市化发展三个方面和高等教育发展各自提取的公因子累积方差贡献率(%)分别为 89.017,89.192,81.123,94.513,表明各自提取的公因子都能解释自己原始观测变量变异的 80%以上的信息,且各因子的特征值都大于 1,满足了公因子选择原则的最低要求。据此发现,城市化的第一方面提取了两个公因子,第二方面提取了一个公因子,第三方面提取了两个公因子,因此,可以根据所确定的公因子对观测变量进行降维合成,计算因子得分,结果见表 7-3 的下半部分。

表 7-3 南京市因子分析结果

项目	E_1(城市经济与产业结构)		E_2(城市人口及居民生活)		E_3(城市社会公共设施)			高教发展水平	
KMO 值与球形检验结果	KMO=0.573,球形检验显著		KMO=0.791,球形检验显著		KMO=0.444,球形检验显著			KMO=0.797,球形检验显著	
特征值	3.638	1.703		4.46		2.272	0.973		3.781
方差贡献率(%)	60.637	28.38		89.192		56.794	24.329		94.513
累积方差贡献率(%)	89.017			89.192		81.123			94.513
得分系数	F_1	F_2		F_1		F_1	F_2		F_1
X_1	0.25	−0.217							
X_2	0.219	0.226	X_7	0.222					
X_3	0.265	0.111	X_8	0.214	X_{12}	0.396	0.415	X_1	0.257
X_4	−0.033	0.555	X_9	0.221	X_{13}	0.416	0.21	X_2	0.259
X_5	−0.192	−0.305	X_{10}	0.192	X_{14}	0.271	−0.338	X_3	0.261
X_6	0.237	−0.276	X_{11}	0.209	X_{15}	−0.192	0.835	X_4	0.251
因子得分	F_1	F_2		F_1		F_1	F_2		F_1
1994	−1.7427	−0.8718		−1.2806		−1.4373	0.1050		−0.9319

[1] 夏怡凡. SPSS 统计分析精要与实例详解[M]. 北京:电子工业出版社:399.

续表

项目	E_1（城市经济与产业结构）		E_2（城市人口及居民生活）	E_3（城市社会公共设施）		高教发展水平
1995	−1.4498	−0.6478	−1.2192	−1.3452	0.5530	−0.8730
1996	−1.0960	−0.6304	−1.1404	−1.2243	0.3710	−0.9153
1997	−0.8835	−0.8225	−0.7593	−1.2101	0.5209	−0.8458
1998	−0.4744	1.5922	−0.6685	−0.6206	0.0489	−0.8157
1999	−0.1394	1.5136	−0.5874	−0.5408	0.1612	−0.7069
2000	−0.0238	1.3566	−0.4785	0.2809	−2.0611	−0.7644
2001	0.3136	1.0966	−0.2000	0.7064	−1.6319	−0.4318
2002	0.4925	0.9529	−0.0404	0.1310	−1.2087	−0.0310
2003	0.1313	−0.1064	0.4190	0.2821	−0.9026	0.2490
2004	0.0807	−0.8648	0.6647	0.4614	0.3079	0.5522
2005	0.7716	−0.2754	0.9680	0.7348	0.7357	0.7410
2006	0.9573	−0.3923	1.2285	0.8240	1.2902	1.1446
2007	1.3469	−0.6545	1.3425	1.5221	0.4706	1.6297
2008	1.7157	−1.2459	1.7516	1.4354	1.2397	1.9994

将第一方面和第三方面城市化水平各自提取的两个公因子得分分别加权求和，得到各方面的因子得分，结果见表 7-4 中的 E_1 列和 E_3 列。E_1、E_2、E_3 分别是三个方面城市化发展水平的标准化因子得分。E'_1、E'_2、E'_3分别为城市化三个方面标准化因子得分经过整数变换后的分值，变换公式为：$E'=E\times100+200$，其中，E 值的小数点后保留两位。

表 7-4 中总得分 $N_{城}$ 和总得分 $N_{教}$，分别是南京市城市化发展水平和高等教育发展水平的最终总得分，计算方法为：$N_{城}=E'_1+E'_2+E'_3$（以下其他地区城市化发展水平总得分算法与此相同，不再加以说明）。

表 7-4　南京市综合得分

综合得分	城市化发展水平							高教发展水平	
年份	E_1	E'_1	E_2	E'_2	E_3	E'_3	总得分 $N_{城}$	$E_{教}$	总得分 $N_{教}$
1994	−1.47	53	−1.28	72	−0.97	103	228	−0.93	107
1995	−1.19	81	−1.22	78	−0.78	122	281	−0.87	113
1996	−0.95	105	−1.14	86	−0.75	125	316	−0.92	108
1997	−0.86	114	−0.76	124	−0.69	131	369	−0.85	115

续表

综合得分	城市化发展水平							高教发展水平	
年份	E_1	E_1'	E_2	E_2'	E_3	E_3'	总得分 $N_{城}$	$E_{教}$	总得分 $N_{教}$
1998	0.18	218	−0.67	133	−0.42	158	509	−0.82	118
1999	0.39	239	−0.59	141	−0.33	167	547	−0.71	129
2000	0.42	242	−0.48	152	−0.42	158	552	−0.76	124
2001	0.56	256	−0.20	180	0.01	201	637	−0.43	157
2002	0.64	264	−0.04	196	−0.27	173	633	−0.03	197
2003	0.06	206	0.42	242	−0.07	193	641	0.25	225
2004	−0.22	178	0.66	266	0.42	242	686	0.55	255
2005	0.44	244	0.97	297	0.74	274	814	0.74	274
2006	0.53	253	1.23	323	0.96	296	872	1.14	314
2007	0.71	271	1.34	334	1.21	321	926	1.63	363
2008	0.77	277	1.75	375	1.38	338	990	2.00	400

由表 7-4 中总得分数据可知，南京市城市化发展水平几乎是逐年递增的。这说明南京市在 1994 年到 2008 年这 15 年中，经济、社会、非农人口及居民生活方式都有显著变化，城市化水平在不断深化和提高。表中数据还显示，2008 年城市化水平值是 15 年前（即 1994 年）城市化水平值的 4 倍左右，说明发展速度很快。高等教育发展水平几乎也是逐年递增的。2008 年高等教育水平值是 1994 年的 3 倍多，其发展速度也很快。

2. 苏州市综合得分情况

表 7-5 的统计结果显示，苏州市城市化发展水平的三个方面和高等教育发展水平的 KMO 值与球形检验统计量，都达到规定标准，说明变量之间存在相关关系，适合做因子分析。苏州市三个方面的城市化发展水平各自提取的公因子和高等教育发展水平提取的一个公因子的累积方差贡献率（%）分别为88.854，90.339，88.366，96.339，说明它们各自都能解释自己原始变量变异的 85%以上的信息，满足了因子选择标准对累积方差贡献率的要求，并且它们的特征值都大于 1。据此发现，城市化的第一方面提取了两个公因子，第二方面提取了一个公因子，第三方面提取了两个公因子，因此，可以根据所确定公因子对观测变量进行降维合成，计算因子得分，结果见表 7-5 的下半部分。

表 7-5　苏州市因子分析结果

项目	E_1（城市经济与产业结构）		E_2（城市人口及居民生活）		E_3（城市社会公共设施）			高教发展水平	
KMO 值与球形检验结果	KMO＝0.486，球形检验显著		KMO＝0.681，球形检验显著		KMO＝0.635，球形检验显著			KMO＝0.767，球形检验显著	
特征值	3.885	1.447	4.517		2.619		0.916	3.854	
方差贡献率(%)	64.743	24.111	90.339		65.47		22.896	96.339	
累积方差贡献率(%)	88.854		90.339		88.366			96.339	
因子得分系数	F_1	F_2	F_1		F_1		F_2	F_1	
X_1	0.199	0.421							
X_2	−0.165	0.365	X_7	0.215					
X_3	−0.155	0.53	X_8	0.216	X_{12}	0.358	0.272	X_1	0.251
X_4	0.24	0.013	X_9	0.218	X_{13}	0.353	0.225	X_2	0.256
X_5	0.244	−0.055	X_{10}	0.208	X_{14}	0.322	−0.066	X_3	0.257
X_6	0.222	0.31	X_{11}	0.195	X_{15}	−0.159	0.981	X_4	0.254
因子得分	F_1	F_2	F_1		F_1		F_2	F_1	
1994	0.0854	−2.1439	−1.0962		−0.988		0.1722	−0.7935	
1995	−0.0762	−1.7009	−1.0198		−0.616		0.4348	−0.8244	
1996	−0.5370	−0.8885	−0.9643		−0.906		0.4365	−0.8077	
1997	−0.6432	−0.4238	−0.8111		−0.846		0.3059	−0.8481	
1998	−1.2932	0.4565	−0.7606		−0.32		−0.884	−0.8239	
1999	−1.2628	0.5616	−0.6723		−0.259		−0.894	−0.7824	
2000	−1.1119	0.5961	−0.5258		0.0028		−0.868	−0.6623	
2001	−0.9385	0.7709	−0.2758		−0.783		−0.784	−0.4528	
2002	−0.6198	0.6344	−0.1853		−0.224		−0.694	−0.3386	
2003	0.3535	0.0147	0.3284		−0.297		−0.483	0.1278	
2004	1.0910	−0.1158	0.5201		−0.237		0.85	0.4380	
2005	1.4169	−0.2374	0.6843		0.3036		1.2409	0.8760	
2006	1.1409	0.0362	1.2786		0.9152		2.5547	1.1763	
2007	1.3077	0.6639	1.4778		1.8566		−0.896	1.7956	
2008	1.0872	1.7759	2.0219		2.3985		−0.493	1.9200	

表 7-6 中总得分 $S_{城}$ 和总得分 $S_{教}$ 分别是苏州市城市化发展水平和高等教育发展水平的最终综合得分。E_1、E_2、E_3 是城市化发展水平中三个方面的得分，其中，$E_1=(0.6474\times F_1+0.2411\times F_2)/0.8885$，$E_3=(0.6547\times F_1+0.2290\times F_2)/0.8837$。

表 7-6　苏州市综合得分

综合得分	城市化发展水平							高教发展水平	
年份	E_1	E_1'	E_2	E_2'	E_3	E_3'	总得分 $S_{城}$	$E_{教}$	总得分 $S_{教}$
1994	−0.52	148	−1.10	90	−0.69	131	369	−0.79	121
1995	−0.52	148	−1.02	98	−0.34	166	412	−0.82	118
1996	−0.63	137	−0.96	104	−0.56	144	385	−0.81	119
1997	−0.58	142	−0.81	119	−0.55	145	406	−0.85	115
1998	−0.82	118	−0.76	124	−0.47	153	395	−0.82	118
1999	−0.77	123	−0.67	133	−0.42	158	414	−0.78	122
2000	−0.65	135	−0.53	147	−0.22	178	460	−0.66	134
2001	−0.47	153	−0.28	172	−0.78	122	447	−0.45	155
2002	−0.28	172	−0.19	181	−0.35	165	518	−0.34	166
2003	0.26	226	0.33	233	−0.34	166	625	0.13	213
2004	0.76	276	0.52	252	0.04	204	732	0.44	244
2005	0.97	297	0.68	268	0.55	255	820	0.88	288
2006	0.84	284	1.28	328	1.34	334	946	1.18	318
2007	1.13	313	1.48	348	1.14	314	975	1.80	380
2008	1.27	327	2.02	402	1.65	365	1094	1.92	392

表 7-6 中的数据显示，从整体上来看，苏州市 1994 年—2008 年这 15 年间城市化发展水平呈逐年递增趋势，且 2008 年的发展速度是 1994 年的近 3 倍，说明城市化发展水平呈现了较快的发展势头。高等教育发展水平在这 15 年间也有了 3 倍多的提高。

3. 无锡市综合得分情况

表 7-7 中的统计结果显示，无锡市三个方面城市化发展水平和高等教育发展水平的 KMO 值与球形检验统计量达到了开展因子分析所必需的最低要求，说明变量之间存在一定程度的相关性，可以做因子分析。

无锡市城市化发展水平的三个方面各自提取的公因子和高等教育发展水平提取的公因子的方差累积贡献率都处于 85%左右，且各因子的特征值都大于 1，满足了因子筛选所遵循原则的要求，因此，可以根据相应公因子载荷及其得分系数，计算因子得分。

表 7-7　无锡市因子分析结果

项目	E_1(城市经济与产业结构)			E_2(城市人口及居民生活)		E_3(城市社会公共设施)			高教发展水平
KMO值与球形检验结果	KMO=0.458，球形检验显著			KMO=0.735，球形检验显著		KMO=0.564，球形检验显著			KMO=0.793，球形检验显著
特征值	3.226	2.267		4.296		2.307	1.021		3.838
方差贡献率(%)	53.765	37.79		85.928		57.68	25.534		95.951
累积方差贡献率(%)	91.555			85.928		83.215			95.951
因子得分系数	F_1	F_2		F_1		F_1	F_2		F_1
X_1	0.147	0.385							
X_2	0.273	−0.078	X_7	0.221					
X_3	0.299	0.085	X_8	0.223	X_{12}	0.372	0.106	X_1	0.252
X_4	−0.216	0.29	X_9	0.218	X_{13}	0.359	0.005	X_2	0.26
X_5	−0.256	0.165	X_{10}	0.201	X_{14}	0.408	−0.122	X_3	0.259
X_6	0.109	0.41	X_{11}	0.214	X_{15}	0.009	0.976	X_4	0.249
因子得分	F_1	F_2		F_1		F_1	F_2		F_1
1994	−2.2281	−0.1205		−1.2008		−0.9535	0.5868		−0.9617
1995	−1.5014	−0.1930		−1.1029		−0.9856	0.6761		−0.9569
1996	−1.1070	−0.4054		−1.0454		−0.8208	0.6853		−0.9472
1997	−0.8473	−0.4175		−0.7597		−0.7297	0.8926		−0.9297
1998	0.0575	−0.8587		−0.7216		−0.7119	−1.093		−0.8425
1999	0.2621	−0.9087		−0.6152		−0.6749	−1.021		−0.8082
2000	0.5587	−0.9945		−0.5275		−0.3302	−0.996		−0.5369
2001	1.0930	−0.9517		−0.2889		−0.5436	−1.096		−0.3540
2002	1.3213	−0.8781		−0.1575		−0.2524	−0.014		−0.1442
2003	0.7254	−0.2784		0.4765		−0.129	−0.724		0.2663
2004	0.7785	0.2549		0.3541		0.284	0.9803		0.6837
2005	0.0379	0.8568		1.0665		1.03387	1.2187		0.9349
2006	0.0295	1.1497		1.3771		1.12229	1.674		1.2347
2007	0.2645	1.5823		1.4093		2.19543	−1.17		1.5994
2008	0.5555	2.1629		1.7359		1.49581	−0.6		1.7622

表 7-8 中总得分 $W_{城}$ 和总得分 $W_{教}$ 分别是无锡市城市化发展水平和高等教育发展水平的最终总体得分。E_1、E_2、E_3 是城市化发展水平三个方面的综合得分，其中，$E_1=(0.5377\times F_1+0.3779\times F_2)/0.9156$，$E_3=(0.5768\times F_1+0.2553\times F_2)/0.8322$。

表 7-8　无锡市综合得分

综合得分			城市化发展水平					高教发展水平	
年份	E_1	E'_1	E_2	E'_2	E_3	E'_3	总得分 $W_{城}$	$E_{教}$	总得分 $W_{教}$
1994	−1.36	64	−1.20	80	−0.48	152	296	−0.96	104
1995	−0.96	104	−1.10	90	−0.48	152	346	−0.96	104
1996	−0.82	118	−1.05	95	−0.36	164	377	−0.95	105
1997	−0.67	133	−0.76	124	−0.23	177	434	−0.93	107
1998	−0.32	168	−0.72	128	−0.83	117	413	−0.84	116
1999	−0.22	178	−0.62	138	−0.78	122	438	−0.81	119
2000	−0.08	192	−0.53	147	−0.53	147	486	−0.54	146
2001	0.25	225	−0.29	171	−0.71	129	525	−0.35	165
2002	0.41	241	−0.16	184	−0.18	182	607	−0.14	186
2003	0.31	231	0.48	248	−0.31	169	648	0.27	227
2004	0.56	256	0.35	235	0.50	250	741	0.68	268
2005	0.38	238	1.07	307	1.09	309	854	0.93	293
2006	0.49	249	1.38	338	1.29	329	916	1.23	323
2007	0.81	281	1.41	341	1.16	316	938	1.60	360
2008	1.22	322	1.74	374	0.85	285	981	1.76	376

由表 7-8 中的数据可以看出，无锡市城市化发展水平和高等教育发展水平呈现逐年提高的现象。在 1994—2008 年这 15 年间，无锡市城市化发展水平和高等教育发展水平都增长了 3 倍多，发展速度较快。

4. 常州市综合得分情况

表 7-9 中的统计结果显示，常州市三个方面的城市化发展水平和高等教育发展水平的 KMO 值与球形检验统计量都达到了规定的最低标准，说明变量之间存在相关关系，可以做因子分析。常州市城市化发展水平三个方面各自提取的公因子和高等教育发展水平提取的公因子的方差累积贡献率都处于 90％左右，且各公因子的特征值都大于 1，满足了公因子选取所遵循的准则要求，因此，可以根据相应公因子的因子载荷及其因子得分系数计算因子得分。

表 7-9　常州市因子分析结果

项目	E_1（城市经济与产业结构）		E_2（城市人口及居民生活）		E_3（城市社会公共设施）			高教发展水平	
KMO 值与球形检验结果	KMO＝0.412，球形检验显著		KMO＝0.72，球形检验显著		KMO＝0.533，球形检验显著			KMO＝0.803，球形检验显著	
特征值	3.566	1.785		4.447		2.173	1.377		3.777
方差贡献率（%）	59.434	29.745		88.944		54.319	34.43		94.426
累积方差贡献率（%）	89.179			88.944		88.749			94.426
因子得分系数	F_1	F_2		F_1		F_1	F_2		F_1
X_1	0.233	0.29							
X_2	0.21	−0.231	X_7	0.211					
X_3	0.249	−0.224	X_8	0.216	X_{12}	0.385	0.339	X_1	0.256
X_4	0.266	−0.046	X_9	0.22	X_{13}	0.403	0.291	X_2	0.262
X_5	−0.047	0.508	X_{10}	0.21	X_{14}	0.187	−0.611	X_3	0.263
X_6	0.218	0.336	X_{11}	0.203	X_{15}	−0.34	0.392	X_4	0.248
因子得分	F_1	F_2		F_1		F_1	F_2		F_1
1994	−2.0386	1.6945		−1.1863		−1.3871	0.2726		−0.8739
1995	−1.4953	0.51211		−1.0832		−1.3966	0.3999		−0.8643
1996	−1.1895	−0.2141		−1.0151		−1.4417	0.6314		−0.8546
1997	−1.0136	−0.3814		−0.7762		−1.3328	0.727		−0.8855
1998	0.03416	−1.21		−1.0113		−0.1005	−1.03		−0.8682
1999	0.08438	−1.2646		−0.5729		0.11326	−1.505		−0.8574
2000	0.11852	−1.1307		−0.4580		0.20061	−1.576		−0.8131
2001	0.16187	−0.9439		−0.2054		0.39792	−1.661		−0.5468
2002	0.27499	−0.8691		0.0065		0.15315	−0.297		−0.0110
2003	0.44878	−0.3498		0.4297		0.42783	−0.117		0.3778
2004	0.54949	0.07522		0.5729		0.18059	0.4315		0.7261
2005	0.57394	0.95643		0.8399		0.27046	0.5734		0.9728
2006	0.86383	0.76485		1.0502		0.66162	1.476		1.1812
2007	1.23494	0.81087		1.5444		1.56682	0.6444		1.5763
2008	1.39206	1.54973		1.8647		1.68645	1.0294		1.7406

表 7-10 中总得分 $C_{城}$ 和总得分 $C_{教}$ 分别是常州市城市化发展水平和高等教育发展水平的最终综合得分。E_1、E_2、E_3 分别是城市化发展水平三个方面的综合得分，其中，$E_1=(0.5943\times F_1+0.2975\times F_2)/0.8918$，$E_3=(0.5432\times F_1+0.3443\times F_2)/0.8875$。

表 7-10　常州市综合得分

综合得分	城市化发展水平							高教发展水平	
年份	E_1	E_1'	E_2	E_2'	E_3	E_3'	总得分 $C_城$	$E_教$	总得分 $C_教$
1994	−0.79	121	−1.19	81	−0.74	126	328	−0.87	113
1995	−0.83	117	−1.08	92	−0.70	130	339	−0.86	114
1996	−0.86	114	−1.02	98	−0.64	136	348	−0.85	115
1997	−0.80	120	−0.78	122	−0.53	147	389	−0.89	111
1998	−0.38	162	−1.01	99	−0.46	154	415	−0.87	113
1999	−0.37	163	−0.57	143	−0.51	149	455	−0.86	114
2000	−0.30	170	−0.46	154	−0.49	151	475	−0.81	119
2001	−0.21	179	−0.21	179	−0.40	160	518	−0.55	145
2002	−0.11	189	0.01	201	−0.02	198	588	−0.01	199
2003	0.18	218	0.43	243	0.22	222	683	0.38	238
2004	0.39	239	0.57	257	0.28	228	724	0.73	273
2005	0.70	270	0.84	284	0.39	239	793	0.97	297
2006	0.83	283	1.05	305	0.98	298	886	1.18	318
2007	1.09	309	1.54	354	1.21	321	984	1.58	358
2008	1.44	344	1.86	386	1.43	343	1073	1.74	374

由表 7-10 可知，常州市城市化发展水平和高等教育发展水平处在逐渐递增状态。常州市在 1994 年—2008 年的 15 年间，城市化发展水平得到不断提高，而高等教育发展水平只是在进入 21 世纪以后才有显著提高。

5. 镇江市综合得分情况

表 7-11 中的统计结果显示，镇江市三个方面的城市化发展水平和高等教育发展水平的 KMO 值与球形检验统计量都达到了规定标准，说明变量之间存在相关关系，适合做主成分分析。镇江市城市化发展水平的三个方面各自提取的公因子和高等教育发展水平提取的公因子的方差累积贡献率达到 80% 以上，且各公因子的特征值都大于 1，满足了选取因子所遵循原则的要求，因此，可以根据相应公因子的载荷和得分系数，计算因子得分。

表 7-11 镇江市因子分析结果

项目	E_1(城市经济与产业结构)			E_2(城市人口及居民生活)		E_3(城市社会公共设施)			高教发展水平	
KMO值与球形检验结果	KMO=0.473，球形检验显著			KMO=0.8，球形检验显著		KMO=0.661，球形检验显著			KMO=0.684，球形检验显著	
特征值	3.607	1.639		4.668		2.21	1.003		3.092	0.833
方差贡献率(%)	60.121	27.311		93.37		55.256	25.085		77.291	20.813
累积方差贡献率(%)	87.432			93.37		80.341			98.105	
因子得分系数	F_1	F_2		F_1		F_1	F_2		F_1	F_2
X_1	0.264	−0.126								
X_2	0.163	0.427	X_7	0.204						
X_3	0.154	0.481	X_8	0.21	X_{12}	0.394	−0.057	X_1	0.303	0.368
X_4	0.229	0.042	X_9	0.21	X_{13}	0.409	0.047	X_2	0.319	0.135
X_5	0.195	−0.386	X_{10}	0.209	X_{14}	0.089	0.967	X_3	0.318	0.058
X_6	0.259	−0.174	X_{11}	0.202	X_{15}	−0.349	0.238	X_4	−0.169	1.022
因子得分	F_1	F_2		F_1		F_1	F_2		F_1	F_2
1994	−1.413	−1.783		−1.156		−1.118	0.843		−1.068	0.471
1995	−1.293	−0.987		−1.085		−0.870	0.970		−1.031	0.489
1996	−1.201	−0.496		−0.984		−0.962	−0.973		−0.937	0.515
1997	−1.011	−0.379		−0.742		−0.976	−1.470		−0.997	0.512
1998	−0.323	0.946		−0.745		−0.261	0.990		−0.970	0.532
1999	−0.255	1.124		−0.617		−0.491	1.148		−0.840	0.573
2000	−0.212	1.219		−0.482		−0.035	0.982		−0.589	−0.510
2001	−0.192	1.329		−0.306		0.460	1.221		0.082	−2.641
2002	−0.088	1.165		−0.228		−0.305	−1.459		0.299	−1.384
2003	0.306	0.606		0.443		−0.062	−1.248		0.400	−1.146
2004	0.579	0.067		0.494		−0.287	−0.398		0.386	0.103
2005	0.722	−0.594		0.712		0.594	−0.039		0.821	0.252
2006	1.071	−0.689		1.108		0.123	0.032		1.086	0.405
2007	1.537	−0.365		1.651		1.735	−0.778		1.543	0.811
2008	1.773	−1.163		1.938		2.456	0.180		1.815	1.019

表 7-12 中总得分 $Z_{城}$ 和总得分 $Z_{教}$，分别是镇江市城市化发展水平和高等教育发展水平的最终综合得分。E_1、E_2、E_3 分别是城市化发展水平三个方面的综合得分，其中，$E_1=(0.6012\times F_1+0.2731\times F_2)/0.8743$，$E_3=(0.5526\times$

$F_1+0.2509\times F_2)/0.8034$。由于从高等教育观测变量中提取了 2 个公因子，因此，高教发展水平总得分为两个公因子的加权平均分，$Z_{教}=(0.7729\times F_1+0.2081\times F_2)/0.9810$。

表 7-12　镇江市综合得分

综合得分			城市化发展水平					高教发展水平	
年份	E_1	E_1'	E_2	E_2'	E_3	E_3'	总得分 $Z_{城}$	教 E	总得分 $Z_{教}$
1994	−1.53	47	−1.16	84	−0.51	149	280	−0.74	126
1995	−1.20	80	−1.09	91	−0.30	170	341	−0.71	129
1996	−0.98	102	−0.98	102	−0.97	103	307	−0.63	137
1997	−0.81	119	−0.74	126	−1.13	87	332	−0.68	132
1998	0.07	207	−0.74	126	0.13	213	546	−0.65	135
1999	0.18	218	−0.62	138	0.02	202	558	−0.54	146
2000	0.24	224	−0.48	152	0.28	228	604	−0.57	143
2001	0.28	228	−0.31	169	0.70	270	667	−0.50	150
2002	0.30	230	−0.23	177	−0.67	133	540	−0.06	194
2003	0.40	240	0.44	244	−0.43	157	641	0.07	207
2004	0.42	242	0.49	249	−0.32	168	659	0.33	233
2005	0.31	231	0.71	271	0.40	240	742	0.70	270
2006	0.52	252	1.11	311	0.09	209	772	0.94	294
2007	0.94	294	1.65	365	0.95	295	954	1.39	339
2008	0.86	286	1.94	394	1.75	375	1055	1.65	365

表 7-12 中的数据显示，镇江市城市化发展水平和高等教育发展水平呈现逐年提高的现象。2008 年城市化发展水平和高等教育发展水平比 1994 年增长了 3 倍左右，城市化发展水平和高等教育发展水平出现同步上升的现象。

四、苏南五个城市城市化发展水平和高等教育发展水平协整分析

（一）序列单位根检验

进行协整分析之前，要对两组时间序列数据进行单位根检验。先对苏南五个城市城市化发展水平和高等教育发展水平的总得分时序数据求自然对数值，以便减少数据中存在的异方差，使数据更加平稳，便于建立模型。在计量经济学建模过程中，如果变量的观测值为时间序列数据，一般存在平稳和非平稳两类情况。对非平稳的时间序列数据进行回归分析往往会出现伪回归现象，导致结论无效。而在经济生活中，绝大多数时序变量都是非平稳的，在研究时间序列数据时，非常重要的一点是要考查序列的平稳性。必须确认两组

序列数据都是平稳的或者存在协整关系，以此证明两组序列具有长期均衡关系，才可以进一步做回归分析。

首先，对苏南五市的城市化发展水平与高教发展水平得分的时序数据的平稳性进行单位根检验，通常采用 ADF 检验法，结果见表 7-13。

检验原则为：若统计量的值大于临界值，则接受原假设，即原序列服从单位根过程，是不平稳的；若统计量的值小于临界值，则拒绝原假设，即原序列在此种情况下不服从单位根过程，是平稳的。一般地，如果时间序列经过 d 次差分后成为平稳序列，称此序列为 d 阶单整，记为 $I(d)$。其中，d 表示单整阶数，是序列包含的单位根个数。

表 7-13 中呈现的是 ADF 单位根检验结果，南京、苏州、无锡、常州四个城市都存在一阶差分序列有单位根的情况，进行二阶差分序列平稳性检验，结果显示不存在单位根。因此，上述四个城市城市化发展水平和高等教育发展水平的得分序列都是二阶单整时间序列，即 $I(2)$。镇江不同，是一阶单整序列。

表 7-13　苏南五市的 ADF 检验结果

城市名		t 统计量	P 值	临界值	
南京	$\Delta^2 N_{城}$	−5.044332	0.0029	1%	−4.200056
				5%	−3.175352
				10%	−2.728985
	$\Delta^2 N_{教}$	−5.718285	0.0008	1%	−4.12199
				5%	−3.14492
				10%	−2.71375
苏州	$\Delta^2 S_{城}$	−7.045774	0.0001	1%	−4.12199
				5%	−3.14492
				10%	−2.713751
	$\Delta^2 S_{教}$	−6.981248	0.0001	1%	−4.12199
				5%	−3.14492
				10%	−2.713751
无锡	$\Delta^2 W_{城}$	−6.128103	0.0005	1%	−4.12199
				5%	−3.14492
				10%	−2.713751
	$\Delta^2 W_{教}$	−4.94272	0.0027	1%	−4.12199
				5%	−3.14492
				10%	−2.713751

续表

城市名		t统计量	P值	临界值	
常州	$\Delta^2 C_{城}$	−3.712567	0.0733	1%	−5.295384
				5%	−4.008157
				10%	−3.460791
	$\Delta^2 C_{教}$	−2.733158	0.0108	1%	−2.771926
				5%	−1.974028
				10%	−1.602922
镇江	$\Delta^2 Z_{城}$	−4.232816	0.0271	1%	−4.886426
				5%	−3.828975
				10%	−3.362984
	$\Delta^2 Z_{教}$	−3.997058	0.0387	1%	−4.886426
				5%	−3.828975
				10%	−3.362984

例如，南京 $N_{城}$ 的 t 统计量为−5.044332，其相应的概率值 P 为 0.0029，在 1%、5%、10%显著性水平下的 t 统计量临界值分别为−4.200056、−3.175352、−2.728985。序列 $N_{城}$ 二阶差分的 ADF 检验的 t 统计量都比三个不同显著性水平下的临界值小，因此，可以拒绝原假设，即可认为 $N_{城}$ 二阶差分序列没有单位根，也即 $N_{城}$ 二阶差分序列是平稳的，可以进行回归分析与格兰杰因果检验。

对镇江城市化发展水平 $Z_{城}$ 与高等教育发展水平 $Z_{教}$ 进行一阶差分序列的平稳性检验，结果显示，序列 $Z_{城}$ 和 $Z_{教}$ 的统计量与临界值相比较，在 5%的显著性水平下可以拒绝原假设，即可认为 $Z_{城}$ 和 $Z_{教}$ 的一阶差分序列是平稳的，即序列是一阶单整序列 $I(1)$。

（二）协整分析

如果两个或两个以上时间序列变量呈现出非稳定性，但它们的某种线性组合呈现稳定性，则这两个变量之间便存在长期稳定关系，即协整关系。协整的经济意义在于：两个变量，虽然它们具有各自的长期波动规律，但是如果它们是同阶单整并且是协整的，则它们之间存在一个长期稳定的比例关系。[1] E-G两步法协整检验的思想是对由同阶单整变量构成的回归方程的残差进行单位根检验，若残差序列是平稳序列，则表明方程的因变量和自变量之间存在协整关系，否则不存在协整关系。

〔1〕 康承东. FDI、FPI 与经济增长之间的关系研究：以美国为例[J]. 世界经济研究，2005(11)：31−43.

第一步，利用对数形式的城市化变量和高教变量，构建一元线性回归方程，回归估计结果如表 7-14 所示。

表 7-14　苏南五市线性回归方程

城市	城市化发展水平作为因变量(Y_1)，高等教育发展水平作为自变量(X_1)	高等教育发展水平作为因变量(Y_2)，城市化发展水平作为自变量(X_2)
南京	$Y_1=2.039+0.824X_1$	$Y_2=-0.757+0.942X_2$
苏州	$Y_1=2.023+0.828X_1$	$Y_2=-2.309+1.186X_2$
无锡	$Y_1=2.301+0.776X_1$	$Y_2=-2.645+1.237X_2$
常州	$Y_1=2.193+0.796X_1$	$Y_2=-2.251+1.176X_2$
镇江	$Y_1=1.582+0.907X_1$	$Y_2=0.245+0.788X_2$

第二步，对回归方程残差进行单位根检验，结果如表 7-15 所示。

表 7-15　回归方程残差的单位根检验

城市及因变量	t_1 统计量	P值	临界值		P值	t_2 统计量	城市及因变量
			1%	−2.771926			
南京 Y_1	−2.386149	0.022	5%	−1.974028	0.0609	−1.870399	南京 Y_2
			10%	−1.602922			
			1%	−2.740613			
苏州 Y_1	−6.583177	0.0001	5%	−1.96843	0.0001	−6.156636	苏州 Y_2
			10%	−1.604392			
			1%	−2.740613			
无锡 Y_1	−4.367987	0.0003	5%	−1.96843	0.0013	−3.691655	无锡 Y_2
			10%	−1.604392			
			1%	−2.792154			
常州 Y_1	−3.224955	0.0042	5%	−1.977738	0.0056	−3.082964	常州 Y_2
			10%	−1.602074			
			1%	−2.792154			
镇江 Y_1	−3.688613	0.0017	5%	−1.977738	0.0912	−1.654279	镇江 Y_2
			10%	−1.602074			

由表 7-15 中的检验结果可以看出，南京市高等教育与城市化发展水平回归方程的残差单位根检验 t_1 统计量为−2.386149，其相伴概率值为 0.022，小于 5%显著性水平下的临界值，因此，拒绝残差序列存在单位根的原假设，可以认为回归方程 Y_1 的残差序列是平稳的。t_2 统计量为−1.870399，小于 10%显

著性水平下的临界值，因此可认为回归方程 Y_2 的残差序列同样也是平稳的。根据协整关系的定义，可以认为序列 $\ln N_{城}$ 和序列 $\ln N_{教}$ 具有协整关系，即南京市高等教育与城市化发展水平之间存在着长期稳定的比例关系。

苏州市高等教育与城市化发展水平回归方程的残差单位根检验 t_1 统计量为－6.583177，t_2 统计量为－6.156636，均小于1%显著性水平下的临界值，因此，认为序列 $\ln S_{城}$ 和序列 $\ln S_{教}$ 具有协整关系，即苏州市高等教育与城市化发展水平之间存在着长期稳定的比例关系。

无锡市高等教育与城市化发展水平回归方程的残差单位根检验 t_1 统计量为－4.367987，t_2 统计量为－3.691655，在1%显著水平上可以拒绝零假设，因此序列 $\ln W_{城}$ 和序列 $\ln W_{教}$ 具有协整关系，即无锡市高等教育与城市化发展水平之间存在着长期稳定的比例关系。

常州市高等教育与城市化发展水平回归方程的残差单位根检验 t_1 统计量为－3.224955，t_2 统计量为－3.082964，都在1%显著水平上拒绝零假设，说明序列 $\ln C_{城}$ 和序列 $\ln C_{教}$ 具有协整关系，即常州市高等教育与城市化发展水平之间存在着长期的稳定关系。

镇江市高等教育与城市化发展水平两个回归方程的残差单位根检验 t_1 统计量在1%显著水平上可以拒绝零假设，而 t_2 在10%显著水平上可以拒绝零假设，说明回归方程的残差序列平稳，可以认为序列 $\ln Z_{城}$ 和序列 $\ln Z_{教}$ 具有协整关系，即镇江市高等教育与城市化发展水平之间存在着长期稳定的比例关系。

总体上看，南京、苏州、无锡、常州和镇江高等教育时序变量与城市化发展水平时序变量的线性回归方程残差序列不存在单位根，回归方程的残差序列是平稳的，说明两个时间序列变量之间具有协整关系，即说明苏南五市高等教育发展水平与城市化发展水平之间存在着长期稳定的比例关系，变量的增长率表现出共同的增长趋势。据此，前文提出的研究假设一得以验证。

第三步，运用统计方法对回归方程进行统计学检验。

采用t统计量检验回归系数的显著性；采用F统计量检验回归方程整体有效性；计算残差序列与回归预测值序列之间的斯皮尔曼等级相关系数，可判断出回归方程残差序列是否存在异方差；利用可决系数 R^2，可判断回归方程的拟合优度；采用DW统计量，可判断回归残差序列是否存在一阶序列自相关，DW统计量的上、下界表要求 $n>15$，这是因为样本观测值如果太少，就很难对残差的自相关性做出正确诊断。鉴于本研究中样本容量小于DW检验所要求的最低数量，故不再进行DW检验。[1] 假定协整回归的残差不存在序列自相关问题，具

〔1〕 何晓群.实用回归分析[M].北京：高等教育出版社，2008：132.

体检验结果如表 7-16 所示(表中 t 检验、F 检验的显著性水平定为 0.05)。

表 7-16　苏南五市回归方程的相关检验

方程检验		t 检验	F 检验	R^2	Spearman 检验	
					r_s	sig.
南京	Y_1	显著	显著	0.776	−0.604	0.017
	Y_2	显著	显著		−0.089	0.751
苏州	Y_1	显著	显著	0.982	−0.072	0.8
	Y_2	显著	显著		−0.261	0.348
无锡	Y_1	显著	显著	0.961	0.399	0.141
	Y_2	显著	显著		−0.243	0.383
常州	Y_1	显著	显著	0.937	−0.439	0.101
	Y_2	显著	显著		−0.636	0.011
镇江	Y_1	显著	显著	0.715	−0.746	0.001
	Y_2	显著	显著		0.314	0.254

查看表 7-16 中的数据,可知五个城市回归方程参数的 t 检验和方程 F 检验统计量的相伴概率均小于 0.05,表明方程系数显著不为零。南京市 Y_1 方程的等级相关系数 $r_s=-0.604$,sig. $=0.017<0.05$,可判断方程残差序列存在异方差问题。常州市 Y_2 方程的等级相关系数 $r_s=-0.636$,sig. $=0.011<0.05$,表明方程残差存在异方差问题。镇江市 Y_1 方程的等级相关系数 $r_s=-0.746$,sig. $=0.001<0.05$,表明方程残差存在异方差问题。当方程残差存在异方差问题时,没有满足线性无偏回归估计所需要的基本前提条件。运用加权最小二乘法对原模型进行变换,使变换后的模型满足同方差性假设,然后进行模型参数的估计,就可得到理想的回归模型。采用权函数为误差项 X 的幂函数 x^m 的倒数,即权数 $w_i=1/x_i^m$,其中,m 为待定的未知参数。运用 SPSS 16.0 进行数据操作,m 取值为 2,得到新回归方程,结果如表 7-17 所示。

表 7-17　加权最小二乘法估计的五市线性回归方程

城市	城市化发展水平作为因变量 Y_1,高等教育发展水平作为自变量 X_1	高等教育发展水平作为因变量 Y_2,城市化发展水平作为自变量 X_2
南京	$Y_1=2.153+0.802X_1$	$Y_2=-0.757+0.942X_2$
苏州	$Y_1=2.023+0.828X_1$	$Y_2=-2.309+1.186X_2$
无锡	$Y_1=2.301+0.776X_1$	$Y_2=-2.645+1.237X_2$
常州	$Y_1=2.193+0.796X_1$	$Y_2=-2.33+1.189X_2$
镇江	$Y_1=1.637+0.896X_1$	$Y_2=0.245+0.788X_2$

南京市 $Y_1=2.153+0.802X_1$，R^2 值达到了 0.8，说明因变量变异中有 80%左右的信息能被自变量所解释，回归方程拟合优度好；t 检验和 F 检验表明系数均很显著，说明回归方程是成立的。

常州市 $Y_2=-2.33+1.189X_2$，R^2 值是 0.943，说明因变量变化中有 94.3%的信息能被自变量所解释，回归方程拟合优度很好；t 检验和 F 检验表明系数均很显著，说明回归方程是成立的。

镇江市 $Y_1=1.637+0.896X_1$，$R^2=0.745$，说明因变量变化中有 75%左右的信息能被自变量解释，回归方程拟合度好；t 检验和 F 检验表明系数均很显著，说明回归方程是成立的。

从回归结果来看，南京市 $Y_1=2.153+0.802X_1$，$Y_2=-0.757+0.942X_2$，方程拟合度达到了 77%，经过加权最小二乘法处理后的 Y_1 的拟合度达到了 80%，系数都通过了 t 检验，方程也通过了 F 检验，而且 P 值均小于 0.01，说明利用南京市 1994 年—2008 年高等教育和城市化发展指数数据序列进行回归分析，得到的回归方程整体通过检验，拟合优度较高，自变量系数 t 检验的相伴概率低于 0.01。高等教育和城市化发展指数变量（对数形式）的回归系数（即弹性系数）分别为 0.802 和 0.942，说明南京市高等教育发展指数每上升 1%，南京市城市化发展指数就上升 0.802%；南京市城市化发展指数上升 1%，南京市高等教育发展指数就上升 0.942%。由此可见，南京高等教育和城市化发展水平之间具有高度互动关联性，且两者存在正向影响和正效应，说明两者之间存在着协同发展的互动关系。

苏州市 $Y_1=2.023+0.828X_1$，$Y_2=-2.309+1.186X_2$，拟合度达到了 98%，t 检验和 F 检验均表明系数显著不为零，说明利用苏州市 1994 年—2008 年高等教育和城市化发展指数得到的回归方程整体通过检验，并且有较高的拟合优度。高等教育和城市化发展指数的弹性系数分别为 0.828 和 1.186，可以解释为苏州市高等教育发展指数每上升 1%，苏州市城市化发展指数就上升 0.828%；苏州市城市化发展指数每上升 1%，苏州市高等教育发展指数就上升 1.186%。由此可见，苏州市高等教育和城市化发展水平之间具有高度相关性，两者之间存在着协同发展的互动关系。

无锡市 $Y_1=2.301+0.776X_1$，$Y_2=-2.645+1.237X_2$，拟合度达到了 96.1%，t 检验和 F 检验均表明系数显著不为零，说明利用无锡市 1994 年—2008 年高等教育和城市化发展指数数据得到的回归方程整体通过检验，并且有较高的拟合优度。高等教育和城市化发展指数的弹性系数分别为 0.776 和 1.237，可以解释为无锡市高等教育发展指数每上升 1%，无锡市城市化发展指数就上升 0.776%；无锡市城市化发展指数每上升 1%，无锡市高等教育发展指数就上升1.237%。由此可见，无锡市高等教育和城市化发展水平之间具有高度相关性，两者之间存在着协同发展的互动关系。

常州市 $Y_1=2.193+0.796X_1$，拟合度达到了 93.7%，利用加权最小二乘法回归估计得到 $Y_2=-2.33+1.189X_2$，拟合优度为 0.943，两个方程的 t 检验和 F 检验均表明系数显著不为零，说明利用常州市 1994 年—2008 年高等教育和城市化发展指数时序数据拟合得到的回归方程整体通过检验，并且有较高的拟合优度。高等教育和城市化发展指数的弹性系数分别为 0.796 和 1.189，可以解释为常州市高等教育发展指数每上升 1%，常州市城市化发展指数就上升0.796%；常州市城市化发展指数每上升 1%，常州市高等教育发展指数就上升 1.189%。由此可见，常州市高等教育和城市化发展水平之间具有高度相关性，两者之间存在着协同发展的互动关系。

镇江市 $Y_1=1.637+0.896X_2$，$Y_2=0.245+0.788X_2$，拟合优度达到了 71.5%，加权最小二乘法回归估计得到的 Y_1 方程的拟合优度达到了 74.5%，两个方程的 t 检验和 F 检验均表明系数显著不为零，说明利用镇江市 1994 年—2008 年高等教育和城市化发展指数时序数据回归估计得到的回归方程整体通过检验，且拟合优度较好。高等教育和城市化发展指数的弹性系数分别为0.896和 0.788，可以解释为镇江市高等教育发展指数每上升 1%，镇江市城市化发展指数就上升 0.896%；镇江市城市化发展指数每上升 1%，镇江市高等教育发展指数就上升 0.788%。由此可见，镇江市高等教育和城市化发展水平之间具有高度相关性，两者之间存在着协同发展的互动关系。

总体来说，从协整分析结果来看，苏南五市回归方程的残差序列是平稳的，变量之间存在着协整关系，区域高等教育和城市化发展水平之间存在长期均衡关系，因此，证明了理论假设一。

从协整回归方程估计结果来看，两变量之间互为因变量和自变量，其回归方程的系数都是正值，则证明两者存在正向影响和正效应，变量之间存在共同增长的长期趋势，是一种协同发展的互动关系，因此，证明了理论假设二。

五、格兰杰因果检验

该检验对城市化发展指数序列与高教发展指数序列进行格兰杰因果检验，滞后阶数分别取 2、3、4，得到苏南五市城市化发展与高等教育发展的格兰杰因果检验结果。

（一）南京市

表 7-18 中的统计结果显示，南京市仅在滞后阶数为 4 时，5%显著性水平下高等教育发展是城市化发展的格兰杰原因。据此，可以认为南京市存在从高等教育发展到城市化发展的单向因果关系，但是不存在反方向的因果关系。

表 7-18　南京市城市化发展与高等教育发展的格兰杰因果检验

滞后阶数	原假设	F值	P值	结论
2	高等教育发展水平不是城市化发展水平的格兰杰原因	1.34929	0.31265	接受
	城市化发展水平不是高等教育发展水平的格兰杰原因	2.38062	0.15445	接受
3	高等教育发展水平不是城市化发展水平的格兰杰原因	1.84176	0.25683	接受
	城市化发展水平不是高等教育发展水平的格兰杰原因	2.18176	0.20852	接受
4	高等教育发展水平不是城市化发展水平的格兰杰原因	49.9982	0.01970	拒绝
	城市化发展水平不是高等教育发展水平的格兰杰原因	2.36758	0.31832	接受

（二）苏州市

表 7-19 中的统计结果显示，苏州市仅在滞后阶数为 2 时，5％显著性水平下高等教育发展是城市化发展的格兰杰原因。根据检验结果，可以认为苏州市存在从高等教育发展到城市化发展的单向因果关系，但是不存在反方向因果关系。

表 7-19　苏州市城市化发展与高等教育发展的格兰杰因果检验

滞后阶数	原假设	F值	P值	结论
2	高等教育发展水平不是城市化发展水平的格兰杰原因	6.07081	0.02489	拒绝
	城市化发展水平不是高等教育发展水平的格兰杰原因	3.87277	0.06664	接受
3	高等教育发展水平不是城市化发展水平的格兰杰原因	4.97692	0.05815	接受
	城市化发展水平不是高等教育发展水平的格兰杰原因	3.03402	0.13161	接受
4	高等教育发展水平不是城市化发展水平的格兰杰原因	1.69636	0.40347	接受
	城市化发展水平不是高等教育发展水平的格兰杰原因	7.42338	0.12223	接受

（三）无锡市

表 7-20 中的统计结果显示，无锡市在滞后阶数为 3 时，高等教育发展是城市化发展的格兰杰原因。在滞后阶数为 2 时，10％显著性水平下高等教育发展是城市化发展的格兰杰原因。据此，可以认为无锡市存在从高等教育发展到城市化发展的单向因果联系，但是不存在反方向因果关系。

表 7-20　无锡市城市化发展与高等教育发展的格兰杰因果检验

滞后阶数	原假设	F值	P值	结论
2	高等教育发展水平不是城市化发展水平的格兰杰原因	3.82237	0.06837	拒绝
	城市化发展水平不是高等教育发展水平的格兰杰原因	1.43549	0.29328	接受
3	高等教育发展水平不是城市化发展水平的格兰杰原因	16.5031	0.00502	拒绝
	城市化发展水平不是高等教育发展水平的格兰杰原因	1.07025	0.44035	接受
4	高等教育发展水平不是城市化发展水平的格兰杰原因	6.32153	0.14122	接受
	城市化发展水平不是高等教育发展水平的格兰杰原因	0.32433	0.84520	接受

（四）常州市

由表 7-21 中的统计结果可知，常州市在滞后阶数为 2 和 4 时，城市化发展是高等教育发展的格兰杰原因。在滞后阶数为 3 时，5%显著性水平下高等教育发展是城市化发展的格兰杰原因。据此，可以认为常州市存在高等教育发展和城市化发展的双向因果关系。

表 7-21　常州市城市化发展与高等教育发展的格兰杰因果检验

滞后阶数	原假设	F值	P值	结论
2	高等教育发展水平不是城市化发展水平的格兰杰原因	2.08253	0.18703	接受
	城市化发展水平不是高等教育发展水平的格兰杰原因	3.18298	0.09617	拒绝
3	高等教育发展水平不是城市化发展水平的格兰杰原因	10.4102	0.01368	拒绝
	城市化发展水平不是高等教育发展水平的格兰杰原因	2.15158	0.21227	接受
4	高等教育发展水平不是城市化发展水平的格兰杰原因	5.62191	0.15668	接受
	城市化发展水平不是高等教育发展水平的格兰杰原因	21.0760	0.04581	拒绝

（五）镇江市

表 7-22 中的统计结果显示，镇江市在滞后阶数分别为 2、3、4 时，城市化发展与高等教育发展之间都不存在单向或双向格兰杰因果关系，说明镇江市城市化发展与高等教育发展之间没有显著因果联系。但是，两者不存在格兰杰因果关系，并不代表两者就不相关，因为在存在长期协整关系的前提下，二者之间的互动可能不存在先后之分，也可能同时共同受第三方力量的影响，又或者 15 年的序列数据还是太少，两者的因果联系还没有被捕捉到，可能还需要更长时间的考察。因为镇江市城市化发展与高等教育发展的时间序列指数变量之间具有协整关系，指数变量的增长率表现出共同增长趋势，并且协整回归方程中系数都是正值，因此，镇江市高等教育和城市化发展之间具有高度相关性，两者之间存在着协同发展的正向互动关系，可能存在耦合交替上升趋势。

表 7-22　镇江市城市化发展与高等教育发展的格兰杰因果检验

滞后阶数	原假设	F值	P值	结论
2	高等教育发展水平不是城市化发展水平的格兰杰原因	1.30715	0.32270	接受
	城市化发展水平不是高等教育发展水平的格兰杰原因	1.19545	0.35136	接受
3	高等教育发展水平不是城市化发展水平的格兰杰原因	0.77189	0.55741	接受
	城市化发展水平不是高等教育发展水平的格兰杰原因	1.55935	0.30932	接受
4	高等教育发展水平不是城市化发展水平的格兰杰原因	4.03987	0.20814	接受
	城市化发展水平不是高等教育发展水平的格兰杰原因	7.51616	0.12086	接受

第三节 苏南地区高等教育与城市化发展的互动策略

一、苏南地区高等教育与城市化发展互动关系分析

考察因子分析法得到的综合得分即发展指数序列，可以发现，1994 年—2008 年的 15 年间，苏南五市高等教育发展和城市化发展在整体上都呈现出一种稳步增长的发展态势。

从协整分析结果来看，苏南五市高教与城市化发展的回归估计方程的残差序列都是平稳的，时间序列变量之间具有协整关系，即高等教育与城市化发展水平之间存在长期动态均衡关系，发展指数变量增长率表现出共同增长趋势。伴随着区域高等教育发展，城市化也在发展，它们之间存在长期协整关系，这就说明区域高等教育和城市化发展之间存在互动关系，两者在互相发展中都起到了相互助推的作用。

从协整回归方程来看，以两个指数变量互为因变量和自变量来构建回归模型，回归估计结果显示，方程系数都是正值，说明苏南高等教育和城市化发展之间具有高度相关性，两者之间存在着协同发展的互动关系，可以证明区域高等教育与城市化发展之间是一种互相促进的互动关系。也就是说，高等教育的发展促进了城市化发展，而城市化发展也同时为高等教育发展提供了经济与物质保障。

从格兰杰因果检验结果来看，南京、苏州、无锡的高等教育发展是城市化发展的格兰杰原因，而高等教育发展不是城市化发展的格兰杰原因，二者是单向因果关系。常州高等教育发展和城市化发展之间互为格兰杰因果关系，二者呈现双向因果关系。

尽管在南京、苏州、无锡和镇江的格兰杰因果检验中，城市化发展不是高等教育发展的格兰杰原因，但并不能说明两者之间没有任何关联，只是不存在格兰杰式因果关系而已。协整分析结果说明二者之间存在长期稳定的比例关系，发展指数变量的增长率表现出共同的增长趋势，也许是城市化发展的多面性和复杂性导致格兰杰因果关系并未充分表现出来。但不可否认的是，城市化发展水平的高低对高等教育发展有着重要影响，这也符合现实情况。

从苏南地区城市化发展的现实情况来看，城市化发展促进了大量人口转移，除给第二、第三产业发展提供了充足人力支持外，同时还吸引了全国各地人才与精英，包括到这里来继续接受教育深造的高素质人才，以及为自己寻求发展机会和发挥自己潜力的职业精英，他们为苏南地区的经济发展提供了智力支持。苏南经济实力不断提升，又吸引了更多企业前来投资或建厂，包括外

商投资，如南京工业园区、苏州工业园区、镇江国际化工业园和视光学产业园等，这些企业为当地带来了丰富的物质资源和大量的就业机会，为高等教育发展提供了坚实的物质保障。

城市化发展水平的提高带来的除了经济和产业结构上的发展外，还有居民生活水平和社会发展水平的提高。比如人们的生活质量、消费水平、居住环境日益提高，精神文化追求日益强烈，另外，基础设施建设、交通运输、医疗卫生等方面的需求也日益旺盛。居民生活城市化和社会城市化水平的提高给苏南地区创造了良好的生活环境和工作氛围。鸟择林而栖，人择境而居。良好的生活环境和工作氛围对人类健康生存与发展起到了关键性作用，因此，吸引了更多的人才与精英来这里学习、就业与生活，同时也能为企业带来良好的工作环境和企业形象，为人们身心发展提供更好的条件，进而能够推动社会精神文明建设，为创建和谐社会奠定坚实基础。

镇江的高等教育发展与城市化发展之间不存在单向或双向格兰杰因果关系，但并不代表二者就不相关，二者之间也有可能有间接的相互影响。因为时间序列变量之间具有协整关系，从长期看，这两个变量之间还是存在长期稳定的均衡关系的，二者之间存在着协同发展的正向影响的互动关系，只是直接的先因后果式关系还没有显现出来。

镇江作为省辖市，作为传统意义上富裕的苏南地区的一员，却与其他各市差距较大。苏南这一宽泛的概念，掩盖了镇江发展水平相对较低的事实。从城市化发展水平中的经济发展水平这一指标来看，人均 GDP 作为比较各市经济发展水平的主要指标，1994 年镇江的人均 GDP 水平(8447 元)是南京(8876 元)的 95.2%、苏州(12615 元)的 66.9%、无锡(14177 元)的 59.6%、常州(9502 元)的 88.9%。然而，截至 2008 年，镇江市人均 GDP(52390 元)仅为南京(60807 元)的 86.2%、苏州(106863 元)的 49.0%、无锡(95460 元)的 54.9%、常州(61504 元)的 85.2%，15 年时间里与苏南其他四市的差距已经明显扩大。投资是刺激国民经济的重要因素，固定资产投资与经济增长有着极密切的联系。根据 2008 年的统计数据，镇江固定资产投资总额为 456.22 亿元，远低于南京的 1736.48 亿元、苏州的 1937.79 亿元、无锡的 1370.38 亿元和常州的 951.41 亿元。据实证研究，GDP 与金融机构人民币存款余额之间存在高度正相关关系。[1] 从城乡居民年末储蓄余额来看，2008 年镇江年末储蓄余额(686.71 亿元)仅为南京(2505.33 亿元)的 27.4%、苏州(3337.32 亿元)

〔1〕 张晓晨.镇江与苏南地区整体经济发展水平差异的比较分析、原因探究及解决办法[J].中国商贸，2009(12):94－95.

的 20.6%、无锡(2255.89 亿元)的 30.4%、常州(1431.2 亿元)的 48.0%,镇江地区的金融业对于当地发展的支持力明显不足;另一方面,镇江城乡居民家庭储蓄偏低,这也涉及一个“藏富于民”的地方观念的问题。从三次产业比重变动来看,镇江在这 15 年间,产业结构已由“二一三”转换为“二三一”,正向“三二一”的方向转换,社会技术结构水平有所提高。目前,尽管第三产业增长迅速,但第二产业始终占较大比重,说明镇江尚处于工业化发展阶段,对技术进步的需求最敏感。近几年来镇江投资上亿元的项目还限于一些产值比重较小的行业,对其他行业的辐射带动作用很小,资本增加提高了这些行业的技术水平,但对其他行业的发展并没有起到明显的带动作用。另一方面,虽然增加了投资,引进了国外的先进技术设备,但在劳动力素质低下的现实情况下,这些先进设备也不能得到充分的利用,使得大量资金使用效率低下,最终阻碍了经济增长。另外,从其他两个维度指标数据来看,镇江的城市化发展水平还是低于其他四市的发展水平的。

从高等教育发展水平来看,选取镇江与其余各市中最末一名常州的高等教育发展数据进行比较,镇江 1994 年地方财政一般预算内教育支出(5093 万元)是常州(7988 万元)的 63.8%,2008 年(1181100 万元)是常州(280200 万元)的 64.6%。镇江万人拥有普通高校在校生数 1994 年(50 人)为常州 1994 年(32 人)的 1.56 倍,到 2008 年(310 人)是常州(293 人)的 1.05 倍。镇江万人拥有高校专任教师数 1994 年(6 人)为常州(2 人)的 3 倍,到 2008 年(17)人是常州(15 人)的 1 倍左右。其他四市在拥有高校数上在近 15 年有不同程度的增加,1994 年到 2008 年南京从 29 所增加至 41 所,苏州从 9 所增长到 18 所。无锡增加了 9 所,至 2008 年为 11 所,常州由原来的 4 所增加到 9 所。而镇江却没有较大发展,截至 2008 年仅为 5 所。虽然镇江在 15 年间仍然保持着平稳的财政教育支出,但是,要考虑到,同样的支出,常州的高等教育却在此期间有着显著发展与提高,这也说明镇江在高等教育发展方面停滞不前。

总体上来说,镇江实际城市化发展水平和高等教育发展水平与其他四市相比还存在着较大差距,城市化发展水平不能为高等教育发展提供良好的基础条件,而高等教育也对地方贡献不够直接和显著。从实践来看,引进优秀人才为镇江这类中小城市服务的可能性较小。因此,政府应该把教育摆在优先发展的战略地位上,加快培养本地化人才,如快速发展地方职业技术教育,加快培养熟练技术工人和高新技术人才。镇江应该多分析自身现实情况与条件,从实际情况出发,参考同类城市发展经验,制定出适合自身发展的政策和措施。

二、苏南地区高等教育与城市化发展良性互动的策略

(一)充分有效地利用大学城现有资源,加快苏南城市化发展步伐

大学城建设对地方经济发展具有强大的拉动力量,一个大学城将会形成一个新型的生活社区。所有师生的生活起居会给当地带来无尽商机,带动不同形式经济个体增长,渐渐形成新的经济和商业中心。南京、苏州、无锡、常州等地的事实都证明,大学城建设可以令周边土地资源实现价值最大化,提高周围地区投资回报率。例如,餐饮、物业管理和生活服务等方面都存在着巨大需求潜力,从而带动消费增长,创造更多就业机会。另外,许多大学城地区有密集的高校和科研机构,拥有众多中、高级职称人员和研究生,有良好的科技文化氛围和社会环境,科教文体、金融商贸、旅游等现代化城市功能逐渐完善。这些都有利于大学城不仅面向本地区开放,而且面向全社会乃至海外开放,形成新的经济增长点。

在苏南城市化不断深化的过程中,智力支持对其经济发展的推动作用已经得到了广泛认同。综合性大学、科研机构密集的苏南地区,具有得天独厚的智力资源优势。所以,兴建大学城容易吸纳一批动力较强的技术创新型企业。这些企业可能是新兴发展的中小企业,也可能是大型企业的研发中心,它们的共同特点就是寻找新技术和科研成果,并将它们转化为可用来获利的产品。这些企业很容易就能在大学城找到相应技术支持。从大学城的功能来看,特别是以研究型大学为核心的大学城,它们的科技创新及科技成果转化功能与教学科研功能同等重要,集产、学、研、用为一体。大量高新技术企业,由于受到大学城高素质劳动力以及前沿科技研究成果的集聚效应的吸引而在大学城集聚,由此成为高新技术产业的一股强大力量,推动区域高新技术产业发展。因为大学城具有优越的科研条件以及良好的人居环境,这些客观条件必然会吸引大量的精英人才来这里从事高新科技研究,然后,将这些最新科研成果在相应的高新技术产业园区内进行研发。进而,对城市经济发展起了很大推动作用。

总之,大学城在吸引人才、培养人才等多方面的优势,无疑为城市长远发展提供了智力保障。现代竞争归根到底是人才和科技的竞争,大学城必然会为城市带来充足的人力资源。通过对大学城现有资源充分有效的利用,苏南地区能在一定程度上缓解高新技术产业和科技研究人才不足的矛盾,从而能有效保证苏南地区稳定的社会经济效益。另外,大学城具有独特的容纳力与开放性,对一个地区文化氛围的形成及社会风气的转变起着不可估量的巨大影响,有利于提升苏南地区文明程度,提高人口整体素质,增强城市综合实力。

（二）根据苏南城市化发展的特点，革新高校学科专业设置

高校专业结构是否合理在于是否能够实现对苏南地区城市化发展有效对接。主要是指能与经济结构相适应，能充分发挥教育的经济效益，实现人力资源合理配置，以及能积极地促进地方经济发展的专业结构。

各高校必须加大专业结构调整的力度，首先应结合本校的现实条件和发展目标，以社会需求为目标、经济供给能力为支撑，并适应本地城市化发展的现实需要和未来的发展趋势，对现有的专业结构进行深层次的改造和整合。努力加强苏南地区高校的品牌专业、特色专业建设，把突显不同层次、不同类型高校的专业特色和水平作为专业建设的重点内容来应对，把建设具有国内一流水平乃至国际较高水平的品牌专业和特色专业作为苏南地区高校学科专业设置的重要目标。比如南京以信息和软件产业以及生物医药工程专业为主体，以教学研究型为培养方向；无锡和苏州以机电、电子及通信设备、软硬件和精细化工专业为主体，以应用型为培养方向；常州和镇江则以纺织、机械、金属材料加工和化工等专业为主体，以技术型为培养方向。以此培养出专业结构更合理、知识结构更加完善的复合型、国际型的创新型人才，这样才能在真正意义上提高人才培养的质量和效益，提高高等学校毕业生的社会适应性，以满足苏南地区城市化迅猛发展的客观需求，从而实现高校专业结构与地方经济结构的有机对接。

第八章　苏南地区高等教育与经济社会发展的契合与对接

江苏省提出到 2015 年，全省以县为单位达到省定全面小康指标，全面建成更高水平小康社会，苏南等有条件地区率先基本实现现代化。苏南地区历来是江苏省的经济重镇和高等教育高地。2010 年，苏南地区生产总值达到 25185 亿元，新增固定资产投资 7813 亿元，分别占江苏省总额的 60%和 58%。普通高校 87 所，远远高于苏中的 14 所和苏北的 23 所。普通高校和成人高校在校生数分别达到 128.16 万人和 30.59 万人，分别占江苏省普通高校在校生总数的 72%和成人高校在校生总数的 76%。[1] 苏南成功的高等教育发展模式主要有三个特点：走规模化办学之路，实现区域高等教育大众化，培养综合性复合人才，以满足苏南经济发展的需要；构建职业教育立交桥，大力发展高等职业教育，采用高等教育实用型发展模式；大力发展大学城，走特色高等教育群集发展之路。[2] 苏南高等教育发展一直深受经济社会环境的影响，研究分析高等教育与社会经济两者之间结构与水平的对接与契合程度，将有助于苏南地区实现两个“率先”发展目标。

高等教育与经济社会发展的对接与契合，通常应从两个角度来分析，一是发展水平是否契合，二是结构能否对接。发展水平的契合表明高等教育发展水平与经济发展水平相一致，高等教育能为经济发展提供需要的人才，经济发展能为高等教育提供所需要的物质基础。但是近年来高等学校毕业生“就业难”问题也表明，高等教育还存在结构性问题，如果高等教育结构不能与经济结构相适应，一方面不能为经济发展提供所需要的人才，另一方面也造成高校毕业生结构性失业问题。高等教育结构是指高等教育系统内部各组成部分之间在时间、空间、内容等方面的联系方式、相互作用的方式及其比例关系。本

---

〔1〕 本章未注明出处的数据均根据《江苏省统计年鉴(2007－2011)》整理所得。

〔2〕 赵一强，朱永新. 苏南高等教育发展模式探究[J]. 湖南师范大学教育科学学报，2004(4)：48－52.

章所探讨的主要有：体制结构或称所有制结构，即公办院校、民办院校、按市场机制运行的独立学院和中外合作办学院校；层次结构，即按培养层次区分的专科、本科和研究生教育；空间分布结构，即按高等院校地理布局区分；形式结构，即按教育模式区分的成人高等教育、普通高等教育。教育结构和经济结构有着十分密切的关系，一定的经济结构要求有与之相适应的教育结构，教育结构通过提供劳动力供给保障经济结构调整和满足发展需要。高等教育与经济社会发展的关系表明，只有高等教育的规模扩张与教育结构的调整并重，才能实现有效供给，从数量和结构两方面满足地区经济结构调整对劳动力的需求。[1] 本章将从水平与结构两个层面分析苏南地区高等教育与经济社会的衔接与契合状况，进一步探讨优化调整的基本思路和对策建议。

第一节　苏南地区高等教育发展水平与经济发展水平的契合

如何度量高等教育与区域经济发展水平的契合一直以来都是高等教育研究领域较为关注的课题。已有的实证研究表明教育与经济关系有很强的相关关系，但是有关高等教育与区域经济发展这两者协调程度的研究较少。邹阳与李琳运用曲线拟合以及模糊数学隶属度思想，建立经济系统的实际值与高等教育系统对经济系统要求的协调值接近程度的协调度函数，研究认为，2000年—2005年我国高等教育和经济发展整体上处于协调状态，有87%的省份处于协调状态区间，42%的省份处于高度协调状态。但这种协调整体上是一种低水平的协调，即是在高等教育与经济均未获得充分发展条件下的协调。[2] 程兰芳与王园园借鉴生态经济学中的耦合协调度分析法，对我国31个省、市、自治区高等教育与经济增长之间的耦合协调度的实证研究表明，2006年我国大部分地区高等教育与经济增长之间呈现较高的耦合协调状态。[3] 本研究的第四章与第五章分别分析过苏南地区高等教育及经济社会发展水平的实力排序，简便的分析方法是比较高等教育与经济社会发展水平的等级差，但是由于苏南地区仅有5个地市，且排名均较靠前，比较等级差的分析方法在此不再适用。因此，本章引入生态经济学中“环境对经济承载力”——即协调度概念，度量苏南高等教育系统与社会经济系统在发展过程中彼此和谐一致的程度。

[1] 吴开俊．广州经济结构调整与高等教育结构优化相关分析[J]．高教探索，2005(2)：11－14．
[2] 邹阳，李琳．高等教育与区域经济协调发展程度的地区差异分析[J]．高教探索，2008(3)：44－48．
[3] 程兰芳，王园园．我国高等教育与经济增长的协调度研究[J]．现代教育管理，2009(1)：38－40．

一、指标体系与研究方法

(一) 指标体系的构建

要测量高等教育系统与社会经济系统的协调度，涉及两个系统的发展水平及协调关系的计量，依据第四章和第五章的已有研究以及协调度计量的要求，构建了由目标层（协调发展）、系统层（高等教育系统、社会经济系统）和指标层所组成的苏南高等教育与区域经济发展的协调度评价指标体系（见表 8-1）。

表 8-1　苏南高等教育与社会经济发展的协调度评价指标体系

目标层	系统层	指标层	指标属性
高等教育与区域经济协调发展	高等教育系统	教育财政支出（x_1）	正向指标
		人均教育财政支出（x_2）	正向指标
		普通高校数（x_3）	正向指标
		在校生数当量（x_4）	正向指标
		万人在校生数当量（x_5）	正向指标
		专任教师数（x_6）	正向指标
		高级职称数（x_7）	正向指标
		高级职称占比（x_8）	正向指标
		校均学生数当量（x_9）	正向指标
		生师比（x_{10}）	阈值指标
	社会经济系统	人均 GDP（y_1）	正向指标
		非农产业产值占 GDP 比重（y_2）	正向指标
		社会消费品零售总额占 GDP 比重（y_3）	正向指标
		高新技术产业产值占规模以上工业产值比重（y_4）	正向指标
		城市化水平（y_5）	正向指标
		居民人均储蓄存款（y_6）	正向指标
		城镇居民人均可支配收入（y_7）	正向指标
		农村居民人均纯收入（y_8）	正向指标
		城镇居民人均住房建筑面积（y_9）	正向指标
		农村居民人均住房面积（y_{10}）	正向指标
		环境保护占地方财政预算一般支出比例（y_{11}）	正向指标
		城乡社区建设占地方财政预算一般支出比例（y_{12}）	正向指标
		每千人专任教师数（y_{13}）	正向指标
		每千人医疗机构床位数（y_{14}）	正向指标
		每千人公共图书馆图书册数（y_{15}）	正向指标

（二）系统层评价方法

首先对原始数据进行标准化变换，由于样本量较少，为了克服标准化数据比值与原始数据比值相差太大的问题，本章数据标准化方法不再沿用第四章的公式。正向指标的变换公式为：

$$Z(x_{it})=\frac{x_{it}}{x_{\max(t)}}$$

生师比指标是阈值指标，根据教育部相关规定，在平均意义上，可以把本专科的平均生师比 17∶1 作为达标值，因此，这里采用的变换公式为：

$$Z(x_{it})=\begin{cases}0, & x_{it}\leqslant 3\text{ 时}\\ \dfrac{x_{it}}{17}, & 3<x_{it}\leqslant 17\text{ 时}\\ 1, & x_{it}=17\text{ 时}\\ \dfrac{34-x_{it}}{17}, & 17<x_{it}\leqslant 34\text{ 时}\\ 0, & x_{it}\geqslant 34\text{ 时}\end{cases}$$

依据上述数据标准化方法，分别得出高等教育系统及社会经济系统的标准化数值 $Z(x_{it})$和 $Z(y_{it})$，表示第 t 年第 i 个指标的标准化值。设 E 为高等教育系统综合水平、S 为社会经济系统综合发展水平，两者计算公式为：

$$E=\sum_{i=1}^{10}\alpha_i Z(x_{it})$$

$$S=\sum_{i=1}^{15}\beta_i Z(y_{it})$$

α_i与 β_i分别表示高等教育系统与社会经济系统的各个指标标准化数据的权重，权重之和均为 1。采用变异系数法确定 α_i与 β_i的数值。变异系数法的基本原理为：指标值的变异程度越大，提供的信息量越大，在综合评价中所起的作用越大，则其权重也应越大；反之则越小。因此，α_i与 β_i的计算公式分别为：

$$\alpha_i=\frac{\sigma_i}{\sum_{i=1}^{10}\sigma_i}$$

$$\beta_i=\frac{\sigma_i}{\sum_{i=1}^{15}\sigma_i}$$

（三）高等教育与社会经济发展的协调度函数

设 T 表示二者协调系数，计算公式为：$T=\left(\dfrac{E\times S}{\left(\dfrac{E+S}{2}\right)^2}\right)^2$，原理是高等教育

和社会经济协调发展的充分必要条件是 E 和 S 的离差最小[1]，因此，T 越大表明两个系统的协调性越高。设 V 表示两个系统的综合发展水平得分，计算公式为：$V=\alpha E+\beta S$，α 与 β 分别是两个系统的得分权重，假设高等教育系统与社会经济系统同等重要，则取 $\alpha=\beta=0.5$。因此协调度函数的计算公式为：[2]

$$D=\sqrt{T\times V}$$

其中 D 表示协调度，由于原始数据没有采用 0-1 标准化处理，而是采取最大值变换方法进行处理，即某指标数值同除以该指标的最大值，所以 $D\in(0,1]$，其数值越大表明高等教育与社会经济的协调程度越高。

二、结果分析

（一）苏南地区系统协调度分析

依据上述各项计算公式，得到苏南地区 2007 年—2010 年高等教育系统综合发展水平 E、经济社会综合发展水平 S、复合系统综合发展水平 V 以及系统协调度 D，具体数据见表 8-2 和图 8-1。

表 8-2　苏南地区 2007 年—2010 年高教与经济协调度

年份	高教水平	经济水平	系统水平	协调度
2007	0.7309	0.7448	0.7379	0.8589
2008	0.8181	0.8771	0.8476	0.9195
2009	0.9079	0.9416	0.9247	0.9613
2010	0.9974	0.9902	0.9938	0.9969

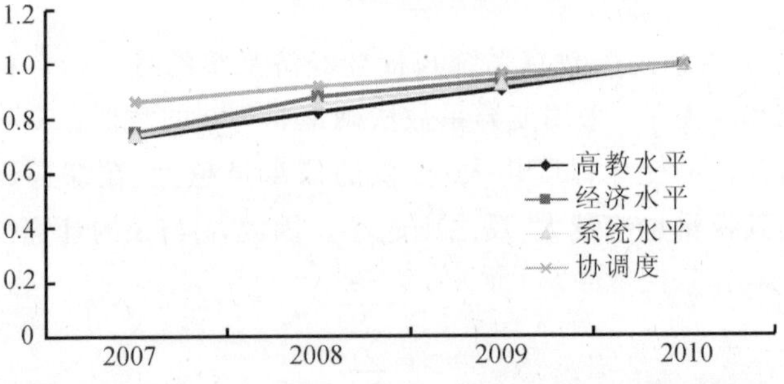

图 8-1　苏南地区 2007 年—2010 年高教与社会经济协调度

由表 8-2 可知，2007 年—2010 年，苏南地区高教发展水平、经济发展水

［1］廖重斌. 环境与经济协调发展的定量评判及其分类体系——以珠江三角洲城市群为例[J]. 热带地理，1999(2)：171－177.

［2］孙乾坤，李豫新，任凤. 区域社会经济和资源环境发展协调度实证分析[J]. 统计与决策，2012(17)：84－87.

平、系统综合发展水平以及系统协调度指标均呈上升趋势。但是,2007 年—2009 年,高教发展水平始终稍滞后于经济发展水平。依据区域经济与环境协调度等级的划分标准(见表 8-3)[1],协调度指标值在 0.8—1.0 之间,表明系统处于协调良好状态。2007 年—2010 年,苏南高等教育与社会经济协调度指标值始终高于 0.8,表明苏南高等教育系统与区域经济系统协调良好。

表 8-3 苏南地区高等教育与社会经济系统协调度等级

协调度	0—0.19	0.2—0.39	0.4—0.59	0.6—0.79	0.8—1.0
等级评价	极不协调	不协调	弱协调	协调	协调良好

(二) 苏南五市的系统协调度分析

依然按照上述计算公式,公式中的 t 不再表示时间,而是表示南京、无锡、常州、苏州、镇江苏南五市,把 2010 年的数据代入公式中得到各指标值(见表 8-4 和图 8-2)。

表 8-4 苏南五市 2010 年高教与经济协调度

城市	高教水平	经济水平	系统水平	协调度
南京	0.9632	0.7903	0.8768	0.9272
无锡	0.2424	0.7436	0.4930	0.5208
常州	0.2056	0.6869	0.4463	0.4738
苏州	0.3396	0.7048	0.5222	0.6343
镇江	0.2120	0.6929	0.4524	0.4827

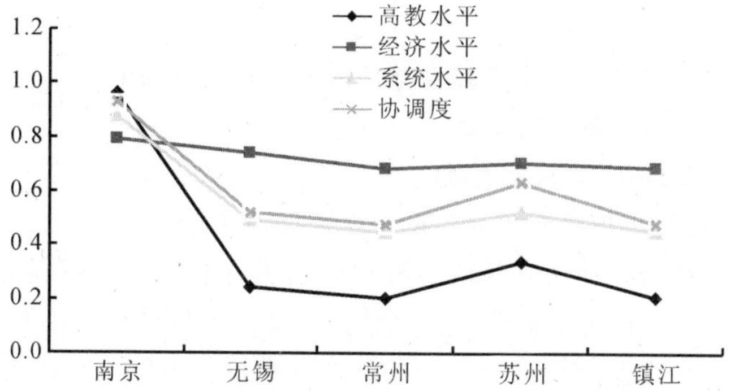

图 8-2 苏南五市 2010 年高教与社会经济协调度

[1] 孙乾坤,李豫新,任凤. 区域社会经济和资源环境发展协调度实证分析[J]. 统计与决策,2012(17):84—87.

由 2010 年数据的计算结果可见，南京市的高教发展水平高于经济发展水平，高等教育与社会经济的系统协调良好。而其他四市的高等教育发展水平均滞后于经济发展水平，无锡市、常州市、镇江市的系统协调度等级为弱协调等级，苏州市为协调等级。

三、苏南地区高等教育与社会经济发展协调度的评述

时间序列纵向比较显示，2007 年—2010 年苏南地区整体高等教育与社会经济各项指标发展态势良好，高等教育、社会经济发展及系统综合水平基本处于同步增长趋势，系统协调度指标值始终处于协调良好范围，且呈现越来越协调的状态。但是，从 2010 年苏南五市的截面横向比较来看，南京市高等教育发展水平较社会经济发展水平更高，其他四市高等教育发展水平明显滞后于经济发展水平。苏南五市的经济发展水平差距不大，但是南京市高教发展水平要明显高于其他四市。

因此，可以认为纵向上苏南地区整体上高教及经济发展态势良好，高教与社会经济发展也处于协调良好等级。但是从横向比较来看，南京市系统协调度等级最高，高教发展水平也以绝对优势明显高于其他四市。研究表明，南京市以省会城市的优势占据了较多高等教育资源，而其他四市由于在争取高教资源上处于显著劣势，因此高等教育发展水平相对滞后于社会经济发展水平。这也进一步证明，苏南地区高等教育发展总体水平较高，但是在空间分布上还存在一定问题。

第二节　苏南地区高等教育结构与经济结构的对接

苏南地区经济结构和高等教育结构的变化趋势有如下特点。

一、经济结构向多元化发展

（一）非公经济得到较大发展

近年来，在以市场机制为导向的经济体制改革进程中，非公经济发展面临着前所未有的机遇。在所有制结构调整中，市场导向的作用日益显著，以民营及个体经济为主体的非公有制经济主体因较适应市场机制而不断显示出旺盛的生命力。在各类非公经济主体中的就业人数增长迅速。2010 年，苏南地区私营企业及个体经济从业人员达到 1002.59 万人，外商和我国港澳台投资单位从业人员数也达到了 144.11 万人，非公经济从业人员总数占全部从业人员数 1934.77 万人的 59.27%。

（二）产业结构更加高度化

苏南地区实现工业化较早，2006 年非农产业产值占地区 GDP 的比重已达

到 97.57%,2010 年三大产业的生产总值分别为 584.33 亿元、13594.77 亿元和 11006.28 亿元,非农产业产值比重达到 97.68%。可见苏南地区产业结构更加高度化,已进入较为成熟的工业化阶段。在三大产业中从业人员结构也发生了较大变化,第一产业从业人员占比继续减少,第二、第三产业从业人员占比继续增加,如第一产业从业人占比已从 2006 年的 11.32%减少到 2010 年的 8.48%。

（三）高新技术产业产值增长迅速

近年来,江苏省积极组织实施《新兴产业倍增计划》,新兴产业实现了跨越式发展,有效地促进了产业结构优化升级。2010 年,产业规模位居全国前列,创新能力不断提升,新兴产业的企业研发投入占全社会研发投入的 50%以上,涉及新兴产业的专利数超过 60%。苏南五市也把新能源、新材料、生物技术和新医药、节能环保、新一代信息技术和软件、物联网和云计算、高端装备制造、新能源汽车、智能电网和海洋工程装备等十大战略性新兴产业作为引领区域国民经济发展的先导产业和支柱产业,高新技术产业产值占规模以上工业总产值比重迅速增长,从 2006 年的 29.00%增长到 36.08%,高于江苏省的整体比重。

（四）对外开放程度更加深化

苏南毗连上海,领改革开放风气之先。20 世纪 90 年代,借助国家开发开放浦东的战略机遇,江苏省把开发开放沿江地区作为战略重点,坚持苏南地区"两头在外"和"三外(外经、外贸、外资)一起上"的发展策略,充分利用外部资源和外部市场,实施外部带动战略,形成了苏南外向型经济全面发展的态势,深刻影响了该地区的经济产业结构。苏南地区进出口总额从 2006 年的 2602.09亿美元增加到 2010 年的 4113.32 亿美元,增长迅速。截至 2010 年,苏南地区外商和我国港澳台商投资企业单位数达 9928 个,占全部工业企业单位数的 28.41%,当年全部产值占工业总产值的 49.21%。

二、经济发展推动高等教育结构变化

（一）民办院校蓬勃发展

民办高等教育是我国教育事业的重要组成部分,指非利用公共财政举办的高中后学历教育及按民办机制独立运行的三本独立学院,是教育事业发展的重要增长点和促进教育改革的重要力量。民办高等教育对我国高等教育规模的扩张和大众化的实现功不可没,在 2012 年江苏省 179.38 万大学生中,由社会力量办学培养的生源比例为 25.6%。[1] 近年来,苏南高等民办高等教育

---

〔1〕 吴爱梅.江苏大力扶持民办高校,社会力量培养生源占 25%[EB/OL]. http://js.people.com.cn/html/2012/06/06/115077.html.

也得到蓬勃发展，截至 2010 年，苏南五市共有普通高等院校 87 所，其中民办高校 17 所，按民办机制独立运行的独立学院 18 所，民办高等教育为苏南的经济发展培养了大量合格人才。

（二）成人高等教育在校生数继续增长

在民办高等教育蓬勃发展的同时，苏南成人高等教育在校生数也稳步增长。2006 年—2010 年，苏南地区成人高等教育在校生数的变化趋势为 24.54 万人↗27.04 万人↗27.66 万人↗27.96 万人↗30.59 万人。截至 2010 年，苏南已形成以广播电视大学、职工大学、管理干部学院、教育学院为主导及多种形式岗位培训、继续教育等其他非学历高等教育机构多重发展的成人高等教育体系。但需要注意的是，从统计年鉴看，2010 年，仅南京市和常州市还保有专职类型的成人高等学校，分别是 8 所和 1 所，在校生总数不足 5 万人。

（三）专科比例下降，研究生比例上升较快

2006 年—2010 年，苏南五市高等教育规模始终保持增长，从培养层次细分来看，专科生在校生数在 2010 年较上年减少 32449 人，培养规模首次出现下降；本科及以上培养层次在校生规模依然保持增长。从增长速度来看，在校生总体规模年均增速为 6.00%，而按培养层次细分看，专科生、本科生、硕士生（含博士生）的年均增速分别为 4.53%、6.76%、8.63%，又专科生在校生规模年均增速低于总体规模及本、研层次年均增速，研究生在校生规模年均增速最快（见表 8-5）。而截至 2010 年，苏南地区共有高职院校 53 所，占全部 87 所普通高校的 60.92%。

表 8-5 苏南五市专、本、研比例

年份	在校生数				占比
	专科生	本科生	研究生（不包括科研机构的学生）	合计	专，本，研
2006	419608	508277	78387	1006272	41.70%，50.51%，7.79%
2007	475389	553748	81589	1110726	42.80%，49.85%，7.35%
2008	506969	590645	91251	1188865	42.64%，49.68%，7.68%
2009	533391	625838	98914	1258143	42.40%，49.74%，7.86%
2010	500942	660255	109137	1270334	39.43%，51.97%，8.59%

数据来源：《江苏省教育事业统计资料汇编（2006—2010）》

（四）省会南京市汇集了大量高等教育资源

截至 2010 年，苏南五市共有 87 所普通高等院校，其中南京市 42 所、苏州市 20 所、无锡市 11 所、常州市 9 所、镇江市 5 所；民办院校 17 所，南京市 7 所、苏州市5所;独立学院18所,南京市12所、苏州市2所。显而易见,高校多集中于南京市和苏州市。从目前掌握的数据看,南京市在校生总数占苏南全部在校生数的62.37%,苏州市占13.99%(见表8-6)。可见,苏南是江苏省高等教育高地,而南京市又占据了苏南地区大部分高等教育资源。

表8-6 苏南五市普通高等教育分布结构

城市	在校专科生数	在校本科生数	在校硕士生数(不包括科研院所的学生)	在校博士生数(不包括科研院所的学生)	占比
南京	267544	438600	68711	17425	62.37%
无锡	72169	32974	3781	619	8.62%
常州	55793	47334	1128	0	8.21%
苏州	86015	81634	8568	1526	13.99%
镇江	19421	59713	6645	734	6.81%

数据来源:《江苏省教育事业统计资料汇编(2010)》

三、主要问题

(一)高等教育体制结构仍待优化

苏南地区以市场机制为主导的非公经济蓬勃发展,对高等教育的体制结构的改革也提出了新要求。高等教育体制结构主要是指办学体制、投资体制、行政管理体制及学校内部管理体制,它是高等教育结构的一个极其重要的组成部分。衡量高等教育体制结构是否合理,就是要看其是否与经济部门的所有制结构相适应。[1] 我国高等教育管理体制实施的是中央、省、市三级办学,中央、省两级管理,以省级统筹为主的管理体制,实行以政府投资为主、多渠道筹措办学资金为辅的办学和投资体制。近年来,苏南地区民办高等教育虽然也取得了长足进步,但仍滞后于非公经济的发展速度,非政府举办的高等教育总体规模较小、力量较弱。表现在民办高校起点低,大多以专科和职业技术培训为主;民间办学资金筹措渠道不畅,教育公益性不明显;独立学院产权不够明晰,处境尴尬。此外,高等教育行政管理体制、高校内部管理体制与社会主义市场经济体制仍不相适应。

(二)成人继续教育等非普通教育形式发展空间受到挤压

从苏南地区成人高等教育的发展看,虽然在校生总数仍处于增长中,但是专业的成人教育学校数在减少,以至于相关统计年鉴上已不再专门刊载镇江、无锡、苏州的成人教育情况,只有《江苏省统计年鉴》刊有在校生数这一项数

〔1〕 吴开俊,杨晓霞.区域经济所有制结构调整与高等教育体制结构优化探讨[J].黑龙江高教研究,2008(9):30—32.

据。成人高等教育发展不尽理想，一方面是因为专业的成人教育学校在师资、教学条件、美誉度等方面吸引力不够；另一方面是因为成人高校与全日制高校在职能上分工不明。全日制高校不仅招收应届高中毕业生，往往还开办各种形式的成教班、专升本班，抢夺了大量本应以业余学习为主的就读成人学校的生源。成人高等学校发展空间受到挤压，以至于不得不降低入学门槛，开办类似于全日制教育模式的成人脱产班，逐渐以学历教育为主，成人继续教育的专业职能定位模糊。

（三）区域分布结构需进一步调整

从人口及GDP分布来看，2010年南京市、苏州市、无锡市、常州市、镇江市常住人口占苏南全部常住人口的比重分别为24.59%、32.15%、19.58%、14.11%、9.57%，GDP比重分别为20.37%、36.64%、23.00%、12.09%、7.89%。而同期，南京市普通高校在校生规模占苏南地区全部在校生数的62.37%，并且拥有48.28%的普通高校、8所专职的成人高校。可见，从经济及人口分布结构看，南京市占据了较多的高等教育资源，苏南地区高等教育分布结构还有待进一步优化调整。

（四）专科层次所占比重下降较快

有研究认为，高等教育层次越低，与地方经济关系越密切，层次越高，办学成本越大，辐射的区域越大；随着区域经济的发展，高教重心应随之上移。[1]苏南地区非农产业在经济结构中比重很大，高新技术产业也得到快速发展，人均GDP已超过1万美元，应属于高度工业化阶段。江苏省"十二五"规划纲要提出经济结构调整的目标是：到2015年，服务业增加值比重达到48%左右，加快形成以服务经济为主的产业结构；高新技术产业产值占规模以上工业产值比重达到40%；消费对经济增长的贡献率达到60%左右。随着经济增长方式转变，从业结构逐步优化和技术结构逐渐升级，人才结构的重心应呈上移趋势。从苏南地区高等教育层次结构看，研究生所占比重近年来呈持续上升趋势，与经济结构的调整是适应的。从目前的专科、本科、研究生所占比重来看，专科教育层次所占比重还有一定下调空间，本科教育层次所占比重还应进一步增加。此外，另外一个需要注意的问题是，2010年专科层次所占比重下降较快，可能对相关学校造成很大的冲击，也可能造成相关技术人力资源供应的突然紧张，因此层次结构调整应该有计划地稳步进行。

〔1〕郭必裕.高教层次结构与区域经济的关系[J].江苏高教，2003(5)：18－20.

第三节　苏南地区高等教育结构与经济结构协调发展的政策建议

2010年颁布的《国家中长期教育改革和发展规划纲要(2010年—2020年)》提出高等教育要优化结构,办出特色。为适应国家和区域经济社会发展的需要,应建立动态调整机制,不断优化高等教育结构;优化学科专业、类型、层次结构,促进多学科交叉和融合;重点扩大应用型、复合型、技能型人才培养规模;加快发展专业学位研究生教育;优化区域布局结构。《规划纲要》为苏南高等教育结构调整提供了基本思路,结合苏南地区经济结构发展趋势和高等教育结构现状,苏南高等教育结构调整要着重做好以下工作。

一、建立更加灵活的高等教育体制结构

(1) 多渠道筹措办学经费,鼓励社会力量举办高等教育。根据江苏省高等教育的发展规划,到2020年,高等教育的毛入学率将由目前的45%上升到60%,大力发展民办高校将是实现这一目标的重要途径之一。但是,目前民办高等教育办学层次不高、社会认同度不够等问题也非常突出。应从政策及资金方面大力扶持民办高等教育。根据国家及省中长期教育改革和发展规划,今后一个时期,应积极支持民办学校创新体制和育人体制模式,依法落实民办学校与公办学校平等的法律地位,着力健全公共财政对民办教育扶持的政策。

(2) 吸引海外优质高等教育资源,鼓励支持中外合作办学。位于苏州工业园区的西交利物浦大学就是中外合作办学的典范,其以国际大学为发展方向,整合母体大学优质教育资源,积极引进国外先进办学经验和教育理念,成为民办高等教育的一种新形式,取得了积极的社会效应。壮大民办高等教育,还有一个途径,就是试点推动公办高校“转制”,以市场机制运营公办高校,扭转民办高校整体实力不强的状况。

二、共享优质资源、跨区域联合办学,优化分布结构

在苏南地区,南京市汇集了较多高等教育资源。而苏南其他4个地市所占高等教育资源不到50%,整体实力较弱、规模较小,这种状况与苏南地区经济分布结构及长江三角洲一体化发展战略是不相适应的,应进一步完善苏南地区高等学校区域布局。可采取如下措施:一是鼓励南京优质高等教育资源到苏南其他地区举办分校区或独立学院;二是探索南京高校与区内其他高校联合办学、联合培养及其他协同发展模式,区内统筹建立大学联盟,发挥部分高校优质资源的辐射作用,实现区域内高校资源共享、优势互补;三是在苏州、无锡、常州、镇江大力发展大学园区或大学城,吸引省外和国际优质高等教育

资源落户当地。

三、完善以成人继续教育为主的终身教育体系

随着苏南城镇化率及非农产业比重的一再提高，越来越多的第一产业富余劳动力涌入城市，由农民转化为城市居民，新市民就业培训需求缺口巨大。此外，以知识密集为特征的高新技术产业的不断壮大，使越来越多的职工需要在岗学习和接受职业技能培训。这些需求的扩大为成人高等教育的发展提供了新的机遇，也提出了新的要求。为应对这一趋势，高等教育形式结构要更加灵活多样，以提供多样化、多层次的就业教育，转岗培训和继续教育。但是近年来，苏南地区成人高等教育的发展不尽如人意，诸如成人高等教育在校生规模增长缓慢、专业成人高等院校数量缩减、成人高等教育办学定位长期不明确等问题依旧困扰着成人高教的健康发展。因此，政府应为成人高等教育的发展提供更多政策和财政经费支持，明确成人高校与普通高校的职能定位与分工，积极构建学历教育和非学历教育协调发展、职业教育和普通教育相互沟通、职前教育和职后教育有效衔接的终身教育体系。

四、控制专科层次招生数量减少趋势，稳定本科及研究生规模

教育部颁布的《全面提高高等教育质量的若干意见》（简称高教三十条）提出，稳定规模，保持公办普通高校本科招生规模相对稳定，高等教育规模增量主要用于发展高等职业教育、继续教育、专业学位硕士研究生教育以及扩大民办教育和合作办学。而苏南地区的实际情况是以专科教育层次为主的高职教育比例在 2010 年快速减少，本科及研究生在校生规模所占比例继续增长。因此，要采取有效措施控制专科层次招生数量减少的趋势，坚持全日制与非全日制学历教育并重，学历教育与职业培训并举，拓展高等职业教育招生范围和对象，积极支持高职高专院校大力发展各类职业技能培训，保持现有在校生规模，使其不至于急速缩减。

第九章　适应区域经济社会的苏南高职教育发展模式

作为江苏经济发展的核心区域，苏南在“苏南模式”基础上进一步创造出工业化、城市化、信息化、国际化互动并进的“新苏南发展模式”。苏南地区要在新一轮区域经济发展和竞争中形成优势、赢得主动，最重要、最可依赖的资源是人力资源。特别是在当前抢抓国际资本和产业向长江三角洲转移的机遇，建设以高新技术产业为主导、优势产业为支撑、与现代服务业相配套的国际化产业基地的形势下，更加迫切需要加快发展高等职业教育，前瞻性地构建苏南地区高职教育发展的整体框架，推动苏南地区经济的全面、协调、可持续发展。[1]

第一节　苏南地区高职教育发展进程

发展职业教育必须与区域经济发展需求相适应，苏南高等职业教育必须面向区域社会发展，必须面向市场，这样才能更好、更快地发展。高职教育是与区域经济发展关系最直接、最紧密的教育类型，要加快区域经济发展，迫切需要培养大量技能型人才。在产业结构不断调整、科学技术迅猛发展、多元文化交融碰撞的大背景下，苏南高职教育以提升区域经济发展水平为前提，积极调整培养层次，合理设置专业，适度扩大高层次技能型人才的培养规模，采用校企合作、产教结合的办学模式培养人才。

一、苏南高职教育发展背景

（一）我国高职教育发展

高等职业教育在我国高等教育中占据举足轻重的地位。2006 年教育部发布的《关于全面提高高等职业教育教学质量的若干意见》（教高〔2006〕16 号）明确指出：“高等职业教育作为高等教育发展中的一个类型，肩负着培养面向生

〔1〕 戴涵莘，陶亦亦，吴增军．苏南地区高职教育与区域经济发展的实证研究[J]．职业技术教育（教科版），2006(10)：20－23.

产、建设、服务和管理第一线需要的高技能人才的使命，在我国加快推进社会主义现代化建设进程中具有不可替代的作用。"坚持走职业教育的办学道路，探索和实践具有我国特色的高职人才培养模式，办出我国高等职业教育类型的特色，为我国社会主义现代化建设培养出大量的应用型、技能型人才，一直以来是我国高职院校的发展目的。截至 2011 年 12 月，我国高职高专院校已达 1168 所，占普通高校的 60%，有近 880 万的在校生、700 多种专业，涵盖三大产业和新兴产业，教育思路普遍为"以服务为宗旨，以就业为导向，走产学研结合发展道路"。有中国特色的高职教育体系的逐步建立，在新型工业化、劳动力转移与再就业等方面发挥着不可替代的作用。[1]

高职教育是我国高等教育的主渠道之一，有力地促进了高等教育由精英型向大众型的转变。随着高等教育的跨越式发展，我国高等职业教育事业迅速发展，改革不断深入，质量不断提高，一个基本适应我国社会主义现代化建设需要的高等职业教育新体系初步形成。教育部《关于加强高职高专教育人才培养工作的意见》将高职人才培养基本特征归纳为：以培养高等技术应用性专门人才为根本任务；以适应社会需要为目标；以培养技术应用能力为主线设计学生的知识、能力、素质结构和培养方案；毕业生应具有基础理论知识扎实、技术应用能力强、知识面较宽、素质高等特点；以"应用"为主旨构建课程和教学内容体系；实践教学的主要目的是培养学生的技术应用能力，并在教学计划中占较大比重；"双师型"教师队伍建设是提高高职高专教育教学质量的关键；学校与社会用人部门结合、师生与实际劳动者结合、理论与实践结合是人才培养的基本途径。这便为高职教育指明了发展方向。同时，我国的高职教育面向经济建设的主战场，面向生产服务第一线，不断推进教育教学改革。培养模式更加灵活多样、更加突出职业特点，学校办学特色也更加鲜明。通过实施"订单式"培养，推行"双证书"制度，建设"双师型"教师队伍，坚持产学研相结合，培养紧缺型人才，走出了一条有特色的改革发展之路。管理体制和运行机制更加适应建立社会主义市场经济体制的要求。[2]

可以说，高职教育的发展完善了我国职业教育体系框架，促进了建设中国特色社会主义现代化教育体系的发展，顺应了现代化建设对高技能人才的迫切需要，代表了先进生产力的前进方向。随着《国家中长期教育改革和发展规划纲要(2010—2020 年)》的颁布实施，我国职业教育的工作重点开始了战略转移，即从"重点扩大规模"转向"全面提高质量"，坚持以质量为核心的发展观，

〔1〕 梁志东.从我国高职教育的现状思考其发展策略[J].考试周刊，2009(32)：171－173.
〔2〕 孙文堂，鲁婷.浅议职业教育资源管理的途径和方法[J].职业教育研究，2004(4)：5－6.

提高人才培养质量成为当前职业教育最核心的任务。

（二）江苏省高职教育发展

改革开放以来，特别是“九五”以来，江苏省坚持把发展高等职业教育作为实践“三个代表”重要思想的具体体现，作为科教兴省、推进江苏经济结构战略性调整、实现跨越式发展的迫切要求，加强对高等职业教育工作的整体部署，采取切实有效的措施，高标准、高质量实施高等职业教育，推动了高等职业教育的快速、健康发展，为加快江苏省的现代化建设，推动富民强省，促进“两个率先”做出了重要贡献。

20 世纪 80 年代中期，以乡镇工业崛起为代表的农村工业化，成功地拉动了江苏省工业化的进程。经济的快速发展迫切需要大批适应生产、建设、管理、服务一线需要的技术应用型人才。根据这一社会需求，1980 年，江苏省在全国创办了第一所地方性职业大学——金陵职业大学，之后全省 11 个省辖市又陆续兴办了 13 所地方性高等职业院校。工业化进入中期后，经济社会发展走向转型，提高管理水平和技术水平成为社会的普遍要求。在此背景下，1984 年，全国第一所县办职业大学——沙洲职业工学院应运而生。1996 年，在教育部的支持下，江苏省逐步扩大优质中专校升格为高职学院的试点，本科院校也开始积极探索举办高等职业教育。随着全球制造业向长江三角洲大规模转移，21 世纪初，江苏省明确了重点发展装备制造、化工、冶金和现代物流四大产业的思路，逐步形成了沪宁沿线以电子信息产业为主的高新技术产业带、沿江基础产业带、沿海经济产业带和淮北资源加工产业基地“三带一基地”的产业格局，这就给高等职业教育发展提供了战略机遇。首先是在苏南地区涌现出一批县区创办的高职院校，成为“中国高等教育新现象”。江苏省高等职业教育由此迅猛发展，出现了高等职业教育要素集聚现象，诞生了以兴办高等职业教育为显著特征的常州大学城。2004 年，根据新一轮经济社会发展的需要，江苏省成立了江苏联合职业技术学院，尝试以这种新型的高等职业教育组织结构来统筹整合初中后五年一贯制职业教育。目前江苏全省有独立设置的高职高专院校 82 所，在校生 75.7 万人。建成 125 个国家级和省级示范性中高等职业院校、156 个省级中高职实训基地，支持 34 个经济薄弱县建设职教中心。先后成立商业、农林、现代服务、信息等 14 个职教集团，覆盖江苏重点支柱产业领域，融合 400 多所职业院校、700 多家企业。多年来，江苏省积极探索建立技能型人才培养体系，一个以独立设置的高职院校为主体，其他院校广泛参与，三年制高职、五年制高职与应用型本科相衔接，布局相对合理，结构日趋优化，具有江苏特色和充满生机活力的高等职业教育新体系基本形成，逐步建立起主动适应市场经济体制和终身学习需要的，与劳动就业紧密结合、结构合理、灵活开放、特色鲜明、自主发展的现代职业教育的新体系。

为促进高等职业教育适应经济社会和自身发展的需要，江苏省积极推进高等职业教育的办学体制和管理体制改革。一是在办学体制上，初步形成了以政府办学为主、社会广泛参与、公办教育与民办教育共同发展的格局，呈现出经费来源多样化、办学主体多元化的趋势。在管理体制上，江苏省从实际出发，积极探索，形成了以省级政府统筹管理为主，国家、省、市三级调控和监控的管理格局。为适应高校办学体制改革的要求，努力调动行业和企业参与举办职业教育（培训）的积极性，促进职业教育集成化、集群化、集团化，成立了以高职院校为龙头的江苏商贸职教集团、江苏农林职教集团、江苏建筑职教集团和江苏现代服务业职教集团。在高等教育日益大众化的今天，江苏省高等职业教育以其毕业生很强的就业适应性，越来越被社会所认同。2010 届江苏省高校高职高专毕业生毕业半年后就业率为 93.8%，高于江苏省 2009 届高职高专（89.8%）4.0 个百分点。值得注意的是，江苏省连续两届（2008 届、2009 届）高职高专毕业生毕业半年后的就业率与本科生的差距缩小，并在 2010 届超过了本科毕业生 1.2 个百分点。

基于我国高职教育蓬勃发展的基础，依托江苏省高职教育快速发展的良好环境，苏南高职教育成为构建我国高职教育发展体系的非常重要的部分。

二、苏南高职教育的迅速发展

由于地理位置、自然资源、传统文化等因素的制约，特定区域在经济、科技、文化现状及未来发展方向上，往往会有不同于其他区域的特点和个性。面对全球经济一体化的冲击，世界各区域的可替代性增强，某一区域要想维持在国内或全球经济系统中的地位，得到可持续发展，必须形成并不断加强自己的核心竞争力，形成其他区域难以模仿和替代的优势。[1] 这种核心竞争力的形成与加强，都离不开高水平的技术应用型人才，离不开具有区域特点的产业创新，而世界各国的成功经验已表明，高等职业教育的发展能明显推动区域和国家经济的发展。因此，区域出于自身发展的需要，会对高等职业教育提出服务区域经济的要求，区域化是苏南高等职业教育发展的立身之本。

实现区域经济的快速发展，最基本的要求就是物质资料生产与人才资源开发相匹配。人才资源的数量、素质结构是物质资料生产的先决条件和保证条件。高职教育是教育系统中与经济的关系最为密切的一个子系统，它是知识传播、知识物化的重要基地，贯穿区域经济发展的每个环节。在全国和江苏

〔1〕 戴涵莘，陶亦亦，吴增军．苏南地区高职教育与区域经济发展的实证研究[J]．职业技术教育（教科版），2006(10)：20－23.

省经济良好发展的大背景下，苏南地区经济走势强劲，因而也促动高职教育的发展，位居全国前列。截至 2011 年底，江苏省独立设置的高职院校有 82 所，在校生 75.7 余万人，居全国首位。苏南地区年末总人口 2368.14 万人，拥有高职院校 55 所，每个地级市平均拥有 5.5 所，占全省高职院校总数的 68%。

（一）坚持市场取向、培养适销对路人才的办学思路，实施规模化办学

先进的办学理念和办学思路是办好高职教育的重要前提。基于苏南地区的经济背景，各高职院校在办学观念上，大都奉行坚持市场取向、以就业为导向、培养应用型人才的办学思路，高度重视人才培养质量。经过多年的探索，苏南地区初步构建了高职人才培养新模式，即以培养高等技术应用型专门人才为根本任务，以适应社会需求为目标，以提高技术应用能力为主线设计学生培养方案，以应用为特征构建课程和教学内容体系，以“双师型”教师队伍建设作为提高高职教学质量的关键〔1〕，政府大力支持，学校与社会用人部门全面沟通合作。例如，南京工业职业技术学院、无锡职业技术学院、常州信息职业学院等一批高职院校已形成品牌，为江苏省高等职业教育改革和发展提供了宝贵经验。为适应经济结构调整、产业优化升级和技术进步的需求，各高职院校主动调整专业结构体系，围绕专业结构与社会需求、能力培养与素质教育、课程结构与教学内容、办学模式与产教结合、师资建设与“双师”素质提高、实训基地与生产现场六大环节〔2〕，加强了专业现代化建设，打造了一批品牌、特色专业。苏州工艺美术职业技术学院与法国巴黎时装学院和法国企业合作，开发出服装专业主题教学模式，成为全国服装教育的一个品牌。苏州工业园区职业技术学院的“政校企全面合作”，苏州工业园区服务外包职业学院的“教学办公室”模式，硅湖职业技术学院的毕业生“召回培训”制度，丰富了高等职业教育的实践。

（二）依据苏南经济发展和市场需求，开展办学模式改革和专业调整

苏南地区高职教育之所以能够蓬勃发展，除了有先进的办学理念做指导之外，还与发达城市现代化工业的迅速崛起并蓬勃发展密切相关，与发达城市的地域化优势密不可分。正是由于发达城市的地方经济有着发展优势，国内外知名企业愿意投资，促进了人才的引进和流动，激活并拓宽了高职院校的办学门路，适应并满足了市场需求，高职教育发展才有了根本动力。

苏南地区高职院校无一例外地面向市场及职业岗位（群）的需要设置专业

---

〔1〕 丁晓昌. 江苏高职教育发展面临的挑战、机遇和国际化平台构建[J]. 职教通讯，2005(7)：6—8.

〔2〕 刘丽. 适应地方经济的发展改造老专业[J]. 哈尔滨职业技术学院学报，2005(6)：6—7.

或调整专业方向，以保证人才培养符合社会需要。根据市场需求及市场需求的动态变化，及时调整高职教育专业设置，调整专业方向，设置上以地方经济发展和职业需求为导向，以职业分类为框架，设置有市场需求的专业，根据专业的需求开展相应的教学活动，这不仅解决了学生的就业问题，而且解决了校内外实训基地建设的问题，真正达到了高职教育服务于地方经济的目的。[1]

例如，南京金陵职业技术学院设置的“珠宝首饰技术专业”“仪表自动化（视光学技术）专业”“机械设备与自动化专业”等，都是由于上海、南京市场存在需求而设置的，像“视光学技术专业”“珠宝首饰技术专业”，都是企业集团亲自来校投资建立校内实训基地并愿意无条件提供校外实习基地而创办的专业。市场需求、企业投资，拓宽了发达城市高职的办学思路，提供了高职教育的办学条件，保证了高职毕业生的就业渠道，从而为高职教育办出特色提供了有利条件。高校在专业的调整上，也同样依据市场需求的变化而调整，如南京金陵职业技术学院的秘书专业就经历了“中文—中文秘书—秘书（商务、涉外秘书）”的轨迹演变而逐步瞄准了秘书岗位；园林专业按“园林设计—园林绿化—园林经营—风景旅游”的发展演变，适应了园林系统在计划经济向市场经济转轨过程中从事业型向企业经营型转制的需要。再如苏州工业园区服务外包职业学院开设的“影视动画”“视觉传达”“楼宇智能”“物业管理”等新专业，强烈地显示出高职教育的办学特色。

（三）特别重视培养学生的职业素质

职业素质是指从业者在一定生理和心理条件基础上，通过教育培训、职业实践、自我修炼等途径形成和发展起来的，在职业活动中起决定性作用的、内在的、相对稳定的基本品质。高职教育区别于学科型普通高等教育的显著特征，是它为地方经济和社会发展培养应用型技术人才。职业素质是后天学习实践培训得来的，苏南的高职院校绝大多数都建立了与企业、市场需求相一致的模拟仿真式的实习、实训基地，各高职院校都十分重视实训基地建设，例如苏州工业园区服务外包职业学院与苏州市政府联合成立了“苏州市服务外包人才培训基地”，2010 年度，实训中心举办社会培训项目 16 项，共计 960 课时、3701 人次，为苏州服务外包企业提供优质的人才服务。社会对大学生职业素质的要求也是在不断地发生变化，因此，高职高专的大学生职业素质的培养内容也随着社会的进步而不断更新。除了专业技能的培训，自信心的培养、政治素质的培养、就业观念的培养等都是职业素质培养的培训内容，这对于实现高

〔1〕 田丽珍.发达城市的高职教育现状及给我们的启示——到南京、上海几所高职院校的考察报告[J].辽宁高职学报，2003(2)：9-14.

职教育的职业型人才培养的目标十分必要。

（四）立足产学结合，密切校企合作，多元化发展

由于高职教育的培养目标是培养企业一线所需要的专门人才，因而，无论是人才培养模式的确定、教学计划的制定、理论教学的施行、实践环节的落实还是学生的毕业与就业，都需要企业和经济部门的介入和支持，因此产学结合、社会参与是高职教育的基本特征。苏南高职教育立足产学合作，深化校企合作，进行多元化发展。苏南各个职业学院都在产学合作方面建立了“双向合作、互惠互利”的产学合作模式，把企业单向参与办学发展为学校承担企业员工培训的双向参与，把校企育人的单一合作发展为多元合作，企业投入一定的设备或资金，从而把专业办成集教学、生产、销售（服务）于一体的教学经济实体。

产学合作实质上是学校育人和社会用人的结合，是理论与实践的结合，也是校内资源和校外资源的结合。产学合作，社会参与，开放的育人模式置学生于社会、企业、学校三位一体的大环境中，对创新能力和实践能力的培养具有重要的意义。

（五）组建“双师型”师资队伍，保证高职教育质量

高职教育具有明确的职业指向和岗位针对性，它强调知识的“综合性、实用性”，教学的“实践性”，操作的“熟练性”。因此，建立一支能紧密结合专业实践、实际操作能力强并能达到一定行业技术水平的专业教师队伍，是提高教学质量，办出高职特色的质量保证。“双师型”教师正是为了适应这种需要而产生的。[1] 各高职院校在培养“双师型”教师队伍方面都高度重视，并采取了培养、引进、下派等多种有力措施培养“双师型”教师（即在职称上既有教师资格又有其他职业技术资格，如工程师、经济师等；在教学上既能讲授理论，又能指导学生实践）。例如，苏州高职实行“访问工程师”制度、“企业家兼职教授”制度，很多高职院校出台“教师双师资格，双师素质认定与评聘办法”，很多学校专业教师中具有“双师”素质的教师比例接近50%；各校也都十分重视建立一支稳定的兼职教师队伍，优化师资队伍结构，促进课堂教学与社会经济发展紧密联系。

第二节　国际高职教育发展模式的启示

高等职业教育具有自身特点，它既注重理论知识的教育，又注重实践技能的培养，它是为生产、建设、管理、服务等第一线培养高级实用型人才和管理人

〔1〕 田丽珍. 发达城市的高职教育现状及给我们的启示——到南京、上海几所高职院校的考察报告[J]. 辽宁高职学报，2003(2)：9－14.

才的专门教育。其本质属性决定了高等职业教育是高等教育，是职业教育的高层次。[1] 因此，必须构建适应社会发展需要、有鲜明特色和比较优势的教育发展模式。其宏观研究视角，可涉及学校教育的价值追求、政策取向、教育体制与教育结构；其微观研究，则涉及学校的办学理念、培养目标、培养方式、管理体制等方面。

一、高职教育发展模式的涵义

所谓"模式"，是指事物在发展过程中，在一定条件影响下逐步形成的由若干要素构成的具有某些典型特征的模型或式样。[2] 高职教育中，教育模式主要指具有一定格式要求的人才培养要素、结构及其构建形式，以解决技术升级、产业流变、社会职业岗位动态发展趋势下所要培养什么样的人才与如何培养人才这两个核心问题。高职教育发展模式是动态的多元化样式的集合体[3]，灵活多样而兼具技术性，专业设置与产业结构相匹配，为区域经济和社会发展的多种需求服务，以职业性为导向，紧跟时代发展的课程、教学内容，密切融合校企合作人才培养，实现综合职业能力培养的目标。

二、国际高职教育发展模式概述

职业教育在为社会各行各业培养具有技术传播和应用能力、具有创新精神和创业能力的人才方面做出了巨大贡献。从世界职业教育的发展历程来看，农业经济向工业经济的轻变，促使人们认识到职业教育对经济发展的促进作用，并使得职业教育作为教育的重要分支获得了长足发展；知识经济的产生深刻改变了职业教育的概念，使得职业教育从基本操作技能的传授转化为个性化知识的传授的教育，总之，社会经济的发展和科技的进步加快了职业教育的发展进程。[4] 国外主要的发达国家在职业教育方面十分突出能力培养的特色，国际职业教育发展的很多先进经验和理念对发展我国职业教育特别是适合区域发展的高职教育具有很好的启示和借鉴作用。

世界高等职业教育兴起于20世纪六七十年代，首先出现在经济发达的欧美国家，新技术革命极大地改变了科学技术体系，其突出的特征是"科学的技术化和技术的科学化"，这一特征使现代科学技术在更高的层次上趋向统一，从而极大地提升了技术教育和技术型人才培养的重要性。科技革命也极大地促进了社会生产力的发展，西方各国在完成了战后经济的恢复后，开始进入经

〔1〕 韩爱群.高等职业教育校企联合办学模式的研究[D].湖南师范大学，2005.
〔2〕 董泽芳.现代高校办学模式的基本特征分析[J].高等教育研究，2002(3)：60－62.
〔3〕 孙玉中.高职教育社会适应性模式探讨[J].教育与职业，2010(27)：11－13.
〔4〕 邓英芝.职业教育发展模式及效率评价研究[D].天津大学，2011.

济高速发展和产业结构调整时期，从而对人才的规格和类型提出了新的要求，各国产业界强烈呼吁在普及中等职业教育的基础上大力培养更高层次的职业人才。[1] 新科技革命在推动社会经济发展的同时，也推动了教育的现代化。同时这一时期又正值西方各国民权运动的高潮期，教育民主化进程成为一项重要议题。民主化浪潮对精英高等教育形成猛烈冲击，人们对传统大学的精英教育模式展开批判，要求高等教育改变单一的学术化倾向而面向大众化、职业化和实用化的呼声日益高涨。20 世纪上半叶，美国高等教育率先摆脱精英主义的纠葛，成功地实现了高等教育大众化。在短短的二十年时间里，一大批发达的工业化国家都先后实现了高等教育大众化。一些发展中国家为了早日实现民族经济的振兴，也以高等教育大发展为突破口，超前地实现着高等教育大众化的使命，这成为 20 世纪高等教育大发展的标志和社会进步的象征。20 世纪 60 年代以后，经济全球化趋势日益加强，为了在竞争中取胜，世界各国纷纷努力谋求新的经济发展战略，人力资本理论从理论层面揭示了教育对经济增长的贡献，促进了各国政府与经济界对教育变革的干预。科技迅速发展，经济全球化进程加快，各国开始重视教育和发展教育，特别是发展职业教育，它是每个国家培养高科技人才、促进经济增长的直接途径，有助于国家经济的增长、竞争力的提高及工业化进程的加快。特别是金融危机以来，经济的大幅度衰退使得各国更加重视和关注职业教育的发展。在职业教育的发展过程中，世界各国利用一切机会，纷纷研究本国的职业教育发展战略，逐步探索出各自行之有效的发展模式，尤以德国的“双元制”、美国的“能力本位教育”、澳大利亚的“TAFE”和日本的“互补制”模式为代表，它们成为我们借鉴的范本。

(一) 德国的职业教育发展模式

在德国经济崛起的过程中，教育做出了不可磨灭的贡献；尤其是职业教育，直接影响着德国的工业化进程。仅仅用了三十多年的时间，在第二次世界大战中受到严重打击的德国经济，就从瘫痪的状态中迅速恢复和发展起来，很快成为欧洲的经济强国，其中职业教育发展功不可没。在战后经济恢复过程中，其职业教育在办学模式、培养模式、教学模式和评价模式等方面都积累了丰富的经验，形成了独特的“双元制”职业教育体系，目前已成为世界职业教育的楷模。据有关资料统计，德国目前有各种职业学校 9000 多所，专业多达 360 多个。[2]

---

〔1〕 赵灼. 国外高职教育发展模式的特点及启示[J]. 经济研究导刊，2011(36)：305－307.
〔2〕 徐步青. 德国职教创造经济奇迹[J]. 纺织教育，2005(5)：65－66.

德国“双元制”职业教育模式是指受教育者一边在职业学校接受专业基础和技术理论学习,一边在企业接受职业技能培训,学校和企业二者分工协作、共同完成职业教育任务的一种办学模式。实质上,这是由学校与企业两个办学主体参与、以人才培养和企业可持续发展为目的、以国家法律为约束的一种工读交替的学习和培训制度,是职业学校的理论教学与企业的实践教学两种活动的统一。[1]

“双元制”职业教育模式采用学校和企业联合的教育方式,培养专业型应用人才,满足了以高端制造业为主的德国产业结构的现实需求。德国“双元制”职教模式具有企业和学校双元办学主体,政府在宏观上提供财政支持,安排理论课程,具体实际人才培养分别由企业和学校完成。在具体的人才培养过程中,理论学习与实践操作两种培养方式相辅相成。受教育对象在学习过程中兼具企业的学徒工和学校的学生双重身份,由学校的理论教师与企业的实训教师分别进行指导,结合职业学校所授予的理论,在企业里进行技能实践。

职业学校与培训企业的紧密合作,充分调动了用人单位的积极性,保证了职业教育所培训的学生的质量,拓宽了办学渠道,增加了职业院校的办学教育经费,保证了学生的就业而且能够使学生学以致用,提高了职业院校的就业率,使职业院校备受重视,促进了职业院校的良性发展。

(二) 美国的职业教育发展模式

美国是世界上科技最发达的国家,其经济和技术在世界上也名列前茅。美国建立了一个有实效的、灵活的、开放的教育系统,其中职业教育是科技转化为现实生产力的重要手段,在经济增长的过程中发挥着举足轻重的作用。

为适应美国资本主义发展的要求,美国的职业教育逐步形成了独具特色的“能力为本”的教育体系。这种能力本位职业教育模式不仅为美国社会培养出大量的技能型高层次创新人才,推动了美国社会迅速发展,而且对世界职业教育产生了重要的影响并成为世界各国学习与借鉴的焦点。

1. 能力本位职业教育模式

能力本位职业教育(Competence Based Vocational Education,缩写为CBVE)是一种以全面分析职业角色活动为出发点,以提供产业界和社会对培训对象履行岗位职责所需要的能力为基本原则,以CBE(Competence Based Education的缩写形式,中文意思为“以能力为基础的教育”或“能力本位教育”)理论为核心的职业教育的教学模式。能力本位职业教育是以从事某一具

〔1〕 邓英芝.职业教育发展模式及效率评价研究[D].天津大学,2011.

体职业所必需具备的能力为出发点来确定培养目标，设计教学内容、方法和过程，评估教学效果的一种教学思想与实践模式。这种职业教育模式的教学管理流程大致为：第一步，由学校聘请行业中一批具有代表性的专家组成专业委员会，按照岗位的需要，层层分解，确定从事这一职业所应具备的能力，明确培养目标；第二步，由学校组织相关教学人员，按照教学规律，将相同、相近的各项能力进行总结、归纳，构成教学模块，制定教学大纲，依此施教。它打破了以传统公共课、专业基础课为主体的教学模式，强调以岗位群所需职业能力培养为核心，保证了职业能力培养目标的顺利实现。

2. 美国能力本位职业教育模式的主要特点

(1) 强调能力培养。美国能力本位职业教育模式模块化课程体制定培养过程中的能力标准。在确定培养目标和教育评价标准时，以职业能力为核心，以职业要求的综合能力来确定学生所要学习的课程内容，安排教学计划。这种职教模式围绕岗位群所需职业能力的培养，将理论知识与实践技能训练相结合，使教育目标更加具体、明确，从而具有很强的针对性和可操作性，保证了职业能力培养目标的顺利实现。

(2) 强调学生的自主性。在能力本位职业教育模式中，教师作为学生学习过程的指导者和管理者，按照教育目标要求提供学习信息资源；学生按照学习内容，根据自己的实际制订学习计划，采用自己的方式完成学习任务并进行自我评价，最后再由教师进行考核、评定。这种职业教育模式体现了学生在学习掌握技能过程中的自主性选择和意愿。

(3) 强调办学形式的灵活性。这种职业教育模式强调企业的需求，按照企业和职业上的不同要求，用职业能力分析的方法来开发各种课程，对各种程度不同的学生进行培养。在培养过程中，学生可以按照自己的情况来决定学习的方式和时间，并且学生毕业时间也不要求整齐划一。

美国能力本位职业教育模式在学生能力培养和契合企业需求方面具有显著的优越性，引起了世界范围内的广泛关注，为职业教育体系改革提供了新的思想动力。

（三）澳大利亚的职业教育发展模式

澳大利亚的职业教育体系的完善得到世界各国的一致认可，其中，澳大利亚 TAFE 学院是世界上最成功的职业教育，由于其“培养高水平实用型技术人才，最大程度地为经济和社会发展服务”的教育宗旨，越来越成为国际社会广为关注的特色职业教育模式。[1]

---

〔1〕 邓英芝. 职业教育发展模式及效率评价研究[D]. 天津大学，2011.

1. 澳大利亚 TAFE 模式

TAFE 是澳大利亚一种独具特色的职业教育体系，英文全称是"Technical and Further Education"，中文称为"技术和继续教育"，是一种岗位培训与学历教育相结合的，专门进行技术人员学历教育的柔性教育培训模式。

TAFE 学院是由澳大利亚政府开设的高级职业教育机构，负责实施教育与培训，主要是培养具有高度专业知识和技术的人才，设置专业性和实用性并重的课程，注重教学工作和课堂教学相结合，是澳大利亚全国通用的职业技术教育形式。TAFE 是澳大利亚进行义务教育后最大的高等职业教育管理系统，在高等教育中占有重要的位置，相当于中国的高等职业教育层次。经过 TAFE 学习，合格者由澳大利亚政府颁发高等文凭，TAFE 系统注册学生数一直是澳大利亚普通高等院校在校生数的 1.5 倍以上。

2. 澳大利亚 TAFE 模式的教育特色

(1) 建立统一的资格标准体系。澳大利亚联邦政府及各州和地方政府采用财政拨款的手段来协调和监督 TAFE 学院的管理，并建立全国统一且通用的资格体系和能力标准，来加强职业教育和各行业之间的紧密联系，有力地推动和保障了职业教育的良性发展，确保高水准的教育和培训质量。接受 TAFE 教育的学生所取得的学历资格被澳大利亚全国认可。

(2) 机制灵活，办学方式多样。TAFE 模式拥有灵活多样的办学机制。首先，学制灵活，培养对象广泛。澳大利亚的 TAFE 模式采用学分制，以修满规定的学分，具备相应的职业技能为准。TAFE 模式对学生的年龄没有限制，只要接受过 12 年的基础教育，就可以在校学习。学生可以根据自己的时间安排自由地选择学习或培训时间，间断地在校学习。其次，培养方式和教学方式灵活多样。TAFE 的课程面向不同行业的社会群体，为了让学生很方便地在不同时期、针对不同需求来选取所要修的课程，在设置时间上长短不一，从数周到两年不等。为真正实现以技术和继续教育为特征，以学为主、以提高职业技能为目标的教学方式定位，在教学内容上以培训包为标准，各个 TAFE 学院根据培训包的要求设置课程，采取实践工作和课堂教学相结合的方式进行实际教学工作。学生在 TAFE 学院毕业后可以选择直接就业或者转入其他大学深造，TAFE 学院的很多课程与大学学位课程实现学分减免及课程转换和衔接。最后，考核方式多样。TAFE 课程的考核内容包括实践能力考核和理论考核。TAFE 的考核方式有 12 种，分别为观测、口试、角色扮演/模拟操作、第三者评价、证明书、面谈、自评、案例分析、工件制作、书面测试、录像和其他。每个培训包课程至少选择两种以上的方式对学生进行考核，这样能更有效地反映出学生的实际能力。

（3）注重产学研一体化发展。澳大利亚TAFE模式注重取得行业支持，在培养过程中实现了产学研一体化发展。在办学的过程中行业直接参与学校建设和管理，负责教学质量评估，投资岗位技能培训，开展产学合作教育，并对职业教育和培训发表看法和提供建议。行业在得到相应的人才服务的同时，也为TAFE教育提供了强大的动力和有效的保障。因此，在多年的职业教育改革和探索中，澳大利亚逐渐形成了以行业为主导、产学研一体化发展的职业教育制度。

TAFE模式培养了大量的行业技术人才，在澳大利亚的国民经济发展中起着重要的作用，是澳大利亚乃至全世界职业教育的一大亮点，在全世界备受青睐和称赞，更值得各发展中国家学习和借鉴。

（四）日本“产学合作”的职业教育模式

近半个世纪以来，日本在高等职业教育发展的过程中，基于产业对于应用型、技能型人才的需求，形成了多层次、开放性、适应日本经济发展的高等职业教育体系。整个体系由短期大学、专修学校、高等专门学校等多样化教育机构组成，以培养实践型技术人才为根本目标，课程设置突出实践能力的培养，重视学生的人格培养和文化教育，适应时代发展的要求。在日本，职业教育学校与企业之间的合作同样存在，而这种合作正是以一种不同于德国的模式构成了日本职业教育的特点。

在日本，高职院校与企业界的合作主要表现为产业界向学校提供资助，接受投资的学校要按照产业界的要求培养人才。科研项目的委托是企业界根据自身发展的需要，委托高校搞科研项目，由企业向高校付给报酬，将研究成果推广应用，双方须就有关研究范围、期限、经费、专利、版权所有和保密情况等事宜签订合同，规范双方的权利和义务。这些合作既密切了学校与企业的联系，也使学校在课程设置方面充分地反映产业部门的需要。“产学合作”的职业教育模式使企业拥有的物力和财力与大学拥有的智力得以强强联合，较好地解决了企业需要智力援助与大学科研需要财力和物力资助以将科研成果转化为生产力的问题。

三、国外高等职业教育模式对我国高职教育的启示

不同国家高等职业教育体系及其发展特征，通常都与其具体的国情有着密切的关联。不过，在如今全球化的大趋势下，经济与科学技术的国别界线已经越来越模糊，就力图培养适应经济建设之科技人才的高等职业教育而言，除了教育体系结构存在细节性差异之外，实际上，世界上那些成功的职业教育系统，都有着一些共同的理念与思路，可以为我国高职教育发展提供成功的经验。

（一）职业教育发展离不开政府的大力推进

教育作为社会公共领域中的事务，扶持教育是政府不可推卸的责任。教育的发展离不开必要的社会条件，教育良好的发展不可能脱离政府的支持，政府的政策、财政支持以及总体上的调控是高等职业教育快速健康发展的关键。德国的“双元制”、日本的“产学合作”、美国的“社区学院”，都是在政府的大力扶持与积极推进中逐渐成熟壮大起来的。如果说职业教育与普通教育相比，先天地会给人一种次等教育的感觉，那么，其发展就尤其需要政府的大力推动，以及政府对基础性社会认知与社会环境的营造。[1]

（二）健全的法律保障促进教育发展

法律的稳定与严格，是各国高等职业教育持续快速发展的根基。用法律的确定性和严格性来保障高等职业教育沿着既定的轨道稳定地发展，是各国高等职业教育成功的一个重要元素。在发展高等职业教育的过程中，各国都制定和出台了一系列法律和法规，使职业教育的发展法制化。

（三）高等职业教育为区域经济发展服务

高等职业教育服务于社会经济建设的基本功能是通过为区域经济发展服务来实现的。就德、日、美三国而言，其高等职业教育发展有一个很明显的共同点，那就是重视区域特色，高等职业院校的人才培养具有明确的针对性，主要为所在区域的经济发展服务，这也为不同地区的高等职业院校带来了比较鲜明的地方特色。

（四）特色是职业教育发展的生命线

各国高等职业教育的发展特别强调办学形式要适合自身特点。各国高等职业教育机构的发展历程和方式各不相同，其赢得社会的广泛认可与欢迎的原因在于自身具有鲜明的办学特色。美国的社区学院、日本的短期大学、德国的高等专科学校和英国的多科技术学院等都是因为其鲜明的办学特色而受到广泛赞誉，成为各国高等教育结构中不可或缺的组成部分。因此，鲜明的办学特色既有利于拓展教育功能，又有利于拓宽其生存和发展空间。

（五）职业教育与普通教育一体化互动

在德、日、美等高等职业教育发达的国家，高等职业教育体系与作为一个整体的教育系统保持着良好的互动。职业教育与普通教育通过一体化的实施，使得受教育者有可能根据自身的需要而在职业教育与普通教育之间自由转换，不至因为一次的选择而导致职业道路与生活道路难以更改，而这也从另一方面成就了高等职业教育在上述国家广受欢迎的状态。

---

〔1〕 赵灼.国外高职教育发展模式的特点及启示[J].经济研究导刊，2011(36)：305—307.

第三节 苏南高职教育发展模式概述

职业教育发展模式是指为满足企业人才质量需要，职业教育进行可以效仿的实践办学的教学范例，是在社会教育和培训合格劳动者的目标下，开展的职业院校与企业、行业、服务部门等校外机构之间合作的标准样式，强调学校与企业充分利用对方的优势资源进行多方位的合作，以保证人才培养的规格和质量。[1]

一般来说，我国高职教育发展模式如下：第一，以独立职业院校为主的教育模式，这是当前最主要的高职教育模式，其主管机关是各级政府的教育行政部门；第二，独立的技术学院教育模式，其主管机关是各级政府的劳动部门；第三，企业或行业为主的教育模式，其主管单位是企业或行业；第四，校企合作的教育模式，包括"订单式"。[2] 无论是哪种方式，其核心都充分体现出高等职业教育的合作思想。它的本质在于把职业教育与经济社会发展紧密地联系在一起，实现良性互动，形成"双赢"局面；核心是产学合作、工学结合、双向参与；实现的目标是增强学校的办学效益和企业的人才竞争优势；最终的目的是促进社会经济的发展。现阶段，职业教育的主题是改革与发展，产学研结合是职业教育发展的必由之路，校企合作则是实现产学研结合的重要途径。职业院校与企业合作不仅是企业发展和参与竞争的必然要求，也是我国职业教育改革的重要方向，是我国职业教育发展的根本出路。

一、苏南高职教育发展模式分析

（一）苏南高职教育发展模式：产学研合作教育发展

苏南的高职教育发展模式是以合作教育发展为核心，以满足区域经济和社会需求为目标导向的职业院校和企业双方共同培养人才的一种方式。

1. 实现了高等职业教育的本质回归

合作教育模式倡导"产教合作、工学结合"，是职业教育职业性本质的必然要求，也是教育与生产劳动的结合原则在职业教育中的具体体现，实现了高职教育的本质回归。马克思曾经指出：从工厂制度中萌发出来的教育与生产劳动的结合，不仅是提高社会生产力的一种手段，而且是造就全面发展的人的唯一办法，是改造现代社会最强有力的手段之一。教育与生产劳动相结合是职业教育改革与发展的必然要求，也是职业教育的职业性本质特征的体现。"任

---

〔1〕 陈思佳.校企合作培养应用型外语人才模式的研究[J].鸡西大学学报，2010(3)：104－105.

〔2〕 吴宪洲.论以就业为目标的高职教育改革[J].教育与职业，2006(33)：26－27.

何职业劳动和职业教育，都是以职业的形式进行的。它意味着，职业的内涵既规范了职业劳动(实际的社会职业或劳动岗位)的维度，又规范了职业教育(包括专业、课程和考试)的标准。”[1]作为区别于其他教育类型的教育形式之一，职业教育在教学过程与所培养的人才类型上具有实践性。[2] 因此，以职业性和实践性为本质特征的职业教育，与产业界有着天然的联系，职业院校与企业共同发展是职业教育特有的规律。基于教育与产业共同发展的产学研合作模式实现了职业教育的本质回归。[3]

2. 体现了“以就业为导向”的办学理念

“以服务为宗旨，以就业为导向”的办学理念要求职业教育必须更新人才培养观念，把就业放在极其重要的位置，切实从专业学科本位向职业岗位和就业本位转变，实现教育与就业的对接，而苏南高职教育的产学研合作模式就是实现这一转变的有效途径。它可使高职院校学生获得实际的工作体验，帮助他们顺利就业。通过校企合作、工学结合等培养模式，学生在校求学期间就能有机会到企业进行较长时间的实训实践，与企业密切联系，获取工作经验，有效提高了职业能力，较快实现向社会人角色的转变。学生较早地接受企业文化，能够把理论知识和实践能力融为一体，使学校的教学质量得以真正提高。学生的动手能力、综合分析能力、独立完成工作的能力和应变能力等这些职业岗位能力会得到很好的培养和锻炼，实现学生就业和企业用工的顺利对接。[4] 同时，通过这样的合作，很多学校把握了行业发展趋势，掌握了企业用人需求，实现了“订单式”培养，大大改善了毕业生的就业情况。

3. 重构了职业教育人才培养模式

教育界和产业界联合培养人才，能彻底改变以课堂为中心的传统的人才培养模式，重构以能力为本位的人才培养模式。[5] 我国多年以来形成的以课堂为中心的人才培养模式，注重知识的传授，其中知识的安排又以学科体系为逻辑，注重知识的系统性和完整性。因过分注重理论知识而忽视了职业岗位能力的培养，学生在就业后一般需要一段较长时间的适应期和再学习期。这种以学科知识体系为主线、以课堂教学为主要形式的人才培养模式，导致了理

---

〔1〕 姜大源.论德国职业教育专业的职业型模式[J].职教论坛，2003(10)：62－64.

〔2〕 刘春生，徐长发.职业教育学[M].北京：教育科学出版社，2005：35.

〔3〕 许晋仙.高职校企合作人才培养模式的实践研究——对S职业技术学院的个案分析[D].华东师范大学，2011.

〔4〕 武传宝，刘继东，张永刚.校企合作培养模式的研究[J].职业技术，2008(10)：17.

〔5〕 许晋仙.高职校企合作人才培养模式的实践研究——对S职业技术学院的个案分析[D].华东师范大学，2011.

论与实践的严重脱节,"学不能致用"的现象造成了资源的极大浪费,越来越不能适应现代经济社会对于人才的要求。苏南高职的产学研合作教育模式,使职业教育从单纯的学校教育向学校教育与企业实践相结合转变,构建了以能力为本位的工学结合的人才培养模式。这种人才培养模式,专业基于市场需求设置,培养目标根据相应职业岗位能力要求确立,注重与社会特别是行业、企业对人才的技能要求相结合,课程的制定及教学的评价吸收行业、企业专家参与和指导,并根据劳动力市场变化不断调整。它的核心是从职业岗位的需要出发,在专业设置上以职业分析为导向,在培养目标上以职业能力为本位,在课程设计上以职业活动为核心,在教学内容上除提高学生运用知识和技术解决问题的能力外,还注重对学生职业素质的培养,在培养方式上淡化理论课、实训课的界限,强化实践教学环节和现场教学,为学生提供获得真实工作体验的机会,使学生毕业后能立刻走上工作岗位。[1]

可以说产学研合作模式沟通了理论与实践,实现了人才培养从传统的偏重学生知识传授向注重就业能力提高和综合职业素质养成转变,重构了能力本位的人才培养模式,从而切实提高了高职教育人才培养质量。

（二）苏南高职教育发展模式

由于目标导向不同,各个高职院校都是基于所在区域的经济发展和社会需求等方面发展独具特色的教育模式。苏南高职教育产学研合作模式归纳为如下几个方面。

1. 政校企深度合作模式

政校企合作人才培养模式是指政府部门以改革职业教育、促进就业和推动区域经济社会发展为目标,制定可持续的产业发展与职业教育政策。在政府的支持、引导下,校企双方基于行业发展致力于提高企业社会责任和高职院校人才培养质量,利用高职院校和企业联系协作的服务平台,加强企业与高职院校的合作,培养高素质的技能型人才,为区域经济与社会发展服务。以行业产业发展为依托发挥政校企三方的作用,建立和完善政校企合作的人才培养模式。从政府的职能、所拥有的行政权力和特殊地位来看,政府在政校企合作人才培养模式推行中应起主导和领航作用。无论在政策法律还是财政、科研等方面都应当给予大力支持,充分发挥政府的主导作用和政策保障作用。政府在政校企合作中肩负着重要的职责。

例如,苏州农业职业技术学院是一所具有 103 年办学历史的全日制普通高等学校,近几年来,随着高职教育改革的深化,在"以服务为宗旨,以就业为

〔1〕 盛国荣. 技工院校校企合作在培养高技能人才中的问题与对策[D]. 西北大学,2008.

导向，以能力为本位，走产、学、研结合的发展道路”的高职教育改革思路导向下，学院以体制与机制改革创新为动力，紧紧围绕地方经济建设和社会发展的需要，改革人才培养模式，联手政府，联系行业和企业，开展合作办学、合作育人、合作就业，创新合作体制机制，形成了多样化的合作模式，在合作中实现了政府、企业、学校和学生四方共赢。通过构建政校企合作的体制和机制，积极探索政校企合作的有效途径，探索出不少富有成效和特色的产学合作模式，“联合办学”模式、“战略伙伴”模式、“技术服务”模式、“创业推动”模式等各具特色。学校还通过政校企合作平台有效提高办学水平，使学院的实训和科研资源得到了明显加强。建立了国家级园艺花卉实验实训基地、国家级农业环保技术实训基地、江苏省球根花卉种质资源基因库、江苏省食品安全快速检测工程技术研究开发中心、江苏省园艺工程技术研发中心等10余个市厅级以上产学研平台，科研推广水平得到了显著提升，师资水平得到了极大的提升，学生就业创业竞争力明显增强。2008年，学院被确定为“省创业教育示范高校建设单位”。

常州信息学院与政府、企业共建信息产业园。该信息产业园引进16家IT企业，搭建了学生实习的场所、教师科研的基地和校企合作的平台。信息产业园采用“官助民营、市场化运作”的运行模式，成为常武地区“两化融合”核心区，政府给予每年3000万元的专项资金扶持，是江苏省“两化融合”示范区、江苏省软件和信息服务产业园、江苏省嵌入式软件产业基地和江苏省软件公共服务平台常州分中心。

2. 行业人才培养模式

行业人才培养模式是指依据行业需求，学校与相关企业签订人才培养协议，并共同制订人才培养计划，共同组织教学，学生毕业后直接到行业企业就业的人才培养模式。行业人才培养模式以就业为导向，针对行业需要制订培养计划，利用学校和企业共同的教育资源，以培养学生的综合职业能力和素质为核心，实行课堂教学与实际工作相结合的教学方式，因而是一种典型的产、学、研结合的教育方式。这种行业人才培养模式和新专业的开设，对于密切行业与高职院校之间的联系，充分利用学院丰富的教育资源、较强的专业实力和良好的社会声誉，实现教学、实践、就业三者的有机结合，从根本上解决行业人才短缺和培养滞后等问题，促进行业的可持续发展，都具有极其重大的意义。主要的内容有以下几点。

(1) 教材编写企业化。校企共编教材，是保证行业人才培养的重要保障。所有专业教材均在与行业企业全面、深入沟通，达成共识后编写而成。任课教师不仅具有相当的理论水平，而且具备实践能力并能得到企业专家的认可；任课教师中不仅有来自本校和校外具有教师资格的教师，还有来自行业的专家与权威人士，以确保完全按照订单企业的技术和操作规范标准培养学生，真正实现培养行业化、标准化。

(2) 学生管理行业化。学校对于学生采用“准员工制”的形式进行管理，使学生逐步向员工转变，增强学生对行业企业及岗位的适应能力。校园文化中必须引入或体现行业企业独特的管理理念及文化等，同时兼容校园文化与订单企业的独特文化，实施以行业企业为特色的班规、班训等制度，学生进行管理，创建具有自身特色的优良班风。

(3) 校企共同开发课程。学生的专业课程根据行业企业的实际需要来开发，不看重某门学科课程的系统性，着重点是考察该课程在整个体系中的价值，强调的是专业课程体系的整体和综合效益，非常注重学生视野和知识面的拓展，培养学生的专业素质和综合素质。

(4) 共享校企资源。学生专业知识学习和基础技能训练阶段，一方面是充分利用合作企业技术和管理队伍中具备任课能力的人才优势，聘请其来校讲授专业课程，并聘请部分专家担任专业建设委员会委员，指导专业建设、教学改革、课程设置、实验实训、工学交替等；另一方面是在企业建立实训基地，改善学校办学条件，实现校企资源共享。

(5) 共管教学过程。苏南高职院校普遍采用二阶段管理模式，前两年学生主要由学校管理，三年级由校企共同管理，以企业管理为主。一、二年级时企业选派一名班主任配合学校参与订单班学生的管理，起到作为连接“学校、企业、学生”的桥梁的作用。三年级时学校派一名班主任到企业参与管理，同时在企业挂职锻炼，积累校企结合实践经验。

(6) 共监教学质量。校企联合成立教学督导小组，一方面选择有经验的教师参与订单班教学；另一方面教学督导小组每月举行一次碰头会，对学生的表现进行通报，将每次的考试成绩汇总给企业，让企业对学生的表现进行分析，以确定学生今后的工作岗位和薪酬等级。

(7) 共建“双师”结构教学团队。聘请行业企业领导、一线专家、业务能手作为学校的兼职教师，并建立兼职教师教学资源库，大大提高了学校“双师”结构。

(8) 共定人才培养方案。学校依据行业企业对人才的需求，在充分调研论证的基础上，对专业结构进行优化调整，增设企业所急需的新专业，使专业设置与企业发展相适应，体现专业设置的自我调节和人才培养规格的多样化特色。

(9) 共选订单学生。订单班的学习要求由企业提供标准，学校进行宣传，学生报名，然后由校企双方共同组织笔试，并对入围学生进行面试，最后由校企双方签订订单培养协议，并由校企双方与学生共同签订培养协议，基本流程如图 9-1 所示。

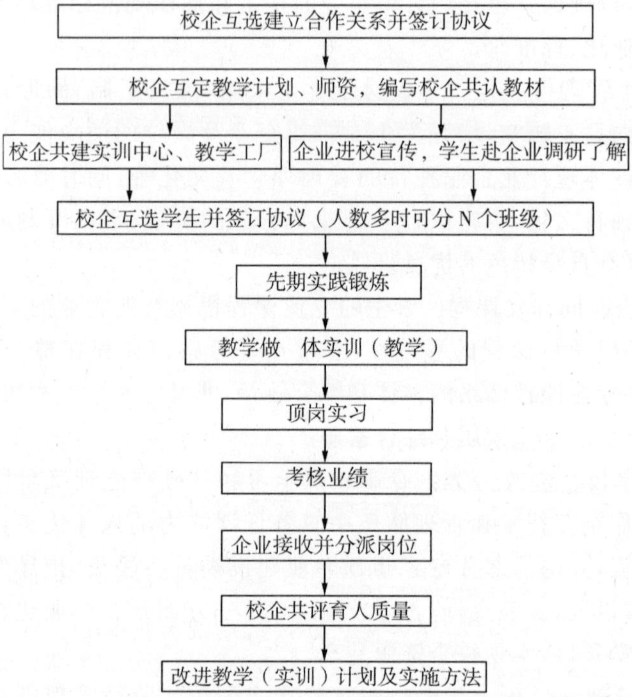

图 9-1　苏南高职教育订单班人才培养模式一般流程

例如，苏州工业园区服务外包职业学院先后于 2010 年、2011 年同 IBM、思科、大宇宙信息创造公司、东吴物业、迪诺曼等公司签订订单式协议，尤其是 IBM、思科网络班，很多超过本三线的学生依然选择就读该专业，充分证明了订单式培养的优势。

江苏省注册税务师协会和江苏经贸职业技术学院在全国高职院校中首次开展我国注册税务师行业人才定向培养，当前注册税务师行业中执业注册税务师及其助理人员的数量和素质满足不了市场业务的需求，行业人才缺口非常大，江苏省注册税务师协会与江苏经贸职业技术学院双方本着“优势互补、双赢发展”的原则，建立合作办学和专业共建的机制，共同培养注册税务师方向的人才。江苏经贸职业技术学院在每年的招生计划中设置会计与审计专业注册税务师方向，招收并培养注册税务师人才。从学院毕业的注册税务师方向的毕业生，其学习成绩合格且取得本专业或相关专业从业资格者，江苏省注册税务师协会可推荐其到税务师事务所或有关企业工作。

3. 研发型合作模式

这一模式重点关注合作主体间科学研究和技术开发的联合，采用技术转让、技术咨询和技术服务等形式。由常州纺织服装职业技术学院发起，江苏纺织工业协会、常州纺院、江南大学纺织服装学院和苏南一批相关企业共同参与的苏南纺织校企合作联盟于2010年9月成立，联盟旨在通过探讨协商共建一批稳定运行、水平较高的产学研基地，在企业或学校内共建产品开发中心、工程技术创新中心、检测服务中心等研发平台，建立科技成果转化和产业化基地，提高企业自主创新能力和竞争力。旨在加强校企合作，促进资源优势互补，共同寻求高技能人才培养和产学研合作的结合点，探索技术成果转化和产业推广的有效途径，实现合作共赢。

常州纺织服装职业技术学院分别与旷达集团、苏派集团、湖塘纺织科技发展中心等纺织和服装知名企业签署校企合作协议。校企双方建立产学研合作战略伙伴关系，为区域纺织服装行业、机械制造业、信息产业、艺术动画产业、现代服务业提供技术服务，建成区域内以纺织服装新技术开发和新产品设计为主体的产学研服务中心。

4. 集约化发展合作模式

在这一模式下，产学研合作各方的目的具有多向性，通过合作，达到既培养人才，又提升创新能力，同时获取最佳经济效益的目的。

(1) 职教集团和联盟。20世纪90年代中期，苏南就建立了不同类型的职教集团，促使企业介入教学，教育介入生产。职教集团是将“集团化”概念引入职业教育，以核心的职业教育主体为中心，通过创建、兼并、联合、合资等方式实现职业院校、政府相关部门、企业、中介机构等教育主体的联合，共同组建的具有实质性联结和约束的教育集团。[1] 职业教育集团在学习和借鉴现代企业经营管理理念的基础上，以集约化的办学方式实现社会职业教育资源的有效整合和共享，吸引社会各方的力量参与职业教育，最大限度地提高职业教育的运行质量和办学效益，实现职业教育的跨越式发展，先后成立了江苏建筑、农林、商贸、现代服务业和信息等职业教育集团。2006年12月28日成立的以培养现代制造业高素质技术应用型人才和高技能人才为宗旨的江苏机电教育集团，打造了校企和校际联合共享、连锁化合作办学的实训与研发基地(群)，可为学生提供现场实践的环境和具体指导。这种区域校企合作办学形式，可实现资源的最优化组合，最大限度地提高办学效益，增强办学活力。[2]

(2) 建立优势互补、资源共享的实训基地。该实训基地是指由政府、学

---

〔1〕 曲涛.论政府主导型职业教育集团办学模式[J].广东技术师范学院学报，2010,31(2):117－120.

〔2〕 戴涵莘，等.构建与苏南地区经济协调发展的高职教育体系[J].职业教育研究，2007(12):4－5.

校、企业等多方投资建设与区域高职教育的结构体系相匹配的产学研基地。《2005—2007年江苏省高等职业教育实训基地建设布局规划实施方案》提出，通过省级财政资助，重点支持建设一批规模较大、水平一流、资源共享、能起示范作用的高职教育实训基地。这些集教学、科研、生产、培训多种功能于一体的共享型基地，可以与区域产业结构衔接，充分发挥对周边地区的辐射作用，拓宽服务功能，增强社会适应性。实训基地实现产、学、研的实质性结合，形成生产、科研、教学一体化的运行机制。苏南地区一些高职院校已认识到了实质性结合的重要性，如常州工业职业技术学院充分发挥了学院的专业技术与人才优势，成立了绿色技术研究所等科研机构，拓展了产学合作领域的广度与深度。该所充分利用拥有的项目信息和文献研究的优势，常年给学院教学人员提供横向科研项目，在促进科研成果转化等方面起到了积极的推动作用，在产学合作的良性互动中实现了双赢。

例如，南京以电子信息、软件产业和生物医药工程等专业为主体，以教学研究型本科层次为培养方向，探索发展高职类研究生层次的教育途径和方法；无锡和苏州以机电、电子及通信设备、计算机硬件、精细化工等专业为主体，以应用型本科层次为培养方向，适度发展专科、研究生层次的高职教育，形成一体两翼的格局；常州和镇江则在纺织、机械、金属材料加工、化工等专业上下功夫，大力发展专科层次的高职教育。[1] 各地区在合理分工的基础上形成各自的特色，本着"面向区域、术业专攻，资源共享、突出发展"的思路，强调相互协调的原则，充分发挥区域教育中心的教育辐射作用，同时，在发展过程中，要注意数量、质量、结构、效益的相互协调、同步发展，从而构建科学、合理的区域高职教育的结构体系，推动高职教育的可持续发展。

二、苏南高职教育发展模式的基本特征

教育发展模式不仅仅指教育的办学形式，而且还包括与一定的经济、社会发展大体相适应的教育的发展特点和运行机制。对苏南教育模式的研究，实质上就是对我国经济发达地区教育运行规律的一种探索。苏南地区教育构建于比较发达的地方经济，并直接服务于苏南地方经济建设和社会发展，因此苏南教育有别于甚或高于、优于其他地区教育而形成自身的特色与优势。在苏南经济社会背景条件下，苏南高职教育模式的基本特色必然是苏南高职教育直接为苏南经济建设和社会发展服务的目的性、开放性和适应性特色的集中体现。

〔1〕 戴涵莘，等. 构建与苏南地区经济协调发展的高职教育体系[J]. 职业教育研究，2007(12)：4—5.

（一）苏南高职教育发展模式具备显著的区域性特征

20世纪50年代，欧美诸国将发展短期高等教育普遍纳入区域经济、教育发展计划，或将二者密切结合起来实施，为我们提供了可资研究和借鉴的先例。因此，我国在发展高等职业教育时，政府的教育主管部门依据各省区发展的不平衡性实施分类指导的原则和政策，即允许部分省（市）开展区域高职人才预测及其培养规划的先期试点工作，并在试点进程中加强指导，将探索适合我国国情的高职发展之路作为重要任务，取得经验并将其作为对其他地区进行指导的基本依据和原则。苏南高职教育正是在这样的背景下发展起来的。苏南地区创造了超常规的经济发展速度和奇迹，按照可持续发展战略，苏南地区高职院校主动调整自身发展模式，不断适应市场和社会需要。专业设置贴近地方经济，与当地企业建立合作关系，是苏南高职教育发展模式的特色。

基于直接服务于区域经济的宗旨，苏南地区高职教育发展模式具有的地方特色，体现在诸如人才培养目标、专业设置、课程结构、培训方略（内容、场所和渠道）、生源、就业出路、办学体制、投入机制、学校管理等方面，这些内容构成了高职教育发展模式区域性的外延。苏南高等职业院校绝大部分为地方院校，其投入、生源和就业均具有明显的区域性特点，因此，高职教育以本地区的重点或支柱产业为依托，紧紧围绕为区域经济服务的原则，在专业设置、教学组织、培养目标上立足于区域经济发展的需要，增强为地方服务的直接性和有效性。

苏南高职院校除了设置计算机、外语、会计等社会通用专业外，特别注重设置地方经济发展需要的特色专业。以苏州工业园区服务外包职业学院为例，其针对我国服务外包领域规模最大、发展最快、前景最为看好、人才需求最为旺盛的ITO、BPO和数字媒体外包三大重点业务领域，开办了软件技术、嵌入式技术与应用、软件测试技术、移动通信运营与服务、微电子技术、生物信息技术与应用、会计与审计、金融管理与实务、商务管理、采购与供应链、物业管理、动漫设计与制作、多媒体设计与制作等34个专业，实现了学院专业链与地区产业链之间的高度铆合。

（二）苏南高职教育办学形式的特色化

苏南高职教育办学形式的特色化，取决于苏南高等教育结构的多样化，它是苏南区域经济建设和社会发展对人才需求多样化的反映，从本质上反映了苏南高等教育模式主动为苏南地方经济建设和社会发展服务的开放性、灵活性和适应性。这一特色的内涵体现了苏南高职教育为苏南经济建设“服务”与“依靠”的同步发展关系。20世纪80年代起，苏南地区积极引进职业技术教育因素，初步实现区域性职业教育的发展，如“三二连读”“五年一贯制”模式等。

随着苏南地区高职教育的不断发展，现在苏南高职教育已经形成了特色化的办学模式。在向国际制造业基地发展的大背景下，结合本地的教育资源优势，培养制造业第一线需要的应用型技术人才是苏南高职教育发展的第一目标。从对苏南地区的企业调研来看，企业与高职院校合作的愿望十分迫切。所以苏南地区的高职院校均以合作育人为主导，针对区域专业特色，实施就业、科研、培训、开发、经营等方面全方位的产学合作，形成共赢局面。

（三）苏南高职教育的开放性特征

苏南高职教育的开放性表现在多方面。首先，办学形式开放。苏南地区高职教育办学形式多元化，有"国有公办""国有民办""民有民办""合资合办""合并共办"等多种形式。其次，筹资方式开放。苏南高职教育的主要资金来源从依靠政府财政拨款的单一渠道向以采用金融手段为重要形式的多样化渠道转变。如校企合作，吸收大型企业以资本运作的方式介入高职教育，吸纳社会资金实现快速发展，还可以利用外资，吸引外商投资高职教育，或与国外职业教育机构联合办学，还可向国际国内金融组织申请贷款。再次，教学资源利用开放。课程是学校向学生提供教育服务的基本途径，是学校的特种教育资源。任何一所学校都不可能在所有课程上居于领先水平，也不可能向社会提供全部所需的课程以满足不同学生不同的课程选择需求。因此，如果允许学生在一个更广泛的范围里面自由选择课程，就可以有效提高学生的学习质量和整个教育产业的运行效率。[1] 最后，高职教育思维开放。苏南高职教育发挥优势，利用学费较低、旅游资源丰富等特点，更大规模地吸引境外学生来华学习，积极提供教育服务，同时为国际就业市场提供适销对路的应用型人才。

第四节　适应区域经济需求的苏南高职教育

面对不断更新的区域经济发展和竞争，苏南地区要创建工业化、城市化、信息化、国际化互动并进的"新苏南发展模式"，赢得主动权，需要高职教育提供不可或缺的高质量技术应用型人才。因此，在重新认识苏南地区经济社会发展的基础上，分析高职教育面临的诸多挑战，加快发展苏南高职教育，前瞻性地构建苏南地区高职教育体系，对推动苏南地区经济的全面协调发展十分必要。

一、加强苏南各级政府在发展高职教育中的主导作用

高等职业教育的功能和作用，决定了发展高等职业教育是政府的职责，政

---

〔1〕 彭腾.论高职教育发展必须与市场经济发展相适应[J].当代教育论坛，2005(3)：107－108.

府应当发挥主导作用。在市场经济条件下,高等职业教育与经济和社会联系紧密,涉及社会各个方面,需要统筹协调各方面的关系;同时,各学校面向市场办学,办学主体也呈多元化,部门或行业很难发挥统筹作用,这也是任何一个部门、行业难以做到的。《教育部关于以就业为导向深化高等职业教育改革的若干意见》(教高〔2004〕1号)指出:各省级教育行政部门要积极支持高等职业院校开展“订单式”培养,重点培育一批与本地支柱产业发展密切相关、在产学研结合方面特色突出、以“订单式”培养为特色的高等职业院校,每所高等职业院校都要形成一批以“订单式”培养为特色的专业。《国家中长期教育改革和发展规划纲要(2010—2020年)》指出:要建立健全政府主导、行业指导、企业参与的办学机制,制定促进校企合作办学的法规,推进校企合作制度化。这些宏观政策为苏南高职教育校企合作和人才培养的实践提供了坚实基础。因此,在进一步发展过程中,必须加强苏南各级政府在高职教育发展中的主导地位。

1. 加强政府对苏南高职教育的统筹规划与协调

发展高等职业教育需要各地政府统筹规划,处理好当地高等职业教育与经济和社会发展的关系。高等职业教育发展规模和专业结构的确定,需要考虑社会和经济发展对人才结构的需求。政府制订高等职业教育发展规划,应纳入经济和社会发展的总体规划之中,统筹学校布局,并且在规划过程中,处理好高等职业教育与其他类型教育的关系。例如,政府在制订高等教育发展规划时,统筹考虑区域经济和社会发展对高职教育的层次、类别、结构和发展规模的要求。高等职业教育是培养高层次技术应用型人才的教育,突出实践技能的培养和培训,实行学历证书、技能等级证书和职业资格证书相结合的方针。高等职业教育是职业教育体系中的高等层次,是职业教育的龙头,起着引导和拉动作用。高等职业教育的教学成本高,其发展规模和速度的确定也需根据资源和财力的情况量力而行。政府合理统筹,高职教育适度发展,可以极大地提高教育效益。

2. 依据区域发展建立和完善高职教育法规与政策

高等职业教育的发展离不开良好的法律环境和政策环境,省级政府应根据国家的有关法律法规,如《中华人民共和国职业教育法》《中华人民共和国劳动法》《国务院关于大力推进职业教育改革与发展的决定》等,结合本区域情况,制定具体的实施细则和地方性法规、政策,使各项法规能得到更好的落实。政府还需加大完善职业资格标准体系和劳动准入制度的力度,依靠相关行业的力量,建立起科学的、权威的职业资格标准体系作为人才培养的主要依据,以此来促进职业教育的发展。此外,政府还需建立教育教学宏观管理和质量监督机制,制定高等职业教育教学宏观管理文件和质量评价标准,以此来规范和评价高职院校的办学行为。

3. 选拔高职骨干学校，建立示范基地

《国务院关于大力推进职业教育改革与发展的决定》明确规定，县以上各级人民政府要在发展职业教育中发挥主导作用，重点办好起骨干和示范作用的职业学校和职业培训机构。因此，政府有责任选拔一批能起到骨干和示范作用的学校来支撑和引导。政府应在经费投入、办学条件的改善和教育教学质量的提高等方面给予重点保障。

4. 建立和健全投入高职教育体制和保障机制

在高职教育发展过程中，政府需要建立和健全投入高职教育体制和保障机制。政府应遵照相关规定，把职业教育经费落到实处，如各级政府的财政性经费、生均事业经费和专项经费应落到实处，在城市教育费附加中占一定比例，等等。与此同时，还应帮助学校进行资本经营，盘活资源，多方面吸纳教育资金，如吸收银行贷款、国外教育资金、企业资金和社会其他资金等，并在征地、基建等方面为高等职业教育的发展制定一些优惠政策和措施。[1]

5. 建立高职教育督导制度

高等职业教育主要由行业、企业和各级政府举办，涉及社会各方面的办学责任、办学行为以及劳动制度等，各级政府必须建立督导制度，通过督导来引导、规范各方面的行为。政府督导的重点是政府和行业办学责任的落实、各项教育经费政策的落实、有关办学标准的落实以及劳动准入制度的落实。

二、基于新苏南模式下的高职院校的定位与发展

高职院校的定位与发展模式，是高职院校对自身在社会及教育系统中所处位置的选择与确定。目标定位关系到高职院校的方向选择，发展模式关系到学校在教育系统中的地位与作用，合理的定位和发展模式关系到学校各项功能的充分发挥，是学校发展规划方针政策拟定的理论依据，是学校沿着正确方向持续、健康、稳定发展的保证。它不仅有利于高职院校自身的发展，而且也有利于整个社会及高等职业教育系统的健康运行。[2]

（一）苏南高职院校的目标定位

高等职业教育是高等教育的重要类别，当代职业技术的知识含量急剧增加，社会对高级职业技术人才的需求也要求高职教育提升相关的培养目标。苏南地区需从高起点发展高职院校着眼，根据社会经济发展需求及教育发展规律，积极探索与普通高等院校既平等又互通的多学历层次的高职教育体系。

---

〔1〕 唐之享.政府在发展高职教育中要发挥主导作用[J].职教论坛，2003(1):25－27.

〔2〕 楼一峰.高职院校定位与发展模式思考[J].职教通讯，2005(4):29－47.

苏南的高职教育需及时把握社会与教育的互动关系，主动、积极地关注社会、经济、科技发展对技术型人才提出的要求和趋势；通过加强同区域、企业之间的合作，及时调整人才培养规格，整合教育资源，与企业、区域的发展相互促进。

因此，苏南高职教育要坚持以服务为宗旨，以就业为导向，以质量求生存，建立职前、职后一体化的成人教育、继续教育新体系，推进终身教育，积极开拓、占有教育市场，并不断开发新的教育培训项目，以特色和质量形成更多的教育“品牌”。

（二）构建科学、高效的学校管理运行机制

在苏南新模式发展的背景下，需要构建科学高效的高职院校管理运行机制，形成以具有多元化的投资主体、产学研紧密结合、多维度全方位地满足区域和社会需要为特征的办学模式和管理体制。高等职业教育投资主体的多元化，便于高职院校与地方经济、社会发展紧密结合。投资主体的多元化意味着民办高校的运营机制、校企联办的运营机制、中外合作的运营机制等机制相继被引入高职教育领域，成为高职院校原有运行机制的有益补充，它为高职院校的办学模式和管理体制改革提供了一个很好的契机。

根据苏南经济发展和高职院校的具体情况，苏南高职教育应积极探索开放、互动、双赢的产学合作的新型办学模式。开放是指高职院校与企业在教育、教学、实习、实训等方面的相互介入的开放式合作，双方建立一种较为密切与相互信任的伙伴关系；互动是指在实现双方可持续发展方面的协同行为，例如建立校董会或校企联合委员会等；双赢则是指双方逐步从合作中获取越来越大的收获，高职院校则应争取并创造机会与企业开展研发合作。企业积极有效的参与是高职院校在制定人才培养规格、开展学生就业指导、培养师生的研发能力等方面取得成功的重要保证。例如以项目为纽带，开展科研合作，培养师生科研开发能力，校企合作进行技术应用项目的开发，保证师生技术应用能力的持续提高，等等。高职与社会发展多维度、全方位的结合，真正地服务于地方经济的发展。

（三）实现高等职业教育的学历教育与非学历教育互动发展

高等职业教育的非学历教育主要由职业资格证书教育、技术等级培训和岗位培训、职业培训组成。其中，尤其要重视职业资格证书教育。当前，在一些发达国家，职业资格证书的重要性日益明显。随着终身教育理论深入人心和学习型社会逐步形成，人们的学习也不再仅仅局限于专业理论知识的学习，提升生活品质的学习也将成为人们继续学习的一部分，而对于这一部分，人们是不需要什么正规的学历文凭的，仅是为了满足自身生活的需要。总之，学历教育之后的非学历教育是终身教育的重要组成部分，高职院校在发展学历教育的同时，也要大力发展非学历教育。[1] 要针对人们对教育的需求，利用高职院校灵活的反应机制，开发出各种课程，既有证书性课程，也有无证书性课程；既有为更好地工作而准备的职业性课程，也有为更好地生活而准备的休闲性课程。

（四）建立以就业为导向的高职教育考核体系

高职教学质量考核与评价直接影响教师的教学效果和学生的学习效果，因此，必须建立以就业为特征的教学质量控制评价考核体系，使学生的职业道德素质、职业技能以及心理适应能力都能得到比较准确的检验。既要体现人才培养目标和课程（环节）目标要求，又要有利于培养学生运用所学知识和技术分析问题和解决问题的能力。允许采取多样化的考试考核方法，如问卷、开卷笔试，问卷笔试与口试相结合，口试、笔试与技能操作相结合或采取论文、设计、制作，撰写调研报告与答辩相结合；[2]也可以采用无标准答案试题，着重考核学生的思维方法、思路等。这种考核方式既检验学生获取知识、信息的能力，又有利于加强学生的实际工作能力。同时，客观上也起到将学生平时学习着眼点引向实践技能培养上来的作用。

〔1〕 楼一峰. 高职院校定位与发展模式思考[J]. 职教通讯，2005(4)：29－47.

〔2〕 吴宪洲. 论以就业为目标的高职教育改革[J]. 教育与职业，2006(33)：26－27.

第十章　高等教育与苏南区域文化产业发展战略研究

文化是区域经济和社会发展的凝聚力，是推进区域社会全面发展的最深层动力。在知识经济全球化的今天，文化产业不仅在转变经济增长方式方面具有重要意义，而且成为一个国家综合国力和国际竞争力的重要组成部分。知识经济时代，文化产业的发展作为提升区域经济发展的突破口，已在相当程度上改变苏南的文化格局和经济发展方向。而高等教育作为文化建设的主力军，在以先进文化和科技引领的文化产业发展中具有不可替代的作用。因此，以高等教育系统为平台主体，高等学校参与区域文化产业的发展具有极其深远的战略意义。

第一节　苏南地区文化及文化产业发展

文化是指一个国家或地区的人民通过长期共同生活所形成的伦理价值、行为准则、文化积淀、生活方式以及历史遗存表现出来的共同的价值观及精神观，是独具地域特色的、具有决定性意义的核心资源，对区域经济的发展有极其重要的影响。苏南位于长三角区域，是长三角文化的重要组成部分，作为全国经济发展的示范区域，苏南模式、温州模式比翼齐飞，乡镇工业异军突起，小城镇发展愈发兴盛，张家港精神、昆山之路、义乌现象相继出现，长三角一体化发展成为苏南文化传承与产业发展的重要根基。

一、苏南文化及产业发展之核心——吴越文化

一个地区的文化精神直接关系到此地区经济和社会的发展。正如美国著名经济学家萨缪尔森所言：世界各国经济发展区别的根源不在于经济学，而很大程度上在于各国的传统、价值观和政治状况的区别。也就是说，特定地区的经济发展离不开特定文化背景的支撑。苏南地区文化底蕴深厚，其得天独厚的地理环境和悠久的人文历史塑造了苏南人的内在气质、性格特征及思维方式，经过历史的不断积淀与打磨，形成了著名的具有水乡地域特色的“吴越文化”。

（一）吴越文化概述

吴地区域文化，泛指吴地古今物质文明和精神文明的所有成果，泛称吴地文化、江南文化、吴越文化等。其以先吴和吴国文化为基础，经周（春秋、战国）、秦汉、魏晋南北朝的生长，及隋、唐、宋、元历代发育，至明代形成高峰。清代以来，随着中国封建社会的衰落和资本主义的萌芽，吴越文化开始从传统文化定式向现代文化方向转型。吴越文化的区域包括苏南的太湖流域以及上海、浙北等江南地区，其中苏锡常一带是吴越文化的发源地与核心区域。吴越文化是吴地先民在漫长的历史时期创造的。吴地最早的先民是汤山直立人，环太湖流域的土著文化是吴越文化之母。吴地进入阶级社会以后，受我国古代其他区域文化的辐射，不断发展。特别是古楚（荆）文化、中原文化、越文化以及佛教、基督教等文化营养，为吴越文化发展不断地植入新的内容，使吴越文化成为杂交文化的一个典型，它具有"融合"的先天性特质。这里自然环境最突出的特点就是区域内江、河、湖、塘、荡、水库、运河纵横交错，密如蛛网。吴越文化区以太湖为核心，与其互补的外围区，即皖东南、浙北嵊泗列岛及扬子江北岸（今天属南通）等地，吴越文化的最鲜明特色是"以水为本"。

（二）苏南吴越文化的精神特质

吴越文化从诞生至今，历经长久的发展历程，它性情似水，滋润着吴地水乡万物。它既是太湖流域地区的人们长期生产生活积累的产物，又是促进当地经济和社会发展的力量源泉。吴地万余年以来创造了丰富的物质财富和精神财富，又不断吸收其他文化的新的基因，"以水为本"的吴越文化因此不断发展，逐渐形成独特的文化特质。吴越文化是苏南的文化底蕴，水文化、苏南人、苏南模式以及文化产业发展之间存在着一脉相承的逻辑联系。

吴越文化具有兼容并蓄和海纳百川的气魄和特质，是吴地经济和社会发展的凝聚力之源。吴越文化善于吸收其他区域文化，如古楚文化、中原文化、越文化、儒家文化；近代，甚至还吸收了西方的基督教文化。但吴越文化更多的是继承、弘扬了中华文化中的婉约与细腻。经过两千多年的发展，在与各种外来文化不断的碰撞和融合中，吴越文化逐渐演变成为一种兼具开放性、融合性、进取性的文化特质。数千年来，作为苏南地区的主流文化，吴越文化一直是苏南人的灵魂和根基所在，是苏南地区世代人民生息、发展、繁荣的精神支柱与深层次的鼓舞、推动力量，从而打造出苏南地区这一独特的地域性经济发展模式。

随着经济社会进一步发展的客观要求，在长三角区域一体化进程中，各种文化基因经过长期的累积和裂变，相互协调、相互配合与相互作用，区域文化无障碍互动、共同繁荣，从而使苏南文化在更广阔的历史舞台上，充分展现其文化的引领、统摄与辐射功能。文化引导着区域经济，区域经济培植发展文化产业，苏南区域的文化产业正是基于此而迅速发展的。

二、苏南地区文化产业的发展背景

吴越文化是长三角经济和社会发展的驱动力和拉动力。在长三角区域经济一体化进程中，吴越文化提供了一个“文化认同”的重要条件，这种文化认同有利于生产要素的优化组合，降低商品和劳务的交易成本。丰富的吴越文化资源还形成了许多新的特色产业，如太湖渔家文化、水乡船餐文化、碧螺春茶文化、古典园林文化、苏南民居文化、太湖民俗文化、水乡旅游文化等。吴越文化对拉动苏南区域经济和社会发展有着巨大的作用。

（一）关于文化产业的概述

虽然文化产业目前在世界各国受到普遍重视，但由于各国的产业发展重点不同，因此对文化产业的称谓和定义均有不同，如在美国叫版权产业，在英国叫创意产业，在西班牙叫文化消闲产业，在韩国叫内容产业，在我国台湾地区被称为创意文化产业。与称谓相应，各国对文化产业的定义与产业范围的划分也有不同。“文化产业”一词最早由法兰克福学派的阿多诺和霍克海默于1947年出版的《启蒙的辩证法》一书中提出，但他们只是从艺术和哲学价值评判的双重角度对文化产业进行了否定性的批判。联合国教科文组织将文化产业定义为：文化产业就是按照工业标准，生产、再生产、储存以及分配文化产品和服务的一系列活动。一般认为，文化产业是以文化产品和文化活动为主体对象，从事生产经营、开发建设、管理服务的部门，是向社会和消费者提供精神产品或服务的行业，也是为社会创造财富的经济部门。其本质是以人类脑力劳动为基础的技术生产力发展的现代形态。它通过精神文化产品生产和再生产的规模化、商品化、信息化方式，使精神文化产品和服务的生产、供给市场化。文化产业所生产和提供的文化服务产品，由于直接影响人们的思想和行为，因此对社会的稳定和发展具有强大的原动力和冲击力，其中一部分被国家纳入公共产品的生产范围，由国家财政和社会基金支付和补偿其劳动耗费。文化产业部门同时进行着非商品与商品两种生产，即文化事业和文化产业。本章着重于对后者的研究。

文化产业作为文化生产的一种生产方式，是以高新技术为依托的。近20年来，随着高新技术的发展及其在文化领域的推广和应用，文化产业已被国际学术界公认为朝阳产业，并且在许多发达国家已经由国家经济体系的边缘走到了中心，已经成为国家的支柱产业。英国文化产业的年产值将近600亿英镑，从业人员约占全国总就业人数的5%；日本娱乐业的年产值早在1993年就已超过汽车业的年产值；在美国，文化从一开始就被作为产业，目前美国的影视音像娱乐产品已成为其第二大出口产品，仅次于航空航天等少数行业，其中商业影片已出口到世界80多个国家和地区，占全球音响市场份额的40%以上。在许多发达国家和地区，居民文化消费已占据总消费额的30%以上。文化产业成为国民经济的新增长点。

(二) 我国文化产业发展历程

我国文化产业发展经历了四个阶段。

第一阶段是1978年—1985年，这是文化产业的起步阶段。1985年，国务院转发国家统计局《关于建立第三产业统计的报告》，把文化艺术作为第三产业一个组成部分列入国民生产统计项目，这事实上确认了文化艺术可能具有"产业"的性质。

第二阶段是1985年—1992年，这是文化产业的自发培育和成长阶段。这一阶段，以广告公司和演艺公司的大量出现为标志，出现了各种形态的文化企业。1991年，国务院批转《文化部关于文化事业若干经济政策意见的报告》中正式提出"文化经济"的概念；1992年，十四大报告中提出"完善文化经济政策"；同年出版的国务院办公厅综合司编著的《重大战略决策——加快发展第三产业》一书中明确使用了"文化产业"一词，这是我国政府主管部门第一次使用"文化产业"概念。

第三阶段是1992年—2001年，这是文化产业走向自觉阶段。1996年广东率先组建报业集团；1998年文化部设立文化产业司；1999年12月2日，文化部与上海交通大学共建的国家文化产业创新与发展研究基地在上海交通大学浩然大厦揭牌成立，揭开了中国文化产业研究的大幕，文化产业开始作为一个学科在各高校成立和发展。

第四阶段是2002年—2008年，这是我国文化产业全面启动和加速发展的阶段。2001年12月11日，我国加入世贸组织，文化产业面临外来文化的强劲挑战；2002年11月，十六大召开，明确提出"积极发展文化事业和文化产业"等决策；2006年发布的《国家"十一五"时期文化发展规划纲要》对文化产业做了规划和部署。

经过几年的发展，我国文化产业在国民经济运行的贡献中已占据了一定的份额。根据国家统计局2011年9月16日发布的报告，2010年我国文化及相关产业法人单位增加值达到11052亿元，占GDP的2.75%。2008年—2010年，文化产业法人单位年均增长24.2%，继续较大幅度高于同期GDP现价年均增速。到"十二五"末，文化产业增加值有望占GDP的5%左右。

根据中国社科院发布的文化蓝皮书《中国文化产业发展报告》，文化消费将真正成为拉动中国消费结构升级的主力军。中国人均消费到2020年将可能实现年均10.8%的增长，新的消费高峰即将来临，消费结构将不断升级。胡锦涛在十七大报告中提出，要推动社会主义文化大发展大繁荣，大力发展文化产业，繁荣文化市场，增强国际竞争力。这对我国的文化建设提出了新要求，指明了发展方向和奋斗目标。大力发展文化产业是党中央基于对国际国内文化产业发展的趋势作出的科学判断，是全面落实科学发展观、构建社会主义和谐社会作出的战略选择。从中国文化产业的业界状况来看，从业人数和产业规模都在不断增大。但必须看到的是，尽管党的十六大后，文化部先后在上海交通大学、北京大学设立了"国家文化产业创新与发展研究基地"，但在高层次人才层面仍存在着较严重的结构性短缺，具有国际视野的创新型和实用型文化产业人才需求缺口巨大，人才资源稀缺成为我国文化产业发展的瓶颈。

（三）江苏文化产业发展概述

江苏作为文化资源大省，苏南、苏中、苏北各地都蕴藏着丰富多彩的文化资源，其独特的艺术、风俗、信仰等，都已成为全省人民共同享有的文化财富；各地之间既有共性的资源，亦有个性的品类，由此展现出鲜明的地方特色。从文化资源分布和历史传承的角度来看，吴越文化、两汉文化、淮扬文化、沿江文化、沿海文化构成江苏省文化产业发展的主要历史和空间脉络。近年来，江苏文化产业总量不断扩增，内部结构进一步优化，文化产业总体规模、发展速度和发展潜力均居全国前列。目前，江苏动漫游戏业、演艺业、工艺美术业、影视业等优势门类依靠科技创新和重点扶持，优势彰显，发展加快。2010年，江苏动漫游戏产业继续位居全国第一，江苏广电集团收入跃居全国省级台第一，江苏新闻出版业营业收入约占全国新闻出版产业的十分之一。2011年，江苏影视产业新作频出，传统的电影和电视正在更新换代。

江苏省文化产业在发展进程中，有着得天独厚的自然条件，文化产业资源总量丰富、形式多样，"水域文化产业"特征显著。但是文化产业资源空间分布相对集中，城乡不平衡、南北不平衡现象突出。苏南、苏中和苏北地区在经济发展水平、文化市场发育投融资条件和经营理念等方面存在客观的差距。苏南地区发达的经济水平、科技资源、文化资本和人力资本，以及开放的国际市场条件为文化产业发展和文化产品创新创造了极为有利的条件。

对苏南文化产业发展而言，基于我国文化产业发展的大环境，以及江苏省域文化产业的有利基础，应更多地考虑如何提升人力资本，将深厚的吴越文化有机融入文化产业运营过程中，以提升区域竞争力，促进产业结构优化，加强自主创新，实现转型升级。

第二节　苏南的文化产业发展现状

苏南地处长三角经济发展圈，发展文化产业具有得天独厚的条件，把发展文化产业作为战略目标的重要举措之一，也是实现江苏"文化强省"这一目标的重要组成部分，有助于推动文化体制改革，实现新型产业群取代传统产业群，有利于提升现有文化产业群的文化竞争力，增加就业机会，为江苏经济发展注入新的活力。目前已形成以出版发行业、广播影视业及文化旅游业为优势文化产业，以动漫制作、数字影视制作和新媒体产业为新兴文化项目的格局，在保护和发展手工业和演艺传统项目的同时，依托高新技术，不断发挥网络、数字制作、影视制作、现代出版业等领域的优质潜力。

一、苏南文化产业发展情况

（一）苏南文化产业已经形成了一定规模

在影响文化产业发展的诸多因素中，经济条件是文化市场最具实质性作用的因素。以 2011 年为例，苏州市文化产业主营业务收入达 2050 亿元、增加值达 533 亿元，分别同比增长 49.72%、40.44%。苏州文化产业收入在国内已仅次于北京、上海、深圳、广州。全市文化产业企业达 1.5 万多家，从业人员达 36 万多人，苏州已基本形成多门类的综合性文化产业体系。南京市实现文化产业增加值 262.04 亿元，按可比价计算增长 25.9%，文化产业从业人员达 14.28 万人，同比增长 2.3%，文化产业发展表现出强劲的发展势头。无锡市文化创意产业增加值达 263.06 亿元，占 GDP 比重达 5.3%。常州市文化产业实现增加值 40.7 亿元，列第 10 位；文化产业增加值占 GDP 比重为1.68%。而镇江市文化产业投资高速发展，全市完成文化产业投资 60.54 亿元，同比增长 68.2%，连续三年增长速度超过 50%。苏南各市发展迅速，文化产业已经形成了一定规模，并在江苏省位居前列。

（二）文化产业集群初步形成，个别产品形成特色

产业集群是指在特定区域中，具有竞争与合作关系，且在地理上集中，有交互关联性的企业、专业化供应商、服务供应商、金融机构、相关产业的厂商及其他相关机构等组成的群体。文化产业是具有高度融合性的产业，发展文化产业集群，有利于优化资源配置、实现资源共享，有利于协调企业关系，有利于形成优势品牌。近年来，苏南各市鼓励、支持文化企业和其他单位参与文化产业集聚区建设，因而虞景文华创意区、华实 1992 文化创意产业区、波司登中国（苏南）时尚产业园等新阵地初具规模，形成各具特色的文化产业集群。苏南高校科技园孵化创业企业，河东街设立名人工作室，方塔园开辟文化培训展示

场所，等等，都为文化产业集群发展提供了经验。苏南个别文化产品如“沙家浜”在国内已经有一定的知名度。

（三）文化产业发展的载体和平台已基本建立

苏南广电中心、体育中心、博物馆、展览中心、报业大厦、图书馆、美术馆、评弹艺术馆、虞山派古琴艺术馆等一批公共文化设施相继建成。市委、市政府命名了沙家浜江南水乡影视产业基地、虞山尚湖江南文化博览园、东南文化创意产业园、服装城江南时尚文化创意中心、虞景文华广场首批5个市级文化产业示范基地，加速了区域性产业孵化与产业链的延伸。其中“沙家浜江南水乡影视产业园”成为省级文化产业示范基地。

（四）优化文化产业布局和结构，多元投入格局逐步形成

苏南各市根据经济发展的总体布局和加快服务业发展的要求，合理规划文化产业布局，不断提高文化产业规模化、集约化、专业化发展水平。

苏州首先抓文化产业基地建设，建成了刺绣产业基地、动漫产业基地、美术产业示范基地、影视基地四大基地。其次，将旅游与文化产业相结合，依托苏州深厚的人文和山水风情资源优势，加快传统旅游产品的优化升级，积极打造城市旅游和休闲度假旅游新产品，着力培育形成沙家浜“红色旅游”“农家乐”生态文化游、苏州工业文化游、山塘街和平江历史街区游等一批特色文化旅游项目。再次，苏州市积极推动艺术在传统、传承、传播中与产业的结合，繁荣了演出市场。积极开拓演艺业市场，在海内外打响了苏州文化品牌，五大剧团从2006年起消灭了赤字，家家都有盈利。同时，按照“大力扶持、积极引导、加强管理、逐步提高”的原则，发展民营表演团体，形成了多元化的民间艺术表演。去年，苏州表演团体共演出10177场次，观众达到167.3万人次，营业额超过5000多万元。

无锡市加快产业园区和示范基地建设，把文化创意产业放到优先发展的位置，大力发展文化休闲产业，开发文化休闲产品，满足人们休闲生活的需要。以新闻出版、广播影视、文化艺术为主的传统意义上的文化产业作为“核心层”，其增加值基本上占据了全部文化产业近50%的份额；以软件、网络、旅游、休闲娱乐和广告会展五大新兴行业为主组成的文化产业“外围层”占据了超过30%的份额；以文化用品、设备及相关文化产品生产和销售为主的文化产业“相关层”占据了20%的份额。

常州市将文化产业与旅游结合，以已建成的中华恐龙园及正在规划建设中的太湖湾“中国游戏嘉年华”等为代表的现代高科技主题旅游项目正陆续成为闻名长三角地区乃至整个中国的旅游精品项目，成为常州文化旅游的拳头产品。已建和正在建设之中的常州大剧院、常州博物馆、常州体育中心等一系

列文化设施，一方面为市民提供了陶冶情操、增强体魄的好去处，另一方面也即将成为常州的新景观、新亮点，向广大游客充分展示了常州崭新的城市文化面貌。

南京市文化创意产业协会中民营企业占会员总数的比例高达76.8%，南京动漫行业协会中72.7%的会员为民营企业，南京的文化产业园区中，民营企业投资兴建的项目占一半以上。全省在建项目中，投资过亿元的民营企业项目有数十项。

（五）培育和发展了一批重点文化产业

苏南建成了国家级的动漫产业示范基地。苏州市以正在建设中的“太湖文化论坛”为龙头，实施重大文化产业项目带动战略，打造具有核心竞争力的知名文化品牌。以工业园区动漫产业园、苏绣文化产业群、胥口文化（美术）基地、桃花坞传统工艺坊为突破口，带动文化休闲业、动漫和网络游戏业、演艺业、出版和印刷复制业、发行业、工艺美术业、会展广告业、影视制作业等重点文化产业发展。打造了一批有影响力、辐射力的品牌文化企业，形成效益放大态势，由“单体作战”向“集体作战”模式转变。

无锡市积极扶持一批实力雄厚、具有较强竞争力和影响力的文化企业发展。召开了全市文化产业工作会议，完善文化产业统计工作制度，落实文化产业扶持政策，充分发挥无锡市文化产业发展专项资金、文化建设专项资金、动漫产业专项资金的作用，积极申报江苏省文化产业引导基金，支持重点文化产业的发展。积极帮助企业打造品牌，组织举办或参加国际性的文化产业展示会。在高校中开设相关课程，为企业发展培养人才。

中国（常州）国际动漫艺术周是江苏省重点动漫会展项目，2010年升格为国家级动漫艺术展会，完成了从以动漫作品交流为主向突出产业链打造的成功转型。常州市通过每年举办的动漫产业文化周，引导动漫企业落户，并建立“动漫专项资金”，以激励入驻常州国家动画产业基地的企业创作出更多更好的优秀动漫产品，同时推动常州文化产业发展，培育新的经济增长点，不仅提供了便捷的信息交流渠道，而且打通了展览展示、创意设计、动漫游戏制作、产权交易、玩具衍生品生产销售等上下游企业的产业链条，拓展了动漫产业的利润空间，对常州以及全省动漫产业的发展起到了巨大的推动作用。

（六）引导社会资本进入文化产业

在文化体制改革中，苏南各市不断加大政府对文化事业的投入力度，积极转变投入方式，把政府对文化事业单位的投入方式逐步从一般投入转变为“拨改投”“以奖代补”和“政府采购”。同时，还建立了文化产业发展基金、创投基金、动漫创意基金等，搭建平台，搞好服务，引导企业进入高新科技文化园区。

通过政策和项目投入，积极引导社会资本进入文化产业。为了吸引、动员社会各方面力量发展文化产业，苏南各市纷纷制定并出台了《文化产业"十一五"发展规划》《关于加快推进文化产业园建设的政策意见》《关于支持文化产业发展若干经济政策的通知》等文件。常州市政府还为民营资本进入动画产业推荐了7条可行路径：组建动画产业风险投融资平台，参与基地公共技术平台的建设与管理，参与基地建设，投资卡通教育培训业，投资卡通衍生产品开发与经营，投资卡通主题公园或游乐项目的开发，投资网络游戏运营和手机增值业务。

与此同时，苏南各市的市委、市政府均会同工商、税务等部门研究减免文化产业税费的政策，营造良好的发展氛围，树立民营企业参与文化产业发展的榜样，调动民营企业进军文化产业的积极性。

文化产业引导资金对苏南地区的广电、出版、报业、演艺、文化、广电网络等文化产业集团给予了持续、重点支持，对企业做大做强起到了"催化剂"的作用。例如，凤凰出版传媒集团转企改制后，实现销售、资产双超百亿元，名列全国同类企业之首。同时，通过引导资金的扶持，一批优秀的民营文化企业在市场经济大潮中茁壮成长。据统计，苏南共有文化产业机构2万多家，其中过亿元的企业超过300家。

(七) 建立了较为完善的现代文化市场体系

苏南加快了产品市场、要素市场建设，完善现代流通体制；打破条块分割、地区封锁、城乡分离的市场格局，充分发挥市场在文化资源配置中的基础性作用。无锡市在进行文化体制改革后将报社和广电网络整合，放大资源优势。常州市通过土地置换等方法，盘活了艺术剧院，发展改善了艺术学校的生存环境。同时，以市区、各市(县)中心城区、文化服务集聚区为重点，加强文化旅游、工艺美术、书报刊、电子音像制品、演出娱乐、影视剧等文化产品市场和资本、产权、人才、信息、技术等文化要素市场建设，充分发挥城市作为中心市场和区域专业市场的主导与辐射作用。加快文化经纪业发展，培育文化产业市场中介。通过各类行业协会加强对文化市场的管理，维护市场秩序，创造公开、公平、公正的市场竞争环境。

二、苏南地区提升文化产业竞争力的有利因素

根据迈克尔·波特教授的"钻石模型"理论，影响产业竞争力的主要因素是生产要素、需求条件、相关的支持性企业、企业战略结构和同业竞争，还有两个辅助因素，即机遇和政府作用。苏南地区提升文化产业竞争力的有利因素主要有以下几点。

(一) 特定优势环境是良好基础

根据自然禀赋原理，不同的自然历史文化资源赋予一个地区独特的发展文化的条件，资源越丰富，文化发展的空间就越宽阔，通过不断利用与创新所具备的资源，最终形成区域文化的特定优势。苏南地理位置优越，历史悠久，文化底蕴深厚，在发展文化产业上具备得天独厚的优势。经济是文化的基础，只有拥有强大的经济实力，才能满足人们对文化生活、艺术、精神享受的需求。

在影响文化产业发展的诸多因素中，经济条件是文化市场最具实质性作用的因素。人均 GDP 突破 5000 美元后，现代化进程处于投资驱动向创新驱动阶段过渡的关键时期，经济发展主要依靠自主创新提高产业附加值。2011 年，苏南地区生产总值实现 1230.7 亿元，人均 GDP 超过 11 万元，达到 115406 元，综合竞争实力不断提升，位居全国前列。例如，苏州的民营经济是全国发展规模最大的，2010 年仅常熟私营经济累计注册资本就达到 739.7 亿元。在贯彻落实科学发展观、转变经济发展方式成为时代潮流的今天，苏南经济结构和产业结构调整正逢其时，变粗放为集约，将传统产品加入文化元素，将创意转化为产品和财富，苏南的文化产业发展迅速。

（二）科技创新是产业发展的核心要素

根据产业经济学理论，现阶段，应依靠技术进步优化产业结构，大力发展第三产业，转变经济增长方式，以高技术、高效率、低能耗、低污染为特点的新型主导产业群取代传统主导产业群。而文化产业正是这样一种新型产业群，不仅满足着人们的精神文化需求，而且创造着巨大的经济效益。因此，提高科技水平，不断创新，对文化产业及整个社会的发展都具有不可替代的作用。借助科技创新，苏南地区大量文化科技型企业如雨后春笋般在全省“生根开花”。当当网华东区总部在锡注册半年多，销售额已达 10.8 亿元，上缴税收 1000 余万元，总部经济魔力尽显；苏州蜗牛公司凭借先进的 3D 网游开发引擎技术，仅用 3 年时间就成为收入超亿元的网游知名企业；无锡灵山梵宫的三维立体舞台，采用了“神舟-3000”舞台机械控制系统，以现代声、光、电技术进行综合演绎，给人以超乎寻常的震撼。常州的嬉戏谷让著名的《魔兽世界》《星际传说》等 200 多个网络游戏从虚拟走向现实，其所依靠的正是科技创新这双隐形翅膀——世界最大的图形芯片公司 NVIDIA 和嬉戏谷签约，提供最先进的三维立体影像，园中 200 多项动漫游戏游艺项目，1/3 属全球首创，很多游艺项目运用了包括物联网技术在内的最新科技手段。

（三）多元化产业主体是主导力量

以企业和人才为核心的文化产业主体是文化发展的重要载体和主导力量，能够为文化发展注射新的思想、新的活力，培育创新型人才，创造更多的物质财富和精神财富。苏南高校中超过 90%的院校都开设了与文化产业相关的专业。苏南地区虽然文化资源丰富，近年来文化产业发展迅速，产业主体日趋壮大，集聚效应明显增强，文化建设已在全国形成率先发展的势头，但随着对于文化经营管理人才需求的不断加大，苏南面临着文化人才短缺的窘境，导致文化产业发展势头相对不足。苏南文化产业的发展，亟需大量的应用型文化产业管理人才。

（四）体制和政策引导是管理保障

文化产业的发展离不开政府政策的鼓励、支持与引导。近年来，苏南地区把发展文化产业放在了重要的战略地位，各地先后出台了关于加快文化事业和产业发展的若干经济政策，关于深化文化体制改革、加快文化产业发展等的一系列政策意见，以推动文化产业快速发展。各地审时度势，纷纷把大力发展文化产业作为“科学发展”和“两个率先”的重要抓手，紧密结合地方实际，充分挖掘文化资源，制定切实可行的文化产业发展规划。按照江苏省“党委统一领导、政府组织实施、宣传部门协调指导、文化部门具体落实、相关部门密切配合”的要求，健全和完善文化产业的组织领导机制，健全和完善文化产业统计制度，落实有关人才引进的政策措施，在财政、金融、税收、土地、人才等方面给予优惠。例如，从 2009 年开始苏南各市每年下拨千万以上文化产业引导资金，引导和鼓励科技含量高、发展前景好的文化企业和品牌项目积极发展。

（五）合理规划和错位布局是理性选择

产业布局是政府发展经济的总体思路，它对产业的发展具有导向和推动功能，直接影响产业发展的速度和水平。2011 年江苏省政府提出 2015 年全省文化产业总收入超过 1 万亿元、增加值占 GDP 比重超过 6%、成为支柱产业的宏伟目标。为了实现这一目标，江苏在资金支持上做到了多元投入，并着力打造四大产业带，实现错位布局，主要有沿沪宁线新兴文化产业带、沿江印刷复制产业带、大运河文化旅游产业带、沿海海洋文化产业带。特别是沿沪宁线的苏南地区，以密集的高校和科研院所为依托，形成了以数字出版、动漫游戏、高科技文化制造为重点的新兴业态。

目前，江苏省建有 140 多个文化(创意)产业园区，包括 4 个国家级动画产业基地、10 个国家级文化产业示范基地、27 个省级文化产业示范基地，聚集效应初显。以动漫产业为例，目前全省 300 多家动漫企业，原创动画产量突破 5 万分钟，居全国首位。其中，4 个国家级动画产业基地全部在苏南地区。在四大动画产业基地，南京、苏州、无锡、常州等地方政府投资数千万元建起的公共技术服务平台，大大降低了企业成本。同时，各地还推出“增值服务”，比如无锡加大对原创精品扶优扶强的力度，苏州为原创作品和投资商、发行商、播出机构及衍生产品开发企业提供业务链接，提升产品的商业价值。

（六）财政与金融业支持是推动力量

文化只有在资金的支持下，才能从丰富的文化资源中培育经济增长点，将深邃的文化普及化。目前文化产业的资金来源主要是市场筹措，但市场化程度不高，很多元素流通不畅，政府管制较多，影响资本整合，那么有利的财政扶持政策及金融与文化产业对接无疑将促进实现文化产业投资主体和投资渠道的多元化，活跃文化产业投资的文化氛围。

为进一步加大金融支持文化产业的力度，促进文化产业与金融业对接，推动区域文化产业跨越发展，苏南各地各级政府不遗余力地推动金融部门加大对文化产业的支持力度。例如，2011 年 12 月，苏州文广新局与中国工商银行苏州分行签署合作备忘录，工商银行苏州分行支持苏州文化产业发展的信贷总额达 100 亿元；2012 年 6 月，北京银行南京分行与省文化厅签署了 100 亿元的意向性综合授信合作协议，用于支持江苏优质中小文化创意企业的发展。

2012 年 5 月，国内影视制作巨头华谊兄弟发布了首家电影主题公园落户苏州的公告，项目总投资 30 亿元；梦兰集团斥资 50 亿元，全面进军创意设计、数字文化和动漫游戏三大新兴文化业态；2012 年 7 月，无锡广电集团与新加坡华映光辉基金管理有限公司合作成立了华映文化产业基金，针对移动互联网等新媒体行业进行资金支持，截至目前，该基金已对 7 个项目进行投资，最大项目投资超亿元。统计数据显示，南京的文化产业园区中，民营企业投资兴建的占一半以上。

第三节　苏南文化产业发展目前存在的问题分析

文化产业是以创意为核心内容和本质特征，以高新技术手段为支撑的新兴的知识密集型产业。在这样的产业类型下，人才和技术构成了产业发展的核心动力和基本依存。苏南文化产业在发展中也面临着诸多问题。

一、文化产业专业人员匮乏是苏南文化产业发展的瓶颈

悠久丰饶的文化资源为苏南文化产业提供了丰富的素材，文化产业的发展离不开文化产业人才资源的支撑。培养具有认识、开发、经营文化资源的眼光、魄力、能力的文化产业人才，是振兴苏南文化产业的有利保障，是文化产业发展的引擎。而目前苏南文化产业恰恰就是缺少创新人才，尤其是领军人物。据调查，目前苏南文化企业创新人才的缺口率大多在 30％以上，有的甚至达到 50％以上。文化产业人才储备不足，专业人才欠缺，很大程度上制约了文化产业的发展。而更关键的是，面对这样的人才缺口，一时却还很难招到合适的人才，这无疑会影响企业的经营效益。所以，创新人才的紧缺是目前苏南文化产

业所面临的一个重大问题，也是文化产业发展的一个瓶颈。

当前苏南文化产业发展过程中主要缺乏复合型人才和新兴行业专业人才，既有宽广人文视野又有精深产业理念的复合型高素质经营管理人才是目前文化产业重点需要的人才。以南京为例，创意产业从业人员在总的就业人口中所占的比例不过千分之一，不仅人才储备不够，而且结构也不尽合理，尤其是缺少一批顶尖的领军人物式的创意人才。相比之下，在纽约，文化创意产业的从业人员占该城市全部工作人口总数的12%，在伦敦占14%，而在东京，这一比例更高达15%。

随着科技的发展，现代信息技术条件下的动漫产业、影视制作、数字传媒产业已成为苏南文化产业发展的重要内容和新的产业增长点。在文化产业领域的许多新兴行业，如会展业、网络游戏业、动画制作业、版权业等，专业人才十分缺乏。以版权业为例，我国500多家出版社、200多家电子音像出版社、9000多家杂志社、2000多家报社、数百万网站和其他版权相关产业，目前的版权代理机构仅区区28家，根本无法构成文化产业链中的一环。苏南地区也同样面临这样的状况，新兴行业的专业人员非常缺乏，网络出版、编创、动漫制作和广告创意等方面的人才尤为紧缺。

二、文化产业总量和企业规模总体偏小，缺乏顶级创意技术和品牌

如前所述，近几年尽管苏南文化产业发展速度较快，但是毕竟还是处于初创阶段，与其他产业相比，占比非常有限，产业增加值仅占GDP的5%左右。文化企业中虽然有苏州网路神科技有限公司等新兴原创文化企业，但是总体来说规模还是比较小，产业集约化程度不高，缺少龙头企业的引领和示范。在运用现代高科技手段开发文化资源、改造传统文化产业、创新文化表现形式等方面，苏南地区的文化产业与数字网络技术融合不够，新兴产业发展不快，能力不足，文化产业增加值率不高；而且由于苏南地区的文化创意企业原创能力不足、优秀创意少以及技术手段不足，文化产业向市场提供的能够得到广泛认同的精品力作和拳头产品不多，例如万宽、乐升、蜗牛等在苏南地区的业务都是以外包业务为主营，因此在品牌方面，要打造像美国迪斯尼、日本动漫这样的世界品牌，还有很长的路要走。

三、高校文化产业的专业设置远远滞后于文化产业本身的发展

虽然文化产业蓬勃发展，但是苏南高等教育主管部门甚至国家教育主管部门没有很好地把握准国家产业调整的脉搏，没有及时跟上我国产业政策调整和文化产业迅猛发展的步伐，更基于高等教育自身的滞后性特点，我国高校文化产业的专业设置滞后，因此文化产业各类人才缺失。

目前我国高等教育文化产业的学科分类尚无明确的界定，很多高校都将其挂靠在“公共事业管理”之类的学科下，培养的学生层次以本科和专科为主，本专业的硕士和博士几乎没有。追溯我国高等教育的发展，直至1993年，原国家教委才第一次正式批准上海交通大学创立“文化艺术事业管理”四年制本科专业；2003年教育部才审批通过北京电影学院、山东大学、中国海洋大学和云南大学设立文化产业管理专业；2005年教育部才论证确定“文化产业管理”的本科自学考试。而截至目前，我国有40多所高校开设了文化产业管理专业，苏南高校中只有南京艺术学院、常熟理工学院开设了此专业。因此，高校培养优质的文化产业管理人员的教育结构非常不合理。

此外，高校关于文化产业专业的设置也存在不合理的情况。本科专业传统型学科和基础性学科比重过大，很多课程都是一些原有的文学、管理、经济等专业内容的简单相加，培养出的学生往往有文化而没有产业意识和能力。而专科专业则重视新兴专业的设置（如市场营销、工商管理、广告制作、信息传播、商品包装等）而忽视基础专业，培养出的学生有产业意识和能力，却又往往缺乏深厚的文化底蕴。

四、苏南文化产业同质化现象明显，资源有效整合和集聚不够

目前苏南文化产业各门类区域间的结构趋同、同质竞争现象十分突出，传统文化产业的文化资源的行政配置方式、空间布局不合理，新兴文化产业如动漫、创意等产业没有合理的规划；许多文化产业园、创意园区或文化产业基地盲目投资，主题雷同，重复建设，极大地浪费了资源。例如，各地都在挖掘历史资源，开发水乡古镇游项目，苏南各地都在打造主题公园，都在设立动漫基地、影视文化基地等，政府投入大量资金到硬件的建设中，实际收益却不很明显。地区之间出现恶性争夺资源、抢占市场的现象，这样削弱了产业竞争力。有限的资金分散在各个领域，不利于文化产业在核心项目的上、中、下游形成产业链，产业集聚的溢出效应得不到发挥。上述种种现象成为了阻碍文化产业发展的障碍，对文化发展产生较大的负面影响。值得关注的是常州的文化产业发展，常州基于自身的文化背景，很好地解决了“同质化”这个问题。常州建有中华恐龙园、淹城春秋乐园、环球动漫嬉戏谷三大主题园区，从原始文化、传统文化到现代文明，主题和内涵都各有特色，形成了发展良好的文化产业区，这或许能给我们些启示。

五、文化产业发展的政策法规等尚不健全

苏南各市在国家政策的引导下，颁布了一系列政策和法规，但是相对来说，还没有形成完善的体系。例如，各地都颁发了一系列产业发展政策、资金支持政策：2009年，苏州颁布了《关于加快苏州市文化产业发展的若干政策意见》，南京制订了《文化产业发展倍增计划》；2011年底，无锡颁布了《无锡市加快文化产业发展的政策意见》;苏南各市还先后制定了关于文化产业的“十二五”规划。但从总体上看,有关文化产业的政策、法规还不完善。尤其是文化立法非常薄弱,文化产业发展缺乏强有力的法制保障,很难看到与文化产业发展相关的法律,文化知识产权得不到很好的保护;另一方面,对文化产业的行政管理仍然存在一些体制性、政策性障碍,产业政策更多地是从宏观和总体上阐述,还需进一步增强针对性和可操作性。

六、融资渠道不畅,资金来源缺乏体制保障

苏南地区文化企业融资难的问题普遍存在,部分地区非公资本进入文化产业还存在一定障碍,融资渠道不畅,资金来源缺乏体制保障,投资主体单一,各级政府财政紧张,加之金融市场发育不充分、筹资渠道单一,使得文化产业的发展面临着严重的资金短缺的问题。目前苏南地区80%以上的文化企业都是小规模的民营企业,往往无力承担自主开发文化产品的重任,在文化产业迅猛发展的同时,资金的投入和追加显得尤为关键和迫切;由于融资渠道不畅,众多文化企业的进一步发展受到资金瓶颈的制约。因此,破解文化企业融资难题,实现金融资本与企业需求的有效对接,是加快苏南文化产业发展的必经之路。

第四节　基于文化发展需求的区域高等教育发展路径

发展文化产业首先要加强对文化产业人才的培养,高等教育作为我国人力资源战略的核心体系,在推动文化产业发展中具有重要的地位。高等教育以高校作为平台和载体,积极主动服务区域文化产业建设,对于推动文化的发展与繁荣、推动经济与文化的融合、培育新的文化增长点,进而实现社会主义文化大发展大繁荣具有十分重要的意义。在文化产业化过程中,高校以其得天独厚的文化和科技优势,深化文化产业理论研究、培养文化产业人才队伍,在实践中实现着自身价值。

一、高等教育促进苏南文化产业发展的战略意义

高等教育的职能是培养人才、科学研究、服务社会、传承和创新文化,因此,大力培养具有文化产业理论和文化产业实践能力的高素质人才,开展紧贴文化产业发展实际的科学研究并产生能够创造价值的科研成果,主动服务文化产业的发展,是高等教育的重要任务之一。高校凭借固有的职能和智能优势,依托不同专业学科,最终形成文化产业学科,为文化产业发展培养专业化和职业化的从业队伍。因此,高校要着眼于文化产业的发展,开设与文化产业相关的专业,打造文化产业学科,为文化产业的发展繁荣提供源源不断的知识和人才支撑，与时俱进，服务国家经济建设和文化建设。

（一）提供人才支撑，服务文化产业，创新文化产业

高等教育可以为文化产业的发展提供人才支撑。在社会的转型发展中，高校的文化引领作用非常突出。发展文化产业首先要加强文化产业人才培养，尽快地为社会培养一大批高素质的文化产品生产与经营的专业人才，尤其是能适应产业融合需求的文化企业经营管理人才、文化资本运营人才，这是高校对文化产业的首要作用。高校依托高等教育的学科优势，调整专业及课程设置，及时有效地为文化产业的发展培养急需的人才。苏南文化产业要培养既能够继承传统文化，又会经营、善管理的复合型高素质产业管理人才。加快文化产业人才的培养，特别是对既懂经济又精通文化特点的复合型高素质经营管理人才的培养，显得十分紧迫。苏南文化产业人才培养着眼于培养产业链上游的文化创意设计人员，如设计师、工艺美术家、画家、作家、创意策划人等，也包括处于产业链中下游、擅长将作品产业化的经营管理人才。而高等教育的教学、科研、社会服务与文化产业的发展紧紧围绕“以人为本”这一中心，通过参与文化活动、提供创意设计、承担科研课题，为社会提供教育培训、咨询、制订规划等有偿服务，直接参与文化产业的生产，提供高质量的文化产品，丰富和繁荣文化市场。通过教学、科研、社会服务与文化产业发展对人才培养的协同作用，可以有效地突出高校文化产业发展与人才战略紧密结合的特色。

（二）提供科技服务，提升产业竞争力，共同推进推动苏南区域经济发展

文化与经济相融合产生的竞争力成为一个国家最根本、最持久、最难替代的竞争优势，文化产业成为苏南加快转变经济发展方式的重要突破口。高等教育独具文化和科技优势，能够加快苏南区域经济发展方式的转变，提高区域自主创新能力，提升经济的文化内涵和良性互动，例如高校产学研合作的技术创新体系为加快经济增长方式的转变、推进区域文化产业的发展起着重要作用。经济发展方式的转变越来越倚重高校的文化实力和科学技术。在市场经济条件下，苏南高校应在区域互动中发挥并增强特色，面向区域实际需要培养多层次人才，与政府、企业界、公众建立一种积极的、双向作用的伙伴关系，在服务社区经济中促进自身的发展，着力将文化产业培育成新型战略性支柱产业，不断提高文化产业对加快经济发展方式转变的贡献，加快实现苏南区域文化产业跨越式发展。

（三）引领社会创新文化，促进苏南区域先进文化生产力的提高

一个社会的文化产业发展程度和水平，在很大程度上取决于这个国家的高校的人才培养水平及其文化产业的发展水平。高校作为具有文化主导优势的文明传播载体，能够引领社会创新文化，发展文化的角色优势、资源优势和

导向优势。如今苏南地区文化产业的蓬勃发展已成为一种良好趋势。要全面建设现代化，必须大力发展文化产业，开创苏南地区先进文化与先进文化生产力强劲发展的广阔天地。而苏南 50 多所高校及包括出版社在内的高校所属各类文化产业，在江苏省城市文化产业的超常规跨越式发展过程中，无疑已担当起并将更加出色地担当起非常重要的不可或缺的角色。高等教育将引领和创新苏南文化产业发展，提升苏南区域先进文化生产力，提升国家及区域文化创造力，进而推动社会经济发展方式的转变和社会的良性变革，在积极探索文化与经济的相互涵养中获得文化产业最根本、最持久、最难替代的竞争优势。

二、适应文化及其产业发展的苏南高等教育发展路径

文化产业自身具有有别于其他产业的优越性，例如：文化产业很少造成环境污染，文化产业可以提供大量就业机会；文化产业具有深厚的文化底蕴和文化积淀，具有广阔而光明、令人乐观和鼓舞的发展前景；等等。因此，现代化进程中，苏南地区的经济结构及社会状况也发生了明显的变化，趋向于大力发展文化产业，当然也使社会对高等教育所培养人才的数量与专业需求发生了一系列的变化。为了适应这种变化，苏南的高等教育根据其自身情况，结合国家的教育政策，从办学规模、人才培养目标等方面进行了一些适应性改革，满足苏南文化及其产业的发展需求。

（一）发挥高校科研优势，进行苏南文化产业研究

早在 20 世纪六七十年代，西方就对文化产业展开了研究，已经形成了比较完整的理论体系。研究主要集中在文化产业概念和类型、文化产业发展政策和发展战略、文化产业的个案研究、区域研究及行业研究等方面，并且取得了很好的研究成果。在我国文化产业学科自身还没有形成理论体系，社会主流文化价值观也没有很好地建立时，蓬勃发展的业界新兴业态已在不断出现，文化理论远落后于业界的发展。苏南地区有着丰厚的文化底蕴，但在发展过程中，缺少具有苏南文化特色的内容、精神、价值内核，复制、仿造、同质化畸形发展现象严重。因此，高校可以集合各学科专家学者的智慧，让不同学科的专家学者开展跨界合作，增强自主创新能力，充分发挥中华民族拥有丰富文化的独特优势，将深厚的文化底蕴与时代发展相融合，与社会、经济、文化等融会贯通，在继承和创新中形成苏南文化产业发展的基础理论、概论和方向性导引，让理论研究跟上并领先于文化产业的发展。

文化产业学科是一个融合的学科，多种学科融合在一起进行跨界创新，这种学科融合的资源只有在高校里才能得到。高校可以成立文化产业研究机构、文化产业研究院或文化产业研究中心（如苏州大学的中国特色城镇化研究中心），将来自不同学科的专家学者，如文学、新闻传播学、历史学、经济学、管理学、法学、信息学、艺术学、市场学和国际贸易等多个文化产业研究相关领域的人才，聚集成一支庞大的队伍，开展文化产业理论的深入研究和文化产业跨学科研究，参与地方政府文化产业规划的制定、重大文化产业项目的策划论证和文化产业园区的建设。

近年来，苏南地区日益重视文化产业建设，各级政府出台了一系列政策和措施，文化产业发展实践也如火如荼、遍地开花。在这种情况下，苏南各地政府对文化产业的发展政策尤其需要文化产业理论研究密切跟进，用科学和先进的理论正本清源、指明发展方向、修正发展战略、完善发展措施，为文化产业的可持续发展做出贡献。高校培养人才、科学研究、服务社会、传承和创新文化的固有职能以及具有较强理论研究实力的实际，决定了高校有责任、有义务主动投身于文化产业理论研究。同时，高校理论研究队伍，因为与文化产业实践前沿保持有一定距离，因此在一定程度上可以使文化产业理论研究更为理性，这对于文化产业的发展也大有裨益。

（二）整合高校专业优势资源，培养高素质复合型文化产业人才

《2007 年：中国文化产业发展报告》蓝皮书指出，文化产业是一个特别依赖于人力资源的现代知识产业，但是我国文化产业的相关研究极为落后，学科建设和人才培养机制远远落后于现实需要。高校应倡导艺术与技术、人文与科学的结合，构建文化产业教育体系，培养有原创意识和文化精品意识的创意人才。培养拥有高新技术与文化产业专业技术的人才，是解决我国文化产业人才匮乏问题的当务之急。

文化产业具有知识密集、技术密集、信息密集、人才密集的特点，在当前内容不断更新、技术不断进步、业态不断创新、结构不断调整的产业大发展的情况下，懂文化、善经营、通管理、精技术的复合型文化产业人才十分匮乏，高校传统的人才培养模式已不能满足文化产业快速发展的需求。长期以来，高校教育过分专业化，人文学科与科学学科分离，重科技、轻人文，多灌输、少创新。目前苏南地区的高校几乎都开设了文化产业相关专业，但很多是因相关学科而设的专业和方向，或是因原有学科师资而设的课程和模式，依然沿袭传统的教育思维方式，不能适应新兴的文化产业发展。因此，在专业设置上，要因地制宜，根据各校资源能够整合的条件来形成自己的学科特色。从低端、中端到高端，从大专、本科、硕士到博士，形成自己特有的人才培养模式。要打通不同学科之间，甚至是不同高校之间的限制，在教学模式上体现交叉性的改变，如不同专业的学生可以根据自身的兴趣爱好跨校跨专业选课。文化产业相关学科的学生，应该在学好专业性课程的基础上，进修一些新兴的交叉方向的辅修专业。在培养过程中，既要强调基础课、专业课和实践课，又要强调技术、艺术

和商业的结合，将基础性、知识性、能力性的要求贯穿所有课程。

（三）发挥高校智库作用，提升服务区域社会的能力

高校能为引领、创新区域文化产业发展提供思想保证、人才保障、精神动力和智力支撑，为服务经济社会发展做出更大贡献。同时，区域文化产业的发展不断提出新问题，有利于高等教育中新兴学科和交叉学科的迅速崛起，成为高校提升科技创新能力、提升核心竞争力的重要催生力量，促进苏南区域文化产业可持续发展。目前，苏南地区以密集的高校和科研院所为依托，形成了以数字出版、动漫游戏、高科技文化制造业为重点的新兴业态。例如，常州大学城办出了特色，形成了自己的品牌。大学城建筑上体现了“三个文化”：建筑文化，园林文化，名人文化。大学城的每一栋建筑都有优越的选点、优秀的设计、优美的环境，使大学城的每一个建筑都成为留有鲜明创意、蕴含人文情味、具备深刻内涵的艺术精品。同时，依托大学城的建设，常州建起了国家级动漫基地，并与之相应地建起了中华恐龙园、淹城春秋乐园、环球动漫嬉戏谷三大主题园区，三大园区，从恐龙文化、诸子百家文化到动漫文化，主题和内涵各不相同，但从北到南又串联成片，形成一个大的创意带，使常州成为一个著名的文化之城。

在合作方面，高校需要人才实习或就业基地，高校可以通过与文化企业和产业园区合办相关专业，采取“订单式”培养模式，为企业培训员工，与企业共同研发项目，同时把企业最优秀的高管团队集聚起来作为师资，打造“双师型”人才队伍。高校可以与文化企业开展战略合作，把实习基地或科研工作站设在园区，广泛融合学界和业界的创新智力资源，经常开展理论和实践的经验交流。高校应将以合作办学、共同开发、项目调研、咨询培训等各种形式参与文化产业实践活动的内容、要求纳入考核体系，形成长效机制，推动高校各类文化人才在文化产业中的实践发展，形成高校与产业相结合、互动发展的新方式。

（四）加强文化智能转化，积极推进苏南区域文化产业特色研究

高校对文化产业的服务，更主要地应该体现在将自身累积的文化和智力优势主动投身文化产业发展上，高校要积极推进高校文化智能转化和具体实施。因此，高校要认真完成好以下任务。

一是苏南地方特色文化产业建设研究。坚持江南文化传统的继承性和文化发展创新性的统一，全面提升对苏南地区文化产业的引领能力、服务能力、竞争能力和创新能力，着重开展国情省情调研、经验总结和理论研究，研究新情况、总结新经验、解决新问题，为苏南地区文化产业建设提供强有力的理论支撑。

二是吴地传统文化研究。中国历史源远流长，苏南地区吴越文化、汉文化丰富多彩，并具有鲜明的地域特色，是推进地方文化产业建设的宝贵财富。因此要致力于利用地方人文地理优势，挖掘传统文化、特色文化，并与文化产业开发、精神文明建设相结合，探讨其发展规律。

三是开展对苏南文化产业发展具体项目的研究。例如，开展苏南文化产业发展战略与具体措施研究；开展政府与企业在文化产业发展过程中的角色定位研究；开展苏南文化产业的布局与协同发展研究；开展苏南文化产业集群式发展研究；开展发展苏南文化产业的现实需求和体制机制研究；开展苏南与其他发达区域文化产业发展比较研究；开展苏南文化产业区域特色研究；开展区域文化产业的对接路径研究；开展区域文化产业共同发展的协作机制研究；等等。

（五）优势资源与市场机制相结合，构建产学研一体化跨产业合作

大力实践技术创新、构建产学研一体化模式，以高等教育优势资源带动文化产业发展，寻找与市场机制的契合点，提升苏南文化产业竞争力。这就要求高校积极推进现有的文化产业学科的建设和完善，将学科建设与文化产业建设紧密结合，尊重产业规律，营造宽松的文化环境，形成学科建设与文化产业实践环境的良性互动，构建区域性文化产业集群，形成互补联动的发展态势。目前苏南的文化产业不可避免地出现了“同质化”问题，各市都建设有大批的文化科技主题公园、动漫产业园区、影视制作基地、数字出版基地等各类文化产业园。拥有先进文化和雄厚科技实力的高校是引导和制衡各地文化产业理性、稳健、良性发展的重要力量，应通过产学研一体化的跨产业合作，改变苏南地区的同质化发展现状，以期找到文化产业建设新跨越的突破口。

参考文献

书籍类

[1] 王铮.地理科学导论者按[M].北京:高等教育出版社,1992.
[2] 安虎森.区域经济学[M].北京:经济科学出版社,1999.
[3] 柴尔德.远古文化史[M].周进楷,译.上海:上海文艺出版社,1990.
[4] 列宁.列宁全集:第19卷[M].北京:人民出版社,1958.
[5] 侯学英.中国城市化进程时空差异分析[M].北京:经济科学出版社,2008.
[6] 章友德.城市现代化指标体系研究[M].北京:高等教育出版社,2006.
[7] 张一力.人力资本与区域经济增长[M].杭州:浙江大学出版社,2005.
[8] 彭朝晖,杨开忠.人力资本与中国区域经济差异[M].北京:新华出版社,2005.
[9] 夏怡凡.SPSS统计分析精要与实例详解[M].北京:电子工业出版社,2010.
[10] 王文博.计量经济学[M].西安:西安交通大学出版社,2004.
[11] 何晓群.实用回归分析[M].北京:高等教育出版社,2008.
[12] 蒋珠燕.苏南地区自主创新与国际竞争力研究[M].苏州:苏州大学出版社,2006.
[13] 马春辉.中国城市化问题论纲[M].北京:社会科学文献出版社,2008.
[14] 王向华,颜丙峰.高等教育的生成与变革[M].济南:山东教育出版社,2008.
[15] 周海东,孟焕民,等.苏南发展报告:面向新世纪的区域发展[M].北京:人民出版社,2000.
[16] 张文彤.SPSS 11统计分析教程[M].北京:北京希望电子出版社,2002.
[17] 高祥宝,董寒青.数据分析与SPSS应用[M].北京:清华大学出版

社,2007.
[18] 贾艳丽,杜强. SPSS 统计分析标准教程[M]. 北京:人民邮电出版社,2010.
[19] 西奥多. W. 舒尔茨. 论人力资本投资. 吴珠华,等,译[M]. 北京:北京经济学院出版社,1990.
[20] R. Carter Hill, William E. Griffiths. 初级计量经济学. 于阳,齐鹰飞,译[M]. 大连:东北财经大学出版社,2007.
[21] Damodar N. Gujarati, Dawn C. Porter. 经济计量学精要. 张涛,译[M]. 北京:机械工业出版社,2010.
[22] A. H. Studenmund. 应用计量经济学. 王少平,等,译[M]. 北京:机械工业出版社,2007.
[23] 彭世华. 发展区域教育学[M]. 北京:教育科学出版社,2003.
[24] 靳希斌. 教育经济学[M]. 北京:人民教育出版社,2001.
[25] 王善迈. 教育投入与产出[M]. 北京:北京师范大学出版社,1996.
[26] 李志能. 企业创新——孵化的理论与组织管理[M]. 上海:复旦大学出版,2001.
[27] 张振助. 高等教育与区域互动发展论[M]. 桂林:广西师范大学出版社,2004.
[28] 蔡增正. 西方经济学的问题演进[M]. 北京:中央编译出版社,2003.
[29] 胡鞍钢. 政府与市场[M]. 北京:中国计划出版社,2000.
[30] 厉以宁. 教育经济学[M]. 北京:北京出版社,1984.
[31] 叶茂林. 教育发展与经济增长[M]. 北京:社会科学文献出版社,2005.
[32] 李同明. 中国现代高等教育经济学[M]. 北京:经济管理出版社,1998.
[33] 李子奈. 计量经济学[M]. 北京:高等教育出版社,2004.
[34] 张龙,王文博,曹培慎. 计量经济学[M]. 北京:清华大学出版社,2010.
[35] 王升. 计量经济学导论[M]. 北京:清华大学出版社,2006.
[36] 张晓峒. 计量经济学软件 Eviews 使用指南[M]. 天津:南开大学出社,2007.
[37] 于俊年. 计量经济学软件——Eviews 的使用[M]. 北京:对外经济贸易大学出版社,2006.
[38] 樊欢欢,张凌云. Eviews 统计分析与应用[M]. 北京:机械工业出版社,2009.
[39] 杜江. 计量经济学及其应用[M]. 北京:机械工业出版社,2010.
[40] 张晓峒. 应用数量经济学[M]. 北京:机械工业出版社,2009.

中文期刊类

[1] 郑培钢,冯缨.江苏高等教育发展与区域经济的互动[J].统计与决策,2007(3).

[2] 郑也夫.古代中西城市与民间社团的比较[J].北京社会科学,2001(1).

[3] 周毅.城市化释义[J].嘉兴学院学报,2004(1).

[4] 杨上文,陈宗洵.全国中心城市发展水平研究[J].福建地理,2001(3).

[5] 唐晓东.中国城市发展水平评价指标体系及实证研究[J].生产力研究,2005(7).

[6] 李志刚.浙江省各城市发展水平的比较分析[J].集团经济研究,2005(8).

[7] 吴艳霞,张道宏.城市发展水平的综合评价及实证分析[J].经济与管理研究,2005(8).

[8] 都沁军,武强.基于指标体系的区域城市化水平研究[J].城市发展研究,2006(5).

[9] 张嘉卿,郝晓冬.我国中心城市发展水平模型研究[J].科教文汇,2007(7).

[10] 牛晓东.区域城市化评价指标体系研究[J].基建优化,2007(1).

[11] 岳立,饶斌.城市发展水平综合评价指标体系的设计及评估方法[J].统计与决策,2009(11).

[12] 唐震.江苏省城市化发展水平地区差异及其成因分析[J].江西农业学报,2009(3).

[13] 张樨樨.我国城市化水平综合评价指标体系研究[J].中国海洋大学学报,2010(1).

[14] 张耕田.建立衡量城市化水平的指标体系[J].经济研究参考,1997(B7).

[15] 张亘稼.城市化指标体系探讨[J].云南财贸学院学报(社科版),2006(1).

[16] 李嘉荣.西部城市化投资效率的绿色评价指标体系[J].西南农业大学学报(社科版),2007(2).

[17] 纪晓岚.中国城市化动力机制评价指标体系的构建[J].统计与决策,2007(5).

[18] 刘子玉.城市城乡经济协调发展指标体系的构建及应用[J].临沂师范学院学报,2007(1).

[19] 詹正茂.我国高等教育发展水平的综合评价指数研究[J].高教管理研究,2004(9).

[20] 徐宏豫，周群英.高等教育质量与水平评价指标体系构建[J].现代教育管理，2010(5).
[21] 杨斌，阳勇.基于TOPSIS的区域高等教育发展水平研究[J].安阳工学院学报，2009(6).
[22] 孙继红，杨晓红.区域高等教育发展综合评价实证分析[J].高教管理，2009(12).
[23] 古蕴华.高等教育与区域经济和社会发展的关系[J].上海高教研究，1995(1).
[24] 刘铁，邬大光.高等教育发展与城市化进程的互动——以珠江三角洲为例[J].江苏高教，2002(5).
[25] 孙维胜，滕越.城市化进程与教育结构调整[J].当代教育科学，2003(1).
[26] 胡鞍钢，熊义志.大国兴衰与人力资本变迁[J].教育研究，2003(4).
[27] 张建东.教育产业与城市竞争力[J].教育研究，2004(10).
[28] 张妍.城市化发展与教育[J].教育发展研究，2005(8).
[29] 夏建刚.高等教育与区域经济互动发展研究[J].兵团教育学院学报，2004(1).
[30] 周玉玲.苏州城市化与职业教育的互动关系研究[J].职业技术教育，2006(16).
[31] 林霞.浅析城市化进程与高等教育的良性互动[J].南京中医药大学学报，2006(3).
[32] 郭存芝，凌亢.城市化与教育发展[J].教育科学，2006(6).
[33] 王东京，刘灵芝，吴海霞.地方高等教育与区域经济互动关系研究[J].安阳工学院学报，2007(3).
[34] 赵士谦，康翠萍.高等教育与城市化进程关系辨析[J].沈阳师范大学学报，2007(2).
[35] 铁秋玲，李秀岭.高等教育与区域经济互动发展关系理论综述[J].开放教育研究，2007(6).
[36] 林伟连，楼锡锦.以区域经济为依托的高等教育发展——浙江省高等教育与区域经济互动发展研究[J].教育研究，2008(5).
[37] 职会亮.区域高等教育与经济发展互动研究[J].高等理科教育，2009(3).
[38] 段永瑞，王浩儒.区域高等教育研究综述[J].中国电力教育，2009(1).
[39] 何志方.高等教育规模与城市化联动发展的国际经验[J].比较教育研究，2001(9).
[40] 马国贤.我国高等教育发展规模与发展政策研究[J].上海财经大学学报，

2002(3).
[41] 陈志刚,王青.教育与区域经济发展差异——基于江苏和江西的实证分析[J].中国人口资源和环境,2004(4).
[42] 郭书君,米红.我国高等教育规模与城市化互动发展的实证研究[J].现代大学教育,2005(5).
[43] 赖德胜,郑勤华.当代中国的城市化与教育发展[J].北京师范大学学报(社科版),2005(5).
[44] 崔玉平,李晓文.江苏省高等教育规模扩大对短期经济增长的效应分析[J].教育与经济,2006(3).
[45] 刘云,彭尚平.教育与区域经济发展差异分析[J].技术与市场,2006(12).
[46] 郑鸣,朱怀镇.高等教育与区域经济增长——基于中国省际面板数据的实证研究[J].清华大学教育研究,2007(4).
[47] 曹升元,王进.高等教育发展规模与城市化互动关系的实证[J].求索,2007(6).
[48] 邓艾,刘巍文.青海省教育与城市化关系实证分析[J].中南大学学报,2008(12).
[49] 崔玉平.我国高等教育产出效率的区域比较[J].苏州大学学报,2010(5).
[50] 黄海南.外商投资、对外贸易与我国经济增长的协整分析[J].统计与咨询,2005(5).
[51] 康承东.FDI、FPI与经济增长之间的关系研究:以美国为例[J].世界经济研究,2005(11).
[52] 张同升.中国城镇化发展的现状问题与对策[J].城市问题,2009(8).
[53] 张晓晨.镇江与苏南地区整体经济发展水平差异的比较分析原因探究及解决办法[J].中国商贸,2009(12).
[54] 王建华,周承东.地方高等教育事业发展对苏州经济发展的贡献[J].华东经济管理,2005(4).
[55] 张建初.江苏省高等教育区域布局现状分析[J].教育评论,2008(6).
[56] 周平,陈俊生.地方高等教育与区域经济协调发展的思考[J].改革与战略,2007(23).
[57] 龚秀萍,孙海清."苏南模式"的产生背景及其对中国的启示[J].经济研究导刊,2009(7).
[58] 宋言奇.解读新苏南模式[J].城镇化研究,2005(1).
[59] 董晓宇."苏南模式"的理论和实践30年回顾[J].现代经济探讨,2008(8).

[60] 张峰. 21世纪初苏南发展战略研究[J]. 江南论坛,2001(7).
[61] 崔玉平. 教育对经济增长贡献率的估算方法综述[J]. 清华大学教育研究,1999(1).
[62] 薛天祥,房见森.《高等教育:发展的内涵与内涵式发展》[Z]. 全国高等教育学研究会第四届研讨会论文,1997(4).
[63] 赵俊芳. 我国高等教育大众化进程中的误区分析[J]. 东北大学学报,2003(4).
[64] 杨益民. 区域高等教育规模与经济发展关系的实证分析[J]. 高教与经济,2006(3).
[65] 张剑玲. 我国高等教育与区域经济发展互动初探[J]. 高职高教研究,2009(10).
[66] 龚放. 整合与联动:打造长三角高等教育发展极[J]. 教育发展研究,2004(1).
[67] 宋晓梅. 我国人力资本研究分析工具的创新——制度分析的根源及意义[J]. 中国科技大学学报,2005(2).
[68] 耿涓涓. 提升区域竞争力:高等教育的地位和作用[J]. 高教探索,2003 (1).
[69] 罗秋明,刘安民. 区域经济发展与高等教育[J]. 经济师,2003(10).
[70] 张振助. 高等教育与区域互动发展研究——中国的实证分析及策略选择[J]. 教育发展研究,2003(09).
[71] 钞秋玲,李秀岭. 高等教育与区域经济互动发展关系理论综述[J]. 开放教育研究,2007(13).
[72] 杨亚军,李洪天. 高等教育对经济社会发展的作用机制述评[J]. 教育研究 2006(6).
[73] 杨帆. 试论高等教育对地方经济发展的作用[J]. 肇庆学院学报,2002(6).
[74] 吕颖. 高等教育对经济增长贡献的定性分析[J]. 学术交流,2004(5).
[75] 李星云. 论高等教育的经济功能与区域高等教育发展[J]. 高教管理,2006 (5).
[76] 陈媛. 湖南经济发展对高等教育发展的制约[J]. 湖南第一师范学报,2002 (1).
[77] 李祖超. 高等教育为经济增长方式转变服务探讨[J]. 交通高教研究,1997 (3).
[78] 黄慧民,何秀成. 经济发展与高校自身要素对高等教育专业设置的影响[J]. 高教探索,2004(3).
[79] 潘懋元. 高等教育的地方化的可行性探讨[J]. 高等理科研究,2010(5).

[80] 谈松华.我国教育发展的区域性特征及其战略选择[J].教育研究,1993(2).
[81] 李君明.高等教育为区域经济发展服务功能的思考[J].黑龙江高教研究,2009(7).
[82] 孙立新.高等教育与区域经济的相关性分析[J].职教探索与研究,2007(2).
[83] 马文玲.高等教育与区域经济发展良性互动研究[J].商场现代化,2007(11).
[84] 杨祖宪,李东航.区域高等教育发展与区域经济发展的关系研究[J].学术论坛,2009(4).
[85] 陈向荣,朱省娥.浅析高等教育与区域经济的发展[J].经济论坛,2007(20).
[86] 崔玉平.中国高等教育对经济增长率的贡献[J].教育与经济,2001(1).
[87] 宋华明,王荣.高等教育对经济增长率的贡献测算及相关分析[J].高等工程教育研究,2005(1).
[88] 杨亚军,李洪天.江苏省高等教育对经济增长贡献率的估算及分析[J].教育研究,2006(7).
[89] 赵强强,陈洪转,成长春.江苏省高等教育对地区经济增长的贡献率研究[J].高等教育究,2008(3).
[90] 诸彦含.我国高等学历教育与非学历教育对经济增长贡献的实证分析[J].商场现代化.2007(9).
[91] 琚晓星,袁利,叶勇.重庆市高等教育对地区经济发展的贡献[J].统计与决策,2007(21).
[92] 王超,罗然然.我国教育与经济增长的实证研究[J].统计与信息论坛,2004(7).
[93] 刘贤龙.高等教育与经济关系的统计分析[J].统计与决策,1998(9).
[94] 蔡增正.教育对经济增长贡献的计量分析——科教兴国战略的实证研究[J].经济研究,1999(2).
[95] 安康.河北省高等教育规模与经济增长的协整分析[J].科技情报开发与经济,2007(1).
[96] 胡咏梅,薛海平.经济发展水平与高等教育规模的相关性研究[J].高教理论,2004(2).
[97] 贾彦东,张红星.区域性教育与经济协调发展关系的实证研究[J].财经科学,2006(3).
[98] 孙绍荣,尹慧茄,朱看萍.高等教育与经济水平关系的国际统计研究[J].中国高教研究,2001(4).

[99] 毛盛勇. 中国高等教育与区域经济发展的区域协调性[J]. 统计研究,2009(26).
[100] 唐志丹,沈烈质,马晓琳. 高等教育发展与区域经济增长的实证研究[J]. 现代教育管理,2010(3).
[101] 甘巧林,王德劲. 区域教育与经济增长关系研究. 云南财贸学院院报,2003(5).
[102] 毛洪涛,马丹. 高等教育发展与经济增长关系的计量分析[J]. 财经科学,2004(1).
[103] 赵一强,朱永新. 苏南高等教育发展模式探究[J]. 湖南师范大学教育科学学报,2004(3).
[104] 姚军,吴登国. 江苏南北高等教育差异的历史和政治原因分析[J]. 中国成人教育,2007(10).
[105] 姚军,张桂华. 江苏高等教育南北差异的环境因素分析[J]. 中国成人教育,2007(11).
[106] 吴增军,陶亦亦,戴涵莘. 苏南经济社会发展与高等应用型技术教育对策研究[J]. 理工高教研究,2006(25).
[107] 阮星光,沈逸君. 高等教育与地方经济互动发展的理论研究及现状分析[J]. 市场周刊,2007(7).
[108] 吴志攀. 高等教育与区域发展——以"首都教育"为视角的考察[J]. 北京大学教育评论,2003(1).
[109] 王守法,王云霞. 高等教育与区域经济发展关系的理论探讨[J]. 北京工商大学学报(社会科学版),2006(3).
[110] 张军. 对建立高等教育与区域经济良性互动关系的思考[J]. 湖北经济学院学报,2003(1).
[111] 夏天阳. 区域经济与高等教育发展[J]. 上海大学学报(社会科学版),1997(3).
[112] 周绍森,朱文渊. 对高等教育发展若干问题的理性思考[J]. 中国高等教育,2005(1).
[113] 张兴野. 知识经济及其给社会经济带来的影响[J]. 建筑经济,1998(12).

外文类

[1] Schultz, T. W. The Value of the Ability to Deal with Disequilibria[J]. Journal of Economic Literature, 1975.

[2] Romer, P. M. Endogenous Growth and Technical Change[J]. Journal of Political Economy, 1990.

[3] Jorgenson, D. W, Fraumeni, B. M. Investment in Education and U. S. Economic Growth, Scandinavian[J]. Journal of Economics, 1992.

[4] Bassanini, A. Scarpetta, S. , Hemmings, P. (Eds.) Economic Growth: The Role of Policies and Institutions[J]. Economics Department Working Paper. OECD, 2001.

[5] Caffrv, J. , Isaacs, H. Estimating the Impacts of a College or University on the Local Economy[R]. Washington, DC: American Council on Education, 1971.

[6] Bluestone, B. An Economic Impact Analysis[D]. Boston: John W. Mc Cormack Institute of Public Affairs. The University of Massachusetts, 1993.

[7] Jean-Luc De M. Denis Rochat. A Causality Analysis of the Link Between Higher Education and Economic Development[J]. Economics of Education Review, 1995.

学位论文类

[1] 周培培. 高等教育与区域互动发展研究[D]. 青岛大学硕士学位论文, 2008.

[2] 许尤佳. 城市化进程中的教育供需结构调整研究[D]. 浙江大学硕士学位论文, 2003.

[3] 曹勇. 高等教育与区域经济互动发展模式研究[D]. 国防科学技术大学公共管理硕士学位论文, 2005.

[4] 李萍. 高等教育与区域经济互动发展研究[D]. 西北大学博士学位论文, 2006.

[5] 王锐鸿. 高等教育在区域经济发展中的地位与作用研究[D]. 武汉理工大学硕士学位论文, 2008.

[6] 范明. 江苏省高等教育与经济协调发展研究[D]. 河海大学博士学位论文, 2003.

[7] 袁静. 区域高等教育与经济的协调发展研究[D]. 苏州大学硕士学位论文, 2008.

[8] 韩星. 人力资本视角下苏南模式的经济增长与发展研究[D]. 青岛大学硕士学位论文, 2009.

[9] 张倩.山东省高等教育与区域经济发展互动模式研究[D].河北工业大学硕士学位论文,2008.
[10] 谭伟.我国大学城的发展及对区域城市化进程的影响研究[D].重庆大学硕士学位论文,2008.
[11] 李红珠.我国高等教育在城市化进程中的作用研究[D].东北师范大学硕士学位论文,2007.
[12] 韩云炜.我国各省份高等教育规模和经济增长的相关性研究[D].华东师范大学硕士学位论文,2009.
[13] 张铭钟.我国西北五省(区)高等教育与区域经济互动模式构建[D].中国矿业大学博士学位论文,2008.
[14] 葛璐.中国三大城市群高等教育与城市化发展研究[D].苏州大学硕士学位论文,2008.
[15] 马燕.教育发展与经济增长关系的实证研究[D].新疆大学硕士学位论文,2007.
[16] 邹阳.高等教育与区域经济协调发展程度的地区差异研究[D].湖南大学硕士学位论文,2008.
[17] 尹科.城市化水平综合评价指标体系研究——兼四川省实证分析[D].四川农业大学硕士学位论文,2006.
[18] 夏正宝.高等教育对江苏省和谐社会构建的作用研究[D].南京师范大学,2007.
[19] 朱迎春.区域"高等教育—经济"系统协调发展研究[D].天津大学,2009.
[20] 王娟.我国经济增长与高等教育发展关系的实证研究[D].重庆大学,2005.
[21] 刘林.高等教育对江苏经济增长率贡献的研究[D].苏州大学,2006.

报刊、网络资料及年鉴类

[1] 薛澜."九论世界经济发展宣言"草案[N].人民日报,2003-11-03.
[2] 浙江省消费者权益保护委员会.大学生消费调查报告[EB/OL]. http://www.chddh.cn/bbs/post/7064.html.
[3] 新华网.联系国报告:中国是世界上城市化速度最快的国家[EB/OL]. http://news.xinhuanet.com/life/2010-03/26/content_13248785.htm, 2010-03-26.
[4] 中国人民大学竞争力与评价中心研究组.中国国际竞争力发展报告[R].

北京：中国人民大学出版社，2001：34.
[5] 中国城市统计年鉴，1995 年至 2008 年。
[6] 南京市统计年鉴，1998 年至 2009 年。
[7] 苏州市统计年鉴，1995 年至 2009 年。
[8] 常州市统计年鉴，1999 年、2003、2004 年。
[9] 无锡市统计年鉴，1995 年。
[10] 镇江市统计年鉴，1996 年，2005、2007 年。
[11] 各地区统计年鉴网。

附　录

附录 1：

1994 年—2008 年城市化发展水平指标数据

其中 X_1 表示人均 GDP(元)；X_2 表示第三产业从业人员比重(%)；X_3 表示第三产业产值占 GDP 比重(%)；X_4 表示第二产业人员比重(%)；X_5 表示第二产业产值占 GDP 比重(%)；X_6 表示固定资产投资总额(万元)；X_7 表示非农人口(万人)；X_8 表示社会消费品零售总额(万元)；X_9 表示城乡居民储蓄年末余额(万元)；X_{10} 表示人均拥有公共图书馆藏书(册)；X_{11} 表示人均居住面积(平方米)；X_{12} 表示人均公共绿地面积(平方米)；X_{13} 表示人均铺路面积(平方米)；X_{14} 表示万人拥有公共汽、电车(辆)；X_{15} 表示万人拥有医生数(人)。

年份	城市名	X_1	X_2	X_3	X_4	X_5	X_6	X_7	X_8	X_9	X_{10}	X_{11}	X_{12}	X_{13}	X_{14}	X_{15}
1994	南京	8876	29.8	39.3	42.6	53.4	715132	253.81	1884465	1487749	140	7.8	6.9	4.2	9.5	16391
1994	苏州	12615	24.2	29.07	55.3	61.44	1155910	161.98	1944376	491607	36	8.3	4.2	4.4	6.7	11845
1994	无锡	14177	23.2	32.66	57.6	61.61	558392	169.96	1620659	547217	26	8.1	6.5	6.2	6.8	9125
1994	常州	9502	27.6	25.47	41.8	63.79	277482	115.98	1002394	387565	35		5.2	6.2	4.2	6973
1994	镇江	8447	24	28.51	44.3	58	255654	80.44	605871	189256	37			4.3	9.1	5109
1995	南京	10887	30.8	40.3	42.7	52.1	1336338	259.04	2402017	2218864	139	8.1	8	4.8	8.7	16384
1995	苏州	15763	24.8	30.9	55.2	60.2	1376431	168.85	2423094	655835	38	8.5	6.5	5.1	7.7	12177
1995	无锡	17733	26.3	35.1	57.2	59.6	902008	180.77	2077311	819054	27	8.3	6.7	6	6.3	9227
1995	常州	11089	29.5	29.5	43.2	59.7	439066	120.48	1317764	571690	36			5.6	3.8	7073
1995	镇江	10719	22.5	31.7	44.7	56.5	314934	83.76	763508	269151	37			6.9	9.2	5341
1996	南京	12580	32.4	41.9	41.7	50.9	1979492	264.85	2985713	2996035	139	8.5	8	5.4	8.8	15866
1996	苏州	17455	25.8	34.5	53.8	56.7	1928167	176	2660057	888649	39	8.8	4.5	6.2	6.7	12313
1996	无锡	20194	28	35.8	54.7	59.1	1053824	183.88	2549533	1258798	27	8.5	6.8	6.6	7.4	9289
1996	常州	12768	31.2	32.3	42.5	57.2	596756	124.14	1575902	772196	36	8.7	4.1	7.3	4.2	7520
1996	镇江	12692	26.4	33.2	44.2	55.9	388485	87.22	902438	351102	38	8.1	4.8	7.4	4.6	5318
1997	南京	14057	33.5	42.85	40.9	50.8	3516592	270.11	3451109	3686641	177	8.8	7.97	6.2	8.6	16047
1997	苏州	19697	26.8	36.02	52.3	56.19	4051760	186.18	2866010	1202235	47	9.1	4.64	7.3	6.5	11867
1997	无锡	22207	26.1	36.53	52.9	58.72	2353366	173.63	2813004	1620863	41	9.1	7.1	6.8	7.7	9610
1997	常州	13858	31.2	34.02	42	56.54	1185541	127.77	1679581	1014447	44	8.8	4.69	7.8	4.4	7567
1997	镇江	13600	27.1	34.82	43.1	56.41	1013889	90.21	966581	414865	44	8.7	5.34	7.9	3.3	5548
1998	南京	15537	49.2	44.2	49.5	49.7	1904196	276.23	3823853	4237843	180	9.3	8.1	7.9	10.4	15745

续表

年份	城市名	X_1	X_2	X_3	X_4	X_5	X_6	X_7	X_8	X_9	X_{10}	X_{11}	X_{12}	X_{13}	X_{14}	X_{15}
1998	苏州	21733	48.5	36.8	49.2	56.2	998839	192.88	2978952	1453015	48	9.5	4.7	10.3	7.5	8779
1998	无锡	24338	47.3	37.7	51.5	57.9	708195	171.04	3001362	1969800	42	9.3	7.4	8.2	6.9	6414
1998	常州	14842	44.7	35.5	53.5	55.7	538090	130.43	1739300	1289260	32	9.2	5	9.2	12.2	5506
1998	镇江	14709	49.3	36.1	48.2	55.7	364713	91.92	1066005	482100	42	9.4	6.3	11.6	9	5638
1999	南京	16816	50.8	45.8	47.9	48.5	2106113	287.03	3786082	4823726	183	9.7	8.6	7.4	10.7	16078
1999	苏州	23592	47.8	37.3	49.8	56.2	1183846	206.45	3156368	1759096	50	10	4.9	8.6	8.3	8926
1999	无锡	26294	48.1	38.2	50.6	57.6	905286	176.45	3218515	2209300	45	9.6	7.6	7.9	7.1	6525
1999	常州	15834	45.5	36.2	52.6	55.6	623193	138.75	1844235	1480000	46	10.5	5.5	9	16.5	5512
1999	镇江	15664	50.5	37	47.3	55.4	847466	97.06	1146066	556000	44	9.4	6.2	9.7	9.4	5692
2000	南京	18872	51.7	46.2	47.1	48.4	2328417	309.52	4198120	4988934	185	10	8.8	7.5	12.4	10976
2000	苏州	26692	45.9	37.6	51.9	56.5	1280907	246.34	3481714	1856572	51	10.4	5.5	8.8	9.5	8989
2000	无锡	27653	48.9	39.1	49.8	56.9	966489	183.45	3515139	2236401	47	9.8	8	9.6	8.9	6624
2000	常州	17635	46	36.4	52.2	56.1	742450	147.81	2023126	1475700	47	10.9	5.6	9.8	17.9	5614
2000	镇江	16967	50.3	3705	47.5	55.4	693867	100.86	1244602	852205	45	10.4	6.2	10.3	9.6	4582
2001	南京	20597	53.52	47.33	45.31	47.54	3914247	323.86	4658316	6473958	185.6	15.48	9.3	12.3	11.7	10769
2001	苏州	30384	44.61	38	53.29	56.8	3245827	265.76	3915382	3462652	50.02	17.22	6.2	5.75	5.47	8969
2001	无锡	31248	49.37	40.78	49.46	55.22	2254072	182.77	3908239	3999376	45.63	17.02	4.6	16.71	8.3	6666
2001	常州	19704	46.7	36.41	51.53	56.58	1238666	151.43	2226101	1725900	48.37	17.72	5.6	11.45	19.0	5533
2001	镇江	18852	51.42	38.08	46.5	55.27	888968	102.65	1346222	1028829	43.63	17.06	6.1	12.61	10.4	3966
2002	南京	22858	54.25	47.88	44.71	47.31	5069045	339.35	5251654	8693951	186.2	16.1	9.4	11.31	9.08	10087

续表

年份	城市名	X_1	X_2	X_3	X_4	X_5	X_6	X_7	X_8	X_9	X_{10}	X_{11}	X_{12}	X_{13}	X_{14}	X_{15}
2002	苏州	35733	42.51	37.36	56.12	58.24	3184194	274.28	4516158	4504821	51.3	17.24	6.8	14.34	5.8	8467
2002	无锡	36151	50.02	41.48	48.91	54.92	2836305	191.07	4442913	5129489	46.97	17.41	5.2	18.5	9.17	8373
2002	常州	22215	47.02	36.85	5107	56.73	1537479	157.82	2488005	3798700	50.31	17.44	5.2	13.54	7.69	5324
2002	镇江	21018	51.95	37.99	46.05	55.83	1120096	104.96	1509230	1270754	43.54	17.3	5.1	8.52	4.25	3823
2003	南京	27307	54.65	44.59	44.37	51.04	9540495	391.67	6002441	11336202	191.9	21.3	10	12.13	9.06	10495
2003	苏州	47693	37.72	33.7	60.74	63.25	5867780	290.07	5260502	14705045	52.22	27	7.7	12.98	5.52	8932
2003	无锡	43155	49.09	39.45	49.79	57.49	5388630	272.77	4870600	9977500	46.62	24.6	5.8	19.83	8.85	7193
2003	常州	26149	47.56	36.73	51.34	57.71	3588630	159.68	2806470	6229200	51.59	27.1	5.6	16.7	8.45	5445
2003	镇江	23995	52.34	37.45	45.81	57.29	2372847	117.48	1682408	3382088	49.74	23.2	5.8	10.1	4.68	3909
2004	南京	33050	56.64	43.73	42.34	52.62	9899700	418.39	7114381	12872275	200	21.6	10.98	13	10	13931
2004	苏州	57992	33.67	32.03	65.36	65.74	10162100	297.62	6250991	17122746	58	27	8.64	15	6	11964
2004	无锡	52825	47.84	40.2	51.25	57.6	7542200	279.39	5792101	1161600	48	25.9	8.2	20	9	9722
2004	常州	31665	47.91	36.5	51.42	58.85	4145700	159.86	3240528	7243600	53	27.6	6.6	17	10	6586
2004	镇江	34988	52.33	36.67	45.64	58.96	2071600	110.69	1920537	3884619	50	23.4	6.2	11	6	5143
2005	南京	40887	55.53	46.9	43.45	49.78	11164400	435.3	10049900	15954002	193.03	24.3	12	14.47	9.88	14292
2005	苏州	59518	31.44	31.2	67.75	66.6	12337600	309.71	9050700	20595197	53.27	26.2	9.8	19.01	7.69	12592
2005	无锡	62323	46.58	37.81	52.66	60.47	8917600	315.61	8241000	14101500	49.16	27.1	10.1	20.64	12.93	10162
2005	常州	37207	46.79	34.58	52.71	61.08	5347000	160.56	4440800	8653900	55.09	28.1	7.1	17.91	9.53	6740
2005	镇江	32597	52.35	34.97	46	60.59	2603500	115.46	2413900	4584477	50	23.9	10.5	15.31	6.71	5437
2006	南京	39376	54.74	48.01	42.38	49.03	12283100	459.55	11668519	18348800	195.44	25.2	13.2	14.09	9.77	15169

续表

年份	城市名	X_1	X_2	X_3	X_4	X_5	X_6	X_7	X_8	X_9	X_{10}	X_{11}	X_{12}	X_{13}	X_{14}	X_{15}
2006	苏州	61500	27.84	32.66	61.15	65.39	14629000	321.42	10554421	24274100	79.11	29.8	15	21.65	8.93	14948
2006	无锡	57719	45.47	38.8	55.8	59.65	10150200	331.04	9594687	16495600	54.43	27.1	11	21.12	12.17	10779
2006	常州	37435	47.48	35.85	54.74	60.37	6078500	161.2	5158276	10140000	56.81	28.7	11.1	9.7	7.23	7000
2006	镇江	34293	47.94	35.37	48.94	60.56	3000300	115.46	2800688	5217500	55.02	28.1	13.1	8.77	7.14	5506
2007	南京	46114	55.25	49.92	41.67	48.94	14434000	470.17	13804635	19511599	196	23.4	13.2	14.96	12.55	14795
2007	苏州	78801	24.25	34.56	63.56	63.71	17042700	406.89	12560468	25934127	74	25.6	16.05	22.07	10.52	6382
2007	无锡	72489	38.65	40.1	56.35	58.48	11807400	309.88	11347513	17011271	56	25.3	11.8	21.56	21.1	6683
2007	常州	44440	48	36.96	55.64	59.67	7488900	216.82	6108459	10921400	58	26.2	11.5	10	7.92	5069
2007	镇江	38088	49.81	36.39	51.6	59.81	3637200	160.2	3313647	5290822	57	27.9	14.1	13.93	6.61	2763
2008	南京	60807	47.66	49.99	40.29	47.55	17364800	490.71	16518200	25053300	215	20.2	13.2	18.4	10.7	15126
2008	苏州	106863	29.7	36.36	58.71	62.01	19377900	413.88	15514500	33373200	95	23.9	17.1	27.9	11.7	6871
2008	无锡	95460	35.68	40.95	56.99	57.62	13703800	312.5	13914800	22558900	58	23.7	12.6	22	13.1	7126
2008	常州	61504	33.69	37.98	56.09	58.92	9514100	218.42	7581600	14312000		24.46	12.1	21.8	7.9	5461
2008	镇江	52390	35.09	36.48	51.01	59.89	4562200	160.73	4102100	6867100		25.7	15	18.5	8.8	2710

附录 2：

1994 年—2008 年高等教育发展水平指标数据

其中 X_1 表示地方财政一般预算内教育支出（万元）；X_2 表示万人拥有普通高校在校生数（人）；X_3 表示万人拥有高校专任教师数（人）；X_4 表示拥有高校数（所）。

年份	城市名	X_1	X_2	X_3	X_4	年份	城市名	X_1	X_2	X_3	X_4
1994	南京	27844	191	27	29	1999	常州	15893	44	3	3
1994	苏州	11685	32	4	9	1999	镇江	11021	84	7	6
1994	无锡	15007	18	2	2	2000	南京	70792	398	27	28
1994	常州	7988	32	2	4	2000	苏州	24997	82	5	7
1994	镇江	5093	50	6	6	2000	无锡	35385	59	4	4
1995	南京	30403	198	27	30	2000	常州	19027	58	3	3
1995	苏州	12871	40	4	8	2000	镇江	12214	101	7	5
1995	无锡	16007	19	2	2	2001	南京	108427	502	30	31
1995	常州	9589	34	2	4	2001	苏州	51576	99	6	8
1995	镇江	5591	60	6	6	2001	无锡	68268	81	4	5
1996	南京	38688	213	26	29	2001	常州	23342	64	4	5
1996	苏州	16555	44	4	8	2001	镇江	15098	138	9	3
1996	无锡	20256	20	2	2	2002	南京	142302	617	34	35
1996	常州	11233	36	2	4	2002	苏州	61286	113	6	9
1996	镇江	7035	62	7	6	2002	无锡	76955	83	5	7
1997	南京	44847	227	26	30	2002	常州	57276	85	6	8
1997	苏州	14705	50	4	7	2002	镇江	26309	146	13	4
1997	无锡	23088	24	2	2	2003	南京	178593	583	37	39
1997	常州	11362	38	3	3	2003	苏州	218155	136	7	12
1997	镇江	7900	66	6	6	2003	无锡	166213	109	6	9
1998	南京	54395	248	26	30	2003	常州	94524	153	8	8
1998	苏州	19385	56	4	7	2003	镇江	64246	163	11	4
1998	无锡	26612	28	3	2	2004	南京	210982	842	44	38
1998	常州	14755	41	3	3	2004	苏州	260083	158	9	13
1998	镇江	9827	71	6	6	2004	无锡	210100	137	8	11
1999	南京	61917	313	26	31	2004	常州	113685	211	9	9
1999	苏州	21037	68	4	7	2004	镇江	78703	190	11	5
1999	无锡	29710	37	3	2	2005	南京	244016	941	48	38

续表

年份	城市名	X_1	X_2	X_3	X_4	年份	城市名	X_1	X_2	X_3	X_4
2005	苏州	317118	179	11	16	2007	苏州	726884	244	14	18
2005	无锡	250216	174	9	11	2007	无锡	449236	222	12	11
2005	常州	137403	238	11	9	2007	常州	247345	287	14	9
2005	镇江	83977	239	14	5	2007	镇江	154211	295	16	5
2006	南京	285549	1022	56	41	2008	南京	580700	1161	74	41
2006	苏州	399004	208	12	17	2008	苏州	862300	265	13	18
2006	无锡	303196	199	11	11	2008	无锡	526600	236	12	11
2006	常州	147711	265	13	9	2008	常州	280200	293	15	9
2006	镇江	98267	271	15	5	2008	镇江	181100	310	17	5
2007	南京	455235	1101	66	41						

附录3：

苏南地区1978年—2009年高等教育在校生人数　　单位：人

年份	苏州	无锡	常州	南京	镇江	苏南五市
1978	6502	1223	434	27215	2254	37628
1979	7052	1725	542	35068	3142	47529
1980	8819	1749	481	40188	4675	55912
1981	7014	2372	1312	46636	4287	61621
1982	7289	2202	1036	39827	4287	54641
1983	7543	2773	1240	42574	4905	59035
1984	10165	3588	2059	49607	5748	71167
1985	12443	4644	3161	60360	7238	87846
1986	13948	5209	4044	65205	8153	96559
1987	14733	5632	4578	68515	8355	101813
1988	15901	6105	4839	71472	9115	107432
1989	16456	6285	5079	75923	9194	112937
1990	16280	6309	5085	75095	9269	112038
1991	16445	6242	5190	72399	9214	109490
1992	17045	6501	5469	75750	10056	114821
1993	20247	7515	8897	88575	11926	137160
1994	22837	8066	10908	92315	14703	148829
1995	23182	8319	11644	103714	15829	162688
1996	25749	8808	12182	111956	16433	175128
1997	29031	10591	13156	120525	17678	190981
1998	32375	12473	14251	132439	19111	210649
1999	39341	16104	15120	162752	22407	255724
2000	47701	25768	20013	216875	25554	335911
2001	61165	34813	26668	277954	37000	437600
2002	69614	35477	35159	347823	37751	525824
2003	80523	48366	53059	429359	43720	655027
2004	94960	61279	73862	491463	50878	772442
2005	113090	77980	95396	561102	50878	898446
2006	130622	88143	107762	620779	60196	1007502
2007	152389	102561	119131	677924	79252	1131257
2008	166828	109553	123174	725019	83473	1208047
2009	179920	112730	106748	773428	86626	1259452

数据来源：根据《江苏统计年鉴》和苏南地区各城市统计年鉴整理而来

附录 4:

苏南地区 1978 年—2009 年名义 GDP　　　　单位:亿元

年份	苏州	无锡	常州	南京	镇江	苏南五市总值
1978	31.95	24.92	17.57	34.42	12.18	121.04
1979	35.27	29.53	20.17	39.18	13.40	137.55
1980	40.68	35.55	22.76	42.51	14.94	156.44
1981	43.76	37.60	24.74	43.72	16.45	166.27
1982	47.61	40.75	26.05	47.92	18.09	180.42
1983	52.53	46.16	29.85	51.10	20.48	200.12
1984	68.05	59.29	38.77	65.09	26.10	257.30
1985	91.91	79.85	49.59	79.84	32.04	333.23
1986	104.00	89.01	54.74	95.46	36.30	379.51
1987	127.02	103.61	66.45	116.03	43.90	457.01
1988	165.13	133.72	82.11	142.07	53.89	576.92
1989	176.29	145.04	87.24	152.29	58.93	619.79
1990	202.14	160.44	94.87	176.52	65.32	699.29
1991	235.10	184.82	102.18	202.37	72.11	796.58
1992	359.69	304.06	144.40	263.67	101.91	1173.73
1993	525.96	440.36	223.90	355.25	165.46	1710.93
1994	720.90	604.60	314.93	472.17	221.29	2333.89
1995	903.11	755.65	369.70	584.59	281.72	2894.77
1996	1002.14	861.78	431.15	682.78	319.35	3297.20
1997	1132.59	947.84	470.11	773.78	345.77	3670.09
1998	1250.01	1038.27	504.60	850.24	370.22	4013.34
1999	1358.43	1120.55	538.72	937.89	392.40	4347.99
2000	1540.68	1176.54	600.66	1073.54	423.25	4814.67
2001	1760.28	1328.65	672.90	1218.51	466.84	5447.18
2002	2080.37	1534.13	760.60	1385.14	513.46	6273.70
2003	2801.56	1833.45	901.42	1690.77	587.67	7814.87
2004	3450.00	2250.64	1100.61	2067.18	711.97	9580.40
2005	4026.52	2804.68	1303.36	2451.94	871.67	11458.17
2006	4820.26	3300.59	1569.46	2822.80	1021.52	13534.63
2007	5700.85	3858.54	1881.28	3340.05	1206.69	15987.41
2008	6701.30	4419.50	2202.20	3814.62	1408.14	18545.76
2009	7740.20	4991.72	2519.93	4230.26	1672.08	21154.19

后 记

本书是本人在《区域高等教育的经济学分析》出版之后组织带领学术团队撰写的第二本关于区域高等教育经济学研究方面的著作，运用实证分析与规范分析相结合的经典经济学研究方法，对江苏省苏南地区高等教育与地方经济社会发展之间的互动关系展开研究，试图揭示苏南地区高等教育在经济社会率先科学发展进程中的作用机理，探索提升地区高等教育对地方经济发展贡献的有效途径。

全书由本人进行总体设计和规划，并指导苏州大学教育学院高等教育经济与管理学方向的博士和硕士研究生分工撰写，最后，本人负责修改、定稿。在书稿的撰写与出版过程中，江苏省教育厅财务处的王鲁沛处长、苏州大学财务处的盛惠良处长、苏州大学出版社的张建初社长、苏州大学教育科学研究院的周川院长都提出了许多宝贵的建议，并提供了无私的帮助，在此表示衷心感谢！

本书各章写作分工如下：

引言部分由崔玉平撰写；第一、二、九、十章由张杨撰写；第三章由夏焰和崔玉平共同撰写；第四、五、八章由夏焰撰写；第六章由罗蓓、崔玉平、张杨共同撰写；第七章由张钰、崔玉平、张杨共同撰写。

在统稿过程中，博士生陈克江、王小婷作了大量的文稿修正与校对的工作，为本书的出版做出了贡献。在此书即将付梓之际，仍感觉研究内容与方法有许多值得进一步改进之处，期盼专家学者批评指正。吾将在学术同仁的鞭策和鼓励下，组织带领旗下的学术“探路者”，不断矫正学术探索方向，向着教育经济学研究“高峰”执着攀登。

崔玉平

2013 年 10 月 5 日

于苏州